Tatjana Kuschtewskaja

Sibirienreise - die Lena

Vom Baikal bis zum Eismeer -
Geschichte und Geschichten
entlang dem großen sibirischen Fluß

Aus dem Russischen von
Ilse Tschörtner

Berlin 2007

Für meine Tochter Janina,
die in Lensk an der Lena geboren wurde.

Tatjana Kuschtewskaja, geboren 1947 in der Turkmenischen SSR in der Wüstenoase Dargan-Ata; verbrachte ihre Jugend in der Ukraine; Studium der Musikpädagogik an der Musikhochschule von Artjomowsk (Diplom); arbeitete acht Jahre lang als Musikpädagogin in Jakutien; 1976 bis 1981 Studium an der Fakultät für Drehbuchautoren der Filmhochschule Moskau (Diplom), wo sie 1983 bis 1991 einen Meisterkurs für Drehbuchautoren leitete und als freie Journalistin tätig war; verfaßte zahlreiche Drehbücher und Reportagen; unternahm Reisen durch alle Regionen der ehemaligen UdSSR; lebt seit 1991 in Deutschland.

Veröffentlichungen (in deutscher Sprache): „Ich lebte tausend Leben", Velbert, 1997; „Russische Szenen", Berlin, 1999; „Mein geheimes Rußland", Düsseldorf, 2000; „Transsibirische Eisenbahn", Berlin, 2002; „Die Poesie der russischen Küche", Düsseldorf, 2003, „Meine Sibirische Flickendecke", Düsseldorf, 2005, „Hier liegt Freund Puschkin. Spaziergänge über russische Friedhöfe", Düsseldorf, 2006.

© 2007 Tatjana Kuschtewskaja und Wostok Verlag
Lektorat: Britta Wollenweber
Übersetzung: Ilse Tschörtner

Alle Rechte vorbehalten

Umschlag und Layout: Peter Franke, Wostok Verlag
Fotos: Privatarchiv der Autorin; Marlies Richter; NASA S. 120; Wostok Verlag
Foto der Autorin: Klaus Kammerichs
Satz: Wostok Verlag - Berlin
Druck und Einband: Druckhaus Köthen - Köthen
Printed in Germany 2007
Wostok Verlag, Am Comeniusplatz 5, 10243 Berlin
Im Internet: www.wostok.de

ISBN 978-3-932916-36-6

Inhalt

»Die dem Fluß zugewandt leben«..7

Von Katschug nach Markowo...15
    Die Quelle - die Städte Katschug und Wercholensk -
    die Siedlung Schigalowo - die Stadt Ust-Kut - das Dorf Markowo

Von Markowo nach Oljokminsk..35
    Die Stadt Kirensk - die Lena-Backen - die Siedlungen Witim
    und Peledui - die Städte Lensk und Oljokminsk

Von Oljokminsk nach Pokrowsk..61
    Die Lena-Säulen - der Diring-Jurjach

Von Pokrowsk zur Aldan-Mündung...83
    Das Tabaginski-Kap - die Stadt Jakutsk -
    das Tangalasski-Kap - das Museum für Holzarchitektur

Von der Aldan-Mündung nach Siktjach..117
    Die Siedlung Sangar - die Wiljui-Mündung -
    der Nordpolarkreis - die Siedlungen Schigansk und Siktjach

Von Siktjach nach Tiksi..139
    Die Siedlungen Bulun, Kjusjur und Tschekurowka -
    die Inseln Tit-Ary und Stolb - das Lena-Delta - das Bykow-Kap -
    die Stadt Tiksi

Anhang
Begriffe aus dem jakutischen Schamanismus...171
Informationen - einiges für den Reisenden..178
Karte..191

Obgleich dein Land von weißen Planen
auf ewig überzogen ist,
obgleich dir Boreas die Fahnen
mit seinen kalten Flügeln hißt,
tränkt doch die Lena jedermann
wie einst der Nil, mit reinen Wellen,
um dann gewaltig anzuschwellen
zum grenzenlosen Ozean.

Michail Lomonossow

»Die dem Fluß zugewandt leben«

Ich bin ein wahres Glückskind, denn es war mir im Leben vergönnt, mein „gelobtes Land" auf unserem Erdball zu finden. An seinem mächtigsten und schönsten Fluß, der Lena, einem von 23 000 großen und kleineren Flüssen, habe ich acht Jahre gelebt. Mein „gelobtes Land" liegt - um eine alte russische Redensart zu verwenden - „hinter drei mal neun Erden", und obwohl seine geographischen Koordinaten seit dem vorigen Jahrhundert genauestens bekannt sind und uns alle modernen Fortbewegungsmittel zur Verfügung stehen, ist es durchaus nicht jedermann zugänglich. Auf der Karte Rußlands bildet es im Nordosten einen ausgedehnten Fleck, der von Süd nach Nord 2 500 und von West nach Ost 2 000 Kilometer mißt. Dieses Land, allgemein Jakutien, von den Jakuten selbst aber Sacha genannt, umfaßt ein Gebiet von drei Millionen Quadratkilometern, in das Belgien, Dänemark, Deutschland, Finnland, Frankreich, Griechenland, Großbritannien, Italien, die Niederlande, Norwegen, Österreich, Schweden und die Schweiz zusammengenommen hineinpassen würden. Zu den 23 000 Flüssen und Flüßchen kommen noch 672 000 Seen hinzu (nach neusten Angaben sollen es sogar 708 844 sein). Hätte man zu meiner Zeit in Jakutien jedem seiner Einwohner, Säuglinge eingeschlossen, einen See geschenkt („Wieso, wozu?" wunderte sich ein Jakutenjunge, der mir dieses Gedankenspiel suggerierte. „Na, um Enten zu jagen!"), so wären noch Zehntausende übriggeblieben. Nicht von ungefähr werden seine Einwohner - Jakuten, Russen und Angehörige verschiedener nördlicher Völker - „Menschen, die dem Fluß zugewandt leben", genannt. Gelegentlich wird von Jakutien abschätzig als vom „Hinterhof der Welt" gesprochen, meistens aber enthusiastisch als von einem „Land aus Eis, Feuer, Wasser und aufsteigendem Rauch" - und dabei unbedingt mit dem Zusatz: „und voller Wunder!"
Denken Sie nun aber nur nicht, dieses Land wäre ein Paradies auf Erden. Im Gegenteil, es steckt voller Tücken und Gefahren. 1983 machten sich dort acht Moskauer Naturkundler, neugierig geworden durch entsprechende Schilderungen in jakutischen Sagen und Legenden, auf die Suche nach dem Yeti, dem Schneemenschen. Als der Schnee geschmolzen war, wurden ihre Leichen in einer Bergschlucht gefunden. Eine Schneelawine hatte die Wanderer verschüttet, und die Einheimischen versicherten, die Yetis hätten sie auf die Moskauer „losgelassen".
Ein andermal, so wird erzählt, entdeckte ein junger Geologe ein fast vollständig erhaltenes Mammutskelett in der Tundra (nicht ungewöhnlich, denn in Jakutien haben diese Tiere einst in großer Zahl gelebt, und oft werden

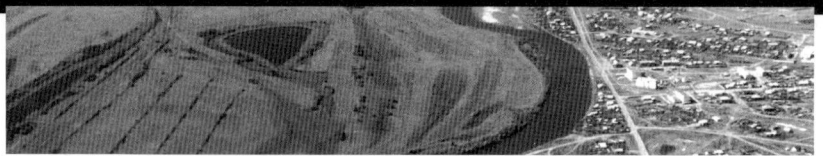

Knochen und ganze Skelette gefunden). Er holte seinen Fotoapparat, zog noch einmal los und kehrte nicht wieder zurück. Später fanden Jäger den Fotoapparat, der Geologe aber blieb spurlos verschwunden.

Mir ist einmal folgendes zugestoßen. Wir hatten eine Expedition zu den berühmten Felszeichnungen von Schischkino, einem Dorf an der Lena, unternommen, um dort Filmaufnahmen zu machen. Uns gingen die Augen über, als wir vor ihnen standen. Was für Meisterwerke naiver Malerei! Ein Bison und zwei Wildpferde, mit rotbraunem Ocker gemalt, die Linien kühn - schwungvoll und knapp, mit wunderbarem Feingefühl auf das Wesentliche konzentriert. Auch ihre Größe setzte uns in Erstaunen: 2,80 Meter hoch, fast drei Meter! Uns wurde recht feierlich zumute, muß ich gestehen. Man bedenke: Kunst, von Menschen geschaffen, die in der Altsteinzeit, vor 25 000 Jahren, hier an der Lena lebten! Übrigens haben Archäologen, die die steinzeitlichen Ansiedlungen an der Lena erforschten, die Hypothese erhärtet, daß die Vorfahren der nordamerikanischen Indianer aus Jakutien stammten - über eine Landenge, die sich vor 20 000 Jahren an der Stelle der heutigen Beringstraße befand, seien sie nach Amerika übergesiedelt.

»Die dem Fluß zugewandt leben«

Unsere Expedition wäre uns aber fast zum Verhängnis geworden, nur wie durch ein Wunder kamen wir mit dem Leben davon. Das Floß, mit dem wir einen Lena-Zufluß hinabfuhren, lief an einer Stromschnelle auf Felsen auf und zerbrach. Die Rucksäcke gingen sofort unter. Naß bis auf die Haut, völlig desorientiert, saßen wir in der Taiga fest. Aus dieser Falle rettete uns ein einsamer Grabhügel. Auf ihm erhob sich ein zwei Meter hohes Holzkreuz mit verwitterter Inschrift, und mir fiel eine Besonderheit der einheimischen Grabstätten ein, die mir einst eine Jakutin erklärt hatte: „Wenn du vor dem Kreuz mit Blick auf die Inschrift stehst, liegt der Osten vor und der Westen hinter dir, während der Querbalken nach Norden und Süden weist." Das Kreuz war wie ein Kompaß, es half uns, zur Straße zu finden.
Womit ich nicht alles auf dem Wasser „umherkutschiert" bin, als ich an der Lena lebte! Ein Floß zu bauen dauerte zwei Tage. Das machten wir natürlich selbst. Wir sägten uns trockene Baumstämme zurecht, vertäuten sie miteinander, brachten zwei Ruder an - eins vorn und eins hinten -, und schon ging es los! Am Ufer legten wir nur selten an, denn das war der wilden Tiere wegen riskant. Auf einer dieser Floßtouren erfreuten wir uns eines höchst ausgefallenen Komforts. Wohl aus Sorge um unsere ungewisse Zukunft hatte uns ein jakutischer Jäger ein eisernes Öfchen geschenkt, eine „Burschuika",

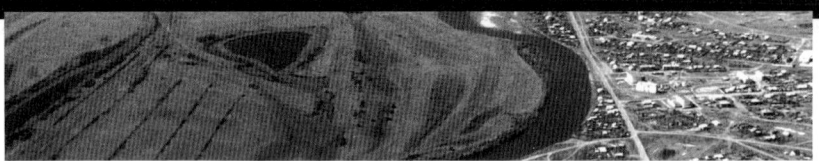

wie wir Russen es nennen. Wir luden es auf, dazu einen Haufen Holz, und heizten unterwegs, was das Zeug hielt. Es war urgemütlich: Wir trieben auf dem weiten Strom, und unser Öfchen bullerte. In 24 Stunden legten wir fünfzig Kilometer zurück!

Wenn man auf der Lena fährt und den Blick schweifen läßt zu den Taigawäldern (180 Millionen Hektar Wald gibt es in Jakutien!) und den bizarren Felsen und Bergkuppen, die wie erstarrte Dinosaurierköpfe aussehen, dann meint man, am Ufer müßten jeden Augenblick die abenteuerlichsten vorsintflutlichen Tiere auftauchen. Solche Fahrten stärken die Seele ungemein, sie wird frei und weit wie ihre Umgebung. Probieren Sie es selbst aus - ja, machen Sie eine Reise auf der Lena, egal wie, mit einem Boot, einem Floß oder auf einem modernen Schiff. Sie werden mit allen Sinnen erfahren, wie recht die Jakuten haben, wenn sie sagen: „Nur an der Lena wirst du ganz du selbst!"

Die Jakuten sind die Ureinwohner des Landes, sie waren hier schon abertausend Jahre ansässig, bevor die „weißen Männer" kamen. Die jakutischen Mythen, Sagen und Legenden berichten von Helden, die das Land samt seiner Flüsse und Seen schufen, von Helden, die zu einer Zeit von den Sternen herabgestiegen waren, als es den Begriff „Zeit" überhaupt noch nicht gab.

Worüber unterhielten wir uns, wenn wir auf der Lena dahinfuhren? Früher oder später kamen wir unweigerlich auf die Besonderheiten Jakutiens zu sprechen: die Bären, die Schamanen, das Polarlicht, die reichen Bodenschätze, darunter Gold und Diamanten, die Sagen und Legenden, die Wetterumschläge und das ungeheure Temperaturgefälle. Es gibt keine zweite Region auf der Erde, in der die Lufttemperatur innerhalb des Jahres derart schwankte - nämlich um hundert Grad Celsius! Von minus sechzig Grad im Winter (denn hier ist der Kältepol) bis plus vierzig Grad im Sommer.

Das Wort Lena als Name eines sibirischen Flusses habe ich zum erstenmal in der Schule gehört. Wir nahmen die Biographie Lenins durch, und ich erfuhr zu meiner Verwunderung, daß der Name des russischen Revolutionsführers ein Deckname ist, hergeleitet vom Fluß Lena. Lenin, bis dahin unter seinem bürgerlichen Namen Uljanow bekannt, verwendete ihn erstmals nach seiner Rückkehr aus der sibirischen Verbannung, zu Beginn des so dramatischen 20. Jahrhunderts. Im Januar 1901 unterschrieb er einen Brief an Georgi Plechanow (der seinerseits das Pseudonym Wolgin führte) mit Lenin. Seine Frau Nadeschda Krupskaja antwortete später auf die Anfrage einer Redaktion: „Ich weiß nicht, wie Wladimir Iljitsch auf das Pseudonym

»Die dem Fluß zugewandt leben«

Lenin kam, ich habe ihn nie danach gefragt. Wahrscheinlich rein zufällig so wie Plechanow auf Wolgin." Eine ähnliche Erklärung gab Lenins Bruder Dmitri Iljitsch Uljanow: „Es war wohl so: Weil Plechanow sich Wolgin nannte, hat sich Wladimir Iljitsch eines Tages Lenin genannt, ebenfalls nach einem großen Fluß."

Als ich später an der Lena lebte, begann ich mich ernsthaft für ihre Geschichte zu interessieren. Die langen Winterabende brachten es wie von selbst mit sich, daß ich eine Unmenge las, und so vertiefte ich mich in alle möglichen historischen Monographien, Autobiographien und Reisebeschreibungen, um mir ein Bild von jener Zeit zu machen, als Jakutien von den Russen besiedelt wurde. Die Lena, die von den Jakuten „Straße der Ahnen" genannt wird, hat ihre exotischen Besonderheiten.

Der Name Lena geht auf das tungusisch-mandschurische (beziehungsweise ewenisch-ewenkische) Wort „Elju-Ene" zurück, das „großer Fluß" bedeutet, denn die Lena ist 4 400 Kilometer lang. Damit zählt sie zu den zehn, nach anderen Angaben elf längsten Flüssen der Erde. Sie hat etwa 500 Nebenflüsse, die wichtigsten sind Witim, Aldan, Wiljui und Oljokma.

Im 17. Jahrhundert schuf die Zarenregierung an der Lena eine Wojewodschaft, einen Verwaltungsbezirk, und ihr Zentrum war der Lensker Ostrog, Vorläufer der heutigen Stadt Jakutsk. Am 6. August 1638 berief die Zarenregierung die „Stolniki" Golowin und Glebow, Anführer einer hundert Mann starken Truppe, sowie den Diakon Jefim Filatow zu „Wojewoden über die große Lena". Einer Regierungsorder folgend, rüsteten diese zu einer Expedition, die über eine Reihe sibirischer Flüsse ins Lena-Gebiet führen sollte. Sie warben in Sibirien Zimmerleute, die sich auf Schiffsbau verstanden, Schmiede und Schiffer an, deckten sich mit Brot und Wein, Krampen, Nägeln, Werkzeug und sogar Schreibpapier ein und beschafften sich zwei Kanonen und Dutzende Feldarkebusen. So ausgerüstet, brach die vielköpfige Expedition unter Leitung Golowins im Mai 1639 mit 47 Schiffen in Tobolsk auf. Golowin rechnete fest damit, die Lena schon im Sommer zu erreichen. Doch nach einem Jahr waren sie über Jenissejsk - von hier sollte es weiter über die Angara und andere Flüsse bis zur Lena gehen - immer noch nicht hinausgekommen. Dies lag vor allem daran, daß ihnen die Regierung zwar 182 Gespanne für den Übergang zur Lena bewilligt hatte, jedoch niemand bereit gewesen war, ihnen Pferde für diesen schwierigen Weg zur Verfügung zu stellen.

Schließlich setzte Golowin mit seinen „gedingten Mannen" die Fahrt auf gut Glück fort. Sie kamen nur mühsam und unter großen Schwierigkeiten voran. Die in Jenissejsk dazu erworbenen Schiffe waren alt und mußten oft re-

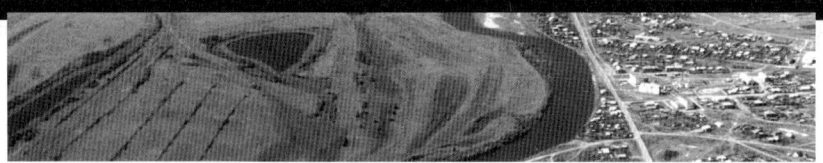

pariert werden. Zu schaffen machten ihnen auch immer wieder die Stromschnellen. Gelegentlich wurde es notwendig, die Schiffe zu ziehen - „siebzig bis achtzig Mann treidelten ein Schiff". Zu diesem Zweck lud man die Fracht ab - die Kanonen, Kugeln, Arkebusen sowie die Pulver- und Brotvorräte - und schleppte sie auf dem Rücken. Irgendwie bewältigten sie den „Lensker Wolok", den kürzesten Übergang zur Lena. Doch noch in dieser Schiffahrtsperiode bis zum jakutischen Vorposten vorzudringen war schier aussichtslos geworden. Daher entschloß sich Golowin, drei Mann als Boten vorauszuschicken und mit allen anderen am Lena-Ufer zu überwintern. Erst im Sommer 1641, drei Jahre nachdem sie in Moskau gestartet waren, sollten sie ihr Ziel erreichen - den jakutischen Vorposten, die künftige Hauptstadt Jakutsk.

Mit der Zeit wurde die verkehrsmäßige Anbindung des Lena-Gebietes an Moskau, Sankt-Petersburg und andere zentralrussische wie auch sibirische Städte immer weiter verbessert. Längs der Lena ließ die russische Verwaltung eine Straße bauen und russische Bauern in bestimmtem Abstand zueinander Niederlassungen gründen, mit der Auflage, den Post-, Reise- und Warenverkehr zu sichern.

Zu Beginn des 20. Jahrhunderts wurde die Transsibirische Eisenbahn gebaut, woraufhin Irkutsk wesentlich schneller und bequemer von Zentralrußland aus zu erreichen war. Von dort weiter nach Norden zu reisen blieb jedoch überaus schwierig. Von der Bahnlinie bis zum Lena-Oberlauf waren es mehrere Hundert Kilometer. Die einheimischen Bauern - Russen und Burjaten - nahmen mit ihren Gespannen meistens die Wercholensker Straße, um ihre Waren nach Katschug zu bringen. Auf dieser Straße wurden auch die Sträflinge in die Verbannung getrieben. Einige trugen Fußketten, deren rhythmisches Klirren in der Stille der unberührten Natur weithin zu hören war.

An der Anlegestelle von Katschug wurden die Waren aus Irkutsk auf Lastkähne verladen. Es waren einfache Kähne, von denen meist vier, miteinander vertäut, eine Schubeinheit bildeten.

So ging es flußab in Richtung Jakutsk - eine Fahrt, die beträchtliche Gefahren barg. Aber die Schiffer kannten ihren großen Fluß in- und auswendig und ließen sich nicht so leicht aus der Ruhe bringen. Stromab fahrend, waren sie bis Jakutsk - das sind an die 2 500 Kilometer - vierzig bis fünfzig Tage unterwegs. Die leeren Kähne wieder zurückzuführen, lohnte sich nicht, daher pflegte man sie in Jakutsk zu verkaufen. Sie fanden hauptsächlich als Heizmateri-

»Die dem Fluß zugewandt leben«

al Verwendung. Aus den dicken Planken wurden allerdings mit Vorliebe auch Zäune gemacht. Wahrscheinlich ist das der Grund, warum es im alten Jakutsk so viele stattliche Holzzäune mit rätselhaften runden Öffnungen gibt.
Die Lena war der einzige Weg, über den Jakutien in fast ununterbrochener Verbindung mit seiner Nachbarschaft stand. Im Winter wurde der vereiste Fluß zur Fahrbahn. Wer die Pferde an jeder Station wechselte und die Nächte auf dem Fuhrwerk oder Frachtschlitten verbrachte, konnte die Strecke Irkutsk - Jakutsk in zwanzig bis 25 Tagen bewältigen. Im Frühjahr und Herbst jedoch, wenn die schlammreiche Tauwetter- oder Regenperiode einsetzte, mußte der Verkehr auf der Lena eingestellt werden. Während dieser Zeit, insgesamt drei Monate, war Jakutsk vollständig von der übrigen Welt abgeschnitten.

Lenadampfer am Anfang des 20. Jahrhunderts

Der erste Lena-Dampfer, er hieß „Perwenez" („Erstgeborener"), verkehrte ab 1856, einige Jahre nachdem in Bodaibo eine Goldmine erschlossen worden war. Die Goldgewinnung belebte die Wirtschaft. Dennoch entwickelte sich die Schiffahrt nur schleppend. Um die Jahrhundertwende verkehrten auf der Lena lediglich 27 kleinere Dampfer veralteter Bauart. Sie fuhren von Ust-Kut bis Jakutsk und den Witim hinauf bis Bodaibo. So störte damals nur selten eine Schiffssirene die Lena-Gefilde in ihrer Ruhe.
Die Lena galt von alters her als die schnellste und bequemste Verbindung zum Hohen Norden. Nicht von ungefähr hat das russische Sprichwort: „Auf die Lena hinausgelangt, kannst du schlafen" in Jakutien seinen Ursprung.

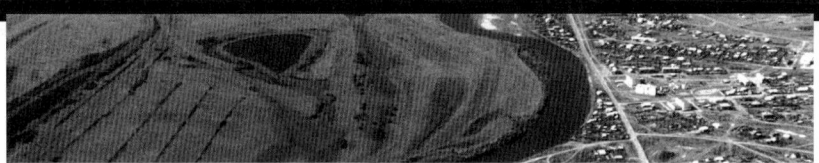

Von Jakutsk aus über Land weiterzureisen, zumal in nördlicher Richtung, bereitete jedoch erhebliche Schwierigkeiten. Bis Kolyma war man zwei bis drei oder sogar vier Monate unterwegs. Die Post dorthin wurde in Jakutsk nur dreimal im Jahr abgesandt: am 10. April, am 10. August und am 10. Dezember. Bei längerem Regen gelang es nicht einmal, bis zum nächsten Ulus, so die Bezeichnung für einen jakutischen Verwaltungsbezirk, durchzukommen. Wer Jakutsk auf den hindernisreichen Pfaden der Taiga erreicht hatte, galt geradezu als Held. Ein Jakutien-Forscher schrieb, wer im Sommer den Weg durch die Taiga wagt, müsse auf eine Menge Überraschungen und ungeahnte Schwierigkeiten gefaßt sein. „Am unangenehmsten waren die vielen Sümpfe, in denen die Tiere manchmal bis zum Gepäcksaum einsanken. Bruchholz und über den Boden rankendes Zederngesträuch ließen einem nichts anderes übrig, als abzusteigen und sich mit aller Kraft eine Bresche zu schlagen. Am Fuß von Gebirgen geht die Taiga meist in weite Geröllhalden über, an deren großen Felssplittern sich die Pferde empfindlich verletzen konnten. Über die Ufer getretene reißende Gebirgsbäche zwangen uns tage- oder wochenlange Pausen auf, bis das Wasser wieder fiel. Mancher Tagesmarsch verringerte sich da auf fünf Kilometer."

Ganz im Norden verliefen die Trakte, wie die alten befestigten Straßen Jakutiens hießen, weit voneinander entfernt. Die Strecke von Werchojansk nach Srednekolymsk betrug 1 415 Werst (eine Werst gleich 1,067 Kilometer), hatte jedoch nur zehn Stationen. Die Reisenden übernachteten in sogenannten Kochhütten, von denen es alle fünfzig bis siebzig Kilometer eine gab. Es waren fensterlose niedrige Hütten aus groben Lärchenholzbalken, mit einfachem Lehmboden. Weil schlecht gefugt, hatten die Wände, obwohl sie so gut es ging mit Moos abgedichtet waren, Ritze, durch die der eisige Wind pfiff. Auch die Tür ließ sich nicht richtig schließen. Doch immerhin gab es einen kleinen Ofen, der Wärme spendete.

Hunderte der 23 000 größeren und kleineren Flüsse sind über weite Strecken schiffbar. Die „blauen Straßen" waren und sind die wichtigsten Transportadern der Republik. Auf ihnen werden über achtzig Prozent aller Güter befördert, die weitaus meisten natürlich auf unserem „Mütterchen Lena".

Naturforscher haben diesem mächtigen Strom viele Bücher gewidmet, doch kein einziges kann das Erlebnis einer Reise auf ihm ersetzen. Von der Lena aus werden Sie die „Hinterhöfe der Welt" entdecken - und dabei sicherlich „ganz Sie selbst werden".

Von Katschug nach Markowo

Die Quelle - die Städte Katschug und Wercholensk - die Siedlung Schigalowo - die Stadt Ust-Kut - das Dorf Markowo

Die gesamte Strecke der Lena per Boot zurückzulegen wird nur wenigen gelingen, denn dies ist ein schwieriges und gefahrenreiches Unterfangen. Ein altes jakutisches Sprichwort sagt, wer die Lena siebenmal flußauf und flußab gefahren ist, sei alt. Diesen gewaltigen Fluß mit seiner starken Strömung und seinen tückischen Stromschnellen zu befahren war von jeher mit Schwierigkeiten verbunden. Doch bis heute kann man die befestigten Landwege in Jakutien zählen, und die Lena ist weiterhin die wichtigste Verkehrsader.
Einmal habe ich mit Freunden, wie ich passionierte Wanderer, die legendäre Lena-Quelle aufgesucht. Wir fuhren mit Booten von Lensk flußaufwärts, doch die letzten siebzig Kilometer mußten wir laufen. Uns durchs Taigadickicht schlagend, bestiegen wir einen der naturgeschützten Hänge der Baikalberge, die den See wie ein gigantisches Geschmeide von Westen her umschließen, bis zum Kamm, überschritten den Paß Solnzepad und stießen etwas unterhalb von ihm auf unser Ziel. Wie wir uns vergewissern konnten, entspringt die Lena in einem kleinen See, keine zwanzig Kilometer vom Baikalsee entfernt, 1 640 Meter über dem Meeresspiegel. Seit 1997 ist dieser Ort 54 Grad nördlicher Breite und 108 Grad östlicher Länge durch eine schlichte Holzkapelle gekennzeichnet.
Jede meiner Lena-Reisen pflege ich dreimal zu erleben: zuerst in der Vorstellung, dann in der Realität und schließlich, wenn ich über sie schreibe. Manchmal denke ich beim Schreiben: Bin das wirklich ich, die das alles bewältigt hat? Wie habe ich darauf gebrannt, den kleinen See, in dem die mächtige Lena ihren Anfang nimmt, mit eigenen Augen zu sehen! Mir schien, wenn ich nur einmal an seinem Ufer stände, wäre der Gipfel meines Lebens erreicht und bliebe nichts mehr zu wünschen übrig.
Nach einer längeren Rast traten wir den Rückweg zu unseren Booten an. Er führte uns am Bach Solotokan entlang, dem ersten Zufluß der Lena, und hier begab sich etwas so Ungewöhnliches, daß ich es erzählen muß.
Das Nachtlager schlugen wir auf einer kleinen Anhöhe auf, etwa einen Kilometer vom Bach entfernt. Unser Proviant war schon bedenklich geschrumpft, und so kündigte einer der Freunde, der sein Gewehr mitgenommen hatte, an, auf Entenjagd gehen zu wollen. Zu unserem Leidwesen hatten wir keine Angel dabei, da wäre das Proviantproblem ganz leicht zu lösen gewesen.

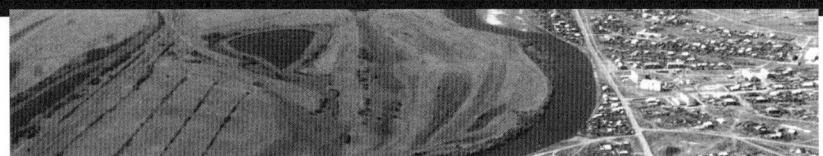

In den vielen Gewässern hier (der Baikal nimmt 300 Flüsse auf!) wimmelt es von Fischen. Unterwegs hatten wir alle Augenblicke die dunklen Rücken von Karpfen aus dem Wasser blinken sehen. Unser Jäger brach auf, als wir anderen noch schliefen. Er wollte zu einem nahegelegenen See laufen. Als er wiederkam, erzählte er:
„Dort waren zwar viele Enten, doch sie schwammen alle weit vom Ufer entfernt. Ich mochte nicht aufstecken, wollte mein Glück noch woanders versuchen. Ich wußte, daß die Mündung des nächsten kleinen Zuflusses breit ist, und schloß daraus, daß es auch dort reichlich Enten geben müsse. Als ich hinkam, sah ich seltsam große Vögel in der Luft kreisen. Ab und zu stieß einer herab und tauchte wieder auf. Ins Gebüsch geduckt, nahm ich sie näher

Die Lena entspringt einem kleinen See an einem nordwestlichen Hang des Baikal-Gebirgszuges im Naturschutzgebiet Baikal-Lenski

in Augenschein. Es waren Adler! Wahrscheinlich haben sie einen Kadaver am Ufer entdeckt, dachte ich. Weit gefehlt! Die Adler stießen aufs Wasser nieder und stiegen schwerfällig wieder auf. Sie hielten etwas in den Krallen, das sich bewegte. Was es war, konnte ich nicht erkennen.
Das begann mich so zu interessieren, daß ich die Jagd ganz vergaß. Wieder stieß ein Adler herab und versuchte, etwas im Wasser zu greifen. Aber dieses Etwas schien sich aus Leibeskräften zu wehren. Das Wasser wogte und spritzte. Schließlich hatte der Adler seine Beute doch erwischt und flog mit ihr in meine Richtung.
Ich schoß in die Luft, der Adler stieg höher, ließ vor Schreck jedoch die Beute fallen, und sie landete direkt vor meinen Füßen. Es war ein Karpfen von mindestens drei Kilo! Und wie er zappelte und sich bäumte! Ein vom Himmel gefallener Karpfen, stellt euch das vor!

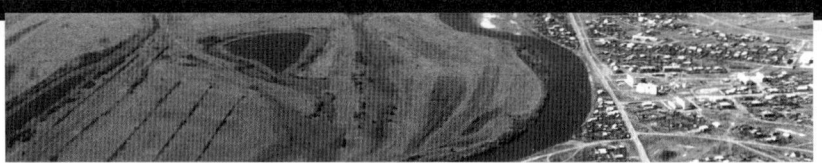

Danach flogen mir noch andere Karpfen vor die Flinte, doch sie waren alle kleiner. Vom Jagdfieber gepackt, blieb ich bis Mittag dort. Dann verstaute ich die Fische im Rucksack und kehrte zurück."

Hier unterbreche ich unseren Freund, um aus meiner Sicht weiterzuerzählen. Wir saßen am Feuer und warteten schon ungeduldig auf den versprochenen Braten. Endlich kam unser Entenjäger zurück, doch zu unserer Verblüffung erklärte er: „So, meine Lieben! Ab jetzt holen wir uns die Fische nicht mehr aus Flüssen und Seen, sondern vom Himmel! Bitte sehr!" Er zog einen großen Fisch aus dem Rucksack. „Direkt vom Himmel gefallen!" Wir waren selig, an diesem Tag gab es Ucha, Fischsuppe. Mehrmals begleiteten wir ihn dann zu der Bachmündung und schauten zu, wie er „Fische vom Himmel holte".

Noch heute habe ich dieses Bild vor Augen - Schwärme von Karpfen, einer nach dem anderen, die entgegen der Strömung zu ihren Laichplätzen zogen. Stellenweise schwammen die Fische so dicht gedrängt, daß ihre Rücken sich aus dem Wasser wölbten und in der Sonne glänzten. Der Fluß hatte hier flache Ufer und eine ruhige Strömung, war aber überall seltsam aufgerauht, von den Fischrücken wie zerfurcht.

Von der Quelle bis Katschug ist die Lena nicht schiffbar und zwängt sich als reißender schmaler Gebirgsfluß zwischen zerklüfteten Felsen hindurch, gespeist von den Zuflüssen Anaj, Mansurka und Anga. Doch mit einem Boot kann man sich hier bereits fortbewegen. Eine Pause legten wir auf dem Rückweg erst bei Anga ein, einer Siedlung am rechten Ufer des gleichnamigen Flusses.

In Anga wurde am 26. August 1797 der berühmte Ethnograph und Priester Innokenti Weniaminow geboren. Nur schade, daß dort nichts mehr an ihn erinnert. Er ist der Gründer der östlichsten christlichen Diözese des Zarenreiches, zu der Jakutien, Sibirien, Kamtschatka und Alaska gehörten. Es war sicherlich keine leichte Mission, denn der Schamanismus, die Religion der Jakuten, war in der Bevölkerung stark verwurzelt. Er ist auch heute noch von Bedeutung. In der Enzyklopädie aller rätselhaften Orte Rußlands von 2005 heißt es über ihn sogar: „Der Schamanismus - eine der ältesten religiösen, heilkundlichen und psychologischen Disziplinen - erwacht in unserem technologisierten Zeitalter zu neuem Leben."

Die Jakuten glauben, daß allen Dingen übernatürliche Kräfte und eigene, gute oder böse, Geister innewohnen. Vor den bösen Geistern, „Itschtschi", versuchen sie sich zu schützen, indem sie auf Gebrauchsgegenstände - Kleidung und Gerätschaften - bestimmte Symbole malen. Demselben Zweck dienen die Rituale der Schamanen.

Seit dem missionarischen Wirken des Priesters Weniaminow haben die Jakuten das Christentum zwar nach und nach angenommen, doch noch heute geschieht es, daß sie sich nach dem Kirchgang zusätzlich an ihren Schamanen wenden. „Doppelt hält besser", sagen sie. „Hilft der eine nicht, tut es der andere."

Unterhalb der Anga-Mündung taucht das Dächermeer von Katschug auf. Das Wort „Katschug" bedeutet bei den Burjaten „Schlucht" oder „Tierrachen", bei den Ewenen hingegen „Biegung". Ab Anfang des 18. Jahrhunderts führte von Irkutsk eine Poststraße hierher. Ganz Sibirien und Jakutien wurden von hier über die Lena mit Handelsgütern versorgt. In Katschug entstanden die ersten Werften Sibiriens. Hier wurden die Dampfer und Barken für den

Ganz Sibirien und Jakutien wurden von Katschug über die Lena mit Handelsgütern versorgt. Hier entstanden die ersten Werften Sibiriens

Güter- und Personentransport sowie Fischerboote gebaut. Denn ab Katschug ist die Lena schiffbar. Hier verlangsamt sich die Strömung und sind die Hochufer über weite Strecken dicht bewaldet.

Was mich persönlich zu diesem Abschnitt zieht, ist weniger die Stadt Katschug als vielmehr das alte Dorf Schischkino, in dessen Umgebung die berühmten Schischkino-Felsen liegen. Es sind sich über drei Kilometer hinziehende Felswände, bemalt mit Ornamenten sowie Menschen- und Tierdarstellungen aus ältester Zeit. Es gibt keinen zweiten Ort auf der Welt, an dem sich der Stein-

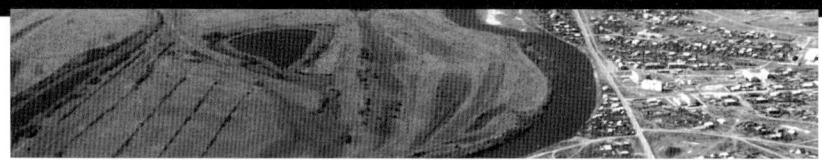

zeitmensch in einer solchen Vielfalt künstlerisch verewigt hätte. Die Wissenschaft ordnet die Felszeichnungen dem Paläolithikum zu, jener Epoche, in der der Mensch seine ersten Kunstwerke schuf. Jeder meiner Freunde und Kollegen hat in dieser „Gemäldegalerie" seinen Favoriten. Ich beispielsweise finde

Bei Schischkino befinden sich über drei Kilometer Felswände, die mit Ornamenten sowie Menschen- und Tierdarstellungen aus ältester Zeit bemalt sind

die „Tanzende Frau" am schönsten. Ihre Gestalt hat etwas, das sie aus allen anderen Tanzenden heraushebt - etwas so schwungvoll, so ungestüm Lebendiges, Ausgelassenes, Selbstvergessenes! Es ist ein Tanzen mit Leib und Seele. Andere wiederum bestaunen die detailgetreue Abbildung der Boote - Sitzbänke, Bug, Heck, Ruder, die Rippen des Rumpfes, alles ist aufs sorgfältigste dargestellt. Boote, wie sie vor rund 20000 Jahren gebaut wurden! Dem nächsten

gefallen die Reiter am besten und dem übernächsten die Rentiere. Die berühmteste Zeichnung indes ist der „Krieger mit dem Banner". Sie wurde 1992 das Wappenemblem der Republik Sacha (Jakutien).
Die Nationalitätsbezeichnung Jakute hat sich in Europa erst Anfang des 17. Jahrhunderts verbreitet. Sie kommt von dem Wort „eko" her, mit dem die Tungusen einst alle Menschen bezeichneten, die an der Lena lebten und Pfer-

de und Rentiere hielten. Die Jakuten selbst nennen sich von jeher Sacha. Heute ist dieser Name Teil ihrer Republiksbezeichnung, wobei Jakutien in Klammern beigefügt ist.
Hinter Katschug reiht sich ein russisch-sibirisches Dorf an das andere: am rechten Ufer Makarowo und am linken, weiter abwärts, Kurtuchai, Wolkowo, Pichtino und Ponomarjowo.
Die Menschen, die an der Lena geboren wurden, haben von Natur eine Leidenschaft für große Flüsse und riskante weite Fahrten zu Wasser. Ein gera-

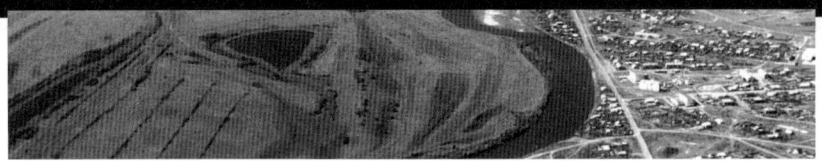

dezu klassisches Beispiel hierfür ist der berühmte Kaufmann Nikita Schalaurow. Er wurde im Dorf Wischnjaki am Ufer der Lena geboren und baute dort 1755 das seetüchtige Segelschiff „Glaube, Liebe, Hoffnung". Mit diesem unternahm er ausgedehnte Expeditionen nach Norden, erst bis zur Kolyma, dann weiter in die Tiefe der Arktis hinein, wo er schließlich verschollen ist.

Überhaupt meine ich, daß die Menschen Sibiriens und des Hohen Nordens eine wunderbare Ursprünglichkeit auszeichnet. Ihr Jagdinstinkt und Entdeckerdrang sind so stark, daß es sie unwiderstehlich lockt, „über den Rand der Erde hinauszublicken", wie sie selbst gern sagen. Die Menschen des Westens, im Korsett der Zivilisation, haben den Sinn für die unmittelbaren Impulse, das Fiebern und Beben des Lebens schon fast verloren. Im Hohen Norden ist die menschliche Existenz wie ein Schöpfungslabor Gottes. Hier schäumt und brodelt das Leben und schießt nicht selten über seine Grenzen hinaus. Hier liegen die schönsten Höhenflüge und grausigsten Abstürze menschlichen Unternehmungsgeistes eng beieinander.

Wenn ich von meinen sibirischen Freunden erzähle, denke ich häufig an zwei Aussprüche von Nikolai Berdjajew. Der eine lautet: „In der Natur, den Wohnorten und den Menschen Rußlands spüre ich oft etwas unerklärlich Geheimnisvolles, ja Unheimliches, das ich in Westeuropa, wo die Elementargeister von der Zivilisation zugedeckt und niedergehalten werden, nicht spüre." Und der andere: „Die gebildeten Menschen des Westens beurteilen jedes Problem danach, wie es sich in der Kultur und der Geschichte widerspiegelt, das heißt nur noch aus zweiter Hand. In ihrer Auseinandersetzung mit Problemen knistert kein Leben, brennt kein kreatives Feuer."

Hierzu eine Geschichte. Sie wird Ihnen unwahrscheinlich vorkommen, hat sich aber tatsächlich so zugetragen. Zumindest gibt es keinen Grund, Wladimir Giljarowski, einem unserer besten Journalisten des ausgehenden 19. Jahrhunderts, dem „König der Reportage", keinen Glauben zu schenken. Er hat sie in seinem Buch „Moskau und die Moskauer" erzählt. Ihr Held ist der Kaufmann und Schiffseigner Tichomirow, der als Sproß einer alten Kaufmannsfamilie in der sibirischen Siedlung Starowerow geboren wurde und ein tollkühner, draufgängerischer Bursche gewesen sein soll. Als er einmal mit seinem Dampfer „Welisar" auf der Wolga unterwegs war, veranstaltete er, so Giljarowski, folgendes.

„Tichomirow sprang auf die Brücke, stieß den Kapitän beiseite und übernahm das Steuer. ‚Volle Fahrt voraus!'
In der Ferne vor uns tuckerte ein Dampfer, der eben abgelegt hatte. Alexander Nikolajewitsch, die drei Ehrengäste und ich saßen beim Steuermann auf der Brücke.
‚Vorwärts!' rief Tichomirow mit dröhnender Stimme.
Der Kapitän neben ihm, graubärtig, in Weste, zog eine Flasche Kognak und einen Silberbecher aus der Jackentasche, füllte den Becher und reichte ihn dem Kommandanten.
Dieser kippte ihn herunter und krächzte ins Megaphon: ‚Volldampf!'
Unser Schiff zuckte auf wie ein erschrockenes Tier und begann heftig mit den Schaufelrädern zu schlagen.
Langsam schlossen wir zum anderen Dampfer auf. Schon konnten wir die goldenen Lettern seines Namens entziffern: der ‚Leichte' - und das Wappen auf seiner Flagge erkennen. Unseren Kommandanten hatte der sportliche Ehrgeiz gepackt, kampflustig blitzten seine Augen. Der ‚Leichte' nahm ebenfalls Geschwindigkeit auf.
‚Leg nach, Maschinist!' brüllte Tichomirow ins Megaphon.
Ihn kümmerte nichts und niemand mehr, für ihn existierte nur noch der Rivale. Und der Silberbecher in der Hand.
Die Passagiere wurden unruhig. Ich auch, muß ich gestehen.
Mein Freund, dessen Augen schon genauso kampflustig blitzten wie die von Tichomirow, beruhigte mich: ‚Ach was, so ist er immer! Wenn wir überholt haben, geht es wieder normal weiter. Keine Angst, gleich ist es geschafft.'
Die Passagiere drängten nach vorn an die Reling, die einen mit bangem Gesicht, die andern feuerten ihn an. Die meisten freilich waren neugierig, wie die Wettfahrt ausgehen würde.
‚Speck!' rief Tichomirow dem Kapitän zu, und dieser, der vor kurzem noch Steuermann gewesen war, verschwand unter Deck.
‚Der Speck ist schon verfeuert, hat er gesagt. Aber es gibt noch Schinken', meldete er wieder auftauchend.
‚Ins Feuer damit!' Und von neuem schmetterte Tichomirow ins Megaphon: ‚Nachlegen! Volldampf!'
Nach einer halben Stunde Eilfahrt hatten wir den ‚Leichten' erreicht und setzten zum Überholen an. Auf seiner Brücke stand der Kapitän in weißer Uniform, im Kreise von Passagieren, darunter Damen in eleganter Garderobe. Er drohte uns mit der Faust und brüllte irgendetwas, eine Verwünschung wohl.

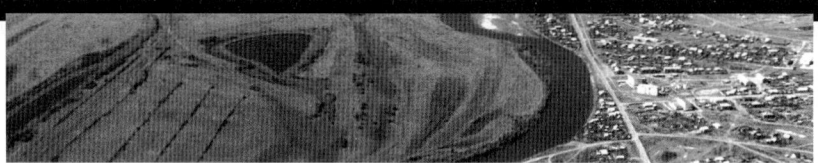

Tichomirow nahm dem Steuermann die Flasche weg, trank sie aus und schleuderte sie über Bord. ‚Gehabt euch wohl!' rief er durchs Megaphon hinüber und trieb den Maschinisten weiter an: ‚Gib Zunder!'
Als unser Heck auf einer Höhe mit dem Bug des ‚Gegners' lag, zog er plötzlich die Hosen herunter und zeigte dem Verlierer sein nacktes Gesäß."
Das Leben des Tollkopfs Tichomirow nahm später ein tragisches Ende, so berichtet Giljarowski weiter.
„Es ist schon lange her. Wann es genau war, weiß ich nicht mehr, es muß so kurz vor dem Russisch-Türkischen Krieg 1877/1878 gewesen sein. Zu dritt bestiegen wir in Jaroslawl den ‚Tapferen'. Das war der flotteste Dampfer auf dem ganzen oberen Abschnitt. Wir hatten eine Pokerpartie vor, aber daraus wurde nichts. Kurz nach uns legte Tichomirows ‚Welisar' ab, und die Hetzjagd begann. Keiner wollte zurückstehen, weder sie noch wir. Da ist schlecht Pokern. Alle liefen an Deck. Wie immer eröffneten die Tabakfabrikanten Dunajew und Wachramejew die Wette. Sie setzten je Tausend und übergaben das Geld Schurawljow aus Rybinsk, der in Kostroma für die Auszahlung sorgen sollte. Dunajew setzte auf den ‚Tapferen', Wachramejew auf ‚Welisar'.
Alle machten mit. Die einen setzten Geld, die anderen eine Flasche Wein, die nächsten einige Täßchen Tee. Ich setzte eine Flasche Rotwein auf ‚Welisar', der schon beachtlich aufgeholt hatte.
Wir näherten uns Nikolo-Babaiki. Von weitem kam das Kloster in Sicht. Schon konnte ich Tichomirow ausmachen. Vors Megaphon gebeugt, gab er Kommandos zum Maschinenraum durch.
Auch unser Mann rief ständig etwas nach unten: ‚Leg nach! Mach Dampf!' Der ‚Welisar' rückte uns immer weiter auf den Pelz. Sein Sieg schien unausweichlich zu sein. Die Passagiere hüben wie drüben standen und schauten mit angehaltenem Atem zu.
Plötzlich... Schrecklich, daran zurückzudenken... Plötzlich gab es einen fürchterlichen Knall."
Es folgt ein Bild des Schreckens. Der ganze Mittelteil mit der Kommandobrücke flog in die Luft. Wer an Bug oder Heck war, sprang ins Wasser. Manche drohten zu ertrinken.
„Wir ließen das Rettungsboot zu Wasser. Fischerboote kamen vom Ufer zu Hilfe. Eine halbe Stunde danach, ganz nach Fahrplan, setzte unser Dampfer die Fahrt fort. Später erfuhr ich", so schließt der Autor, „daß auf dem

Klosterfriedhof an die fünfzig Personen beerdigt wurden, darunter auch der Urheber des Unglücks, der Kommandant, der den Tod so vieler Menschen zusammen mit dem eigenen verschuldet hatte."

Wir lassen uns auf dem Wasser treiben und unterhalten uns über Sibiriens Kaufleute (etwa, daß ihr traditionelles Leib- und Magengericht die berühmten Pelmeni waren, die es an diesen Ufern in 33 Variationen gibt: eine Füllung pikanter als die andere!), während ein ungewöhnliches Landschaftsgebilde

Blick auf die Christi-Himmelfahrt-Kirche in Wercholensk

an uns vorüberzieht. Es heißt Rasboi, womit ein von Inseln zergliedertes und sich in Arme verzweigendes Flußbett gemeint ist. Dann passieren wir noch einige Sandbänke und Pontonbrücken und erreichen die Stadt Wercholensk. Hier gehen wir wieder an Land.
Wercholensk wurde 1641 gegründet, war zunächst aber nur eine kleine Siedlung, bewohnt von Kosaken, die bei den Burjaten den Tribut eintrieben. Doch keine fünf Jahre nach seiner Gründung erhoben sich die Burjaten und setzten es in Brand. Lebhaft stellen wir uns vor, wie einst Burjatenführer Ulachan (so das burjatische Wort für „der Große") und seine Scharen sich vor den Häschern versteckten und sich von Bärenfleisch ernährten, das sie aus den Vorratskammern der „Weißen" geraubt hatten. Die „Weißen", das heißt die Kosaken, durften hier jagen, was und wieviel sie wollten. Wenn aber ein

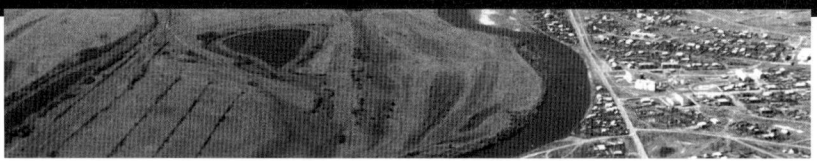

Burjate gewagt hatte, einen Zobel oder einen Bären zu erlegen, wurde er für vogelfrei erklärt, es sei denn, er zahlte den „Jassak", wie der Tribut hieß, den der russische Staat bei jagdtreibenden Ureinwohnern Sibiriens erhob und der in Form von Pelzen oder Vieh zu entrichten war.

Ulachan diente bei dem Kosakenältesten Martyn Wassiljew als Waldläufer, bis er eines Tages einen Kosaken erschlug, floh und in der Taiga untertauchte. Danach führte er seine Stammesbrüder zu einem Aufstand, überfiel Wercholensk und brannte es nieder. Über ihn wird berichtet, daß er seinen Verfolgern gern ein Schnippchen schlug, etwa indem er ihnen nachschlich, sich in ihrer Sichtweite auf einen Uferfels stellte und sie, den Jagdspeer schwingend, mit schrillen Rufen verhöhnte. Mehrere Jahre konnte er sich im Untergrund verstecken, doch schließlich geriet er in einen Hinterhalt.

Unter den Burjaten gibt es ausgewählte Greise, die „Hüter der Erinnerung" genannt werden - ein solcher hat mir diese Geschichte erzählt. Er war schon uralt, wurde aber nicht müde, seinem jüngsten Enkel, der noch zur Schule ging, seine Geschichte vom „braven und tapferen Ulachan" Wort für Wort beizubringen.

„Und es ist nicht wahr, daß er getötet wurde", versicherte er mir beim Abschied. „Er hat nur seine Spuren verwischt. Unsere Schamanen haben schon viele Male mit ihm gesprochen."

Wenn ich in Wercholensk bin, führt mein erster Weg zur alten Kirche, die mit ihren fünf leuchtenden Kuppeln das Hochufer ziert. Ein Wunder, daß sie die Zeiten überdauert hat. Sie ist außen wie innen zauberhaft schön. Doch auch eine der Gaststuben sollten Sie besuchen. Dort werden Sie mit Pelmeni bewirtet und zweifellos auch Nachkommen jener Kosaken, die sich einst mit den Enkeln Ulachans versippt haben, begegnen. Sie halten ihr Glas, das mit hausgemachtem Wein oder Wodka gefüllt ist, mit den Händen umschlossen und reden in ihrer bedächtigen Art miteinander. Sie haben schwere Fäuste, unter denen schon mancher zu Boden gegangen ist. Mit ihnen Streit anzufangen ist nicht ratsam. Nein, seien Sie freundlich, lächeln Sie und lassen Sie sich die Pelmeni und den Wein schmecken, zu denen Sie Ihr Nachbar zur Linken oder zur Rechten eingeladen hat. Und bitte - erheben Sie das Glas unbedingt mit den Worten „Auf die Liebe"!

Inzwischen haben wir unser Boot wieder bestiegen und Wercholensk hinter uns gelassen. In kleinerem Abstand zueinander folgen nun weitere alte russisch-sibirische Siedlungen, darunter Korkino, Schigalowo, Grusnowka, Sakamenskoje, Botowka, Sakobeninskoje, Dudkino und Turuka. Einige bestehen nur noch aus einer einzigen Straße, andere liegen gänzlich verwaist. Dabei sind sie bis in die jüngste Zeit noch voller Leben gewesen. Schigalowo war für seine 1907 gegründete Schiffswerft berühmt, und die Siedlung Tarassowo genoß Ansehen, weil an ihren Gestaden im Mai 1895 der erste Liniendampfer Sibiriens, der Raddampfer „Permjak", gestartet ist. Seine Anlegestellen und Piers hatte der Kaufmann Glotow, Inhaber und Betreiber eines Schiffahrtsunternehmens für den Transport von Post und Passagieren, binnen kürzester Frist errichten und ausstatten lassen.

1994 beging die Lena-Schiffahrt ihren 100. Jahrestag als staatliches Unternehmen. Um mich über ihre Geschichte näher zu unterrichten, habe ich viele Dokumente, Broschüren und Bücher gelesen. Hier einige Fakten.

Der Dampfer „Swer" der Jakutsk-Ust-Kut-Linie im Jahre 1906

Die Länge der regelmäßig befahrenen Wasserwege im Lena-Gebiet hat sich in den letzten Jahren verdoppelt. Noch 1923 verfügte die Lena-Schiffahrt nur über fünf kleine Dampfer und einige Dutzend Barken. In Jakutsk war damals die Ankunft eines Dampfers ein großes Ereignis. Heute herrscht auf Lena, Aldan und Wiljui reger Verkehr - Schlepper mit vielen Lastkähnen, Tankschiffe von mehreren Tausend Tonnen und Kühlschiffe mit riesigem Frachtraum gehören zum alltäglichen Bild. Komfortable Motorschiffe, wie das berühmte Schiff „Michail Swetlow", und „Flußstraßenbahnen", wie die

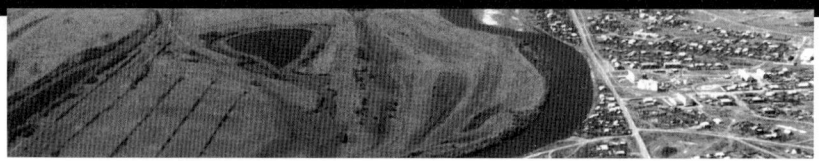

Tragflügelboote vom Typ „Raketa" und „Meteor", befördern alljährlich über eine Million Passagiere.

1951 wurde die Eisenbahnstrecke Taischet-Lena eröffnet, seitdem hat die Lena als Transportweg an Bedeutung gewonnen. Während einer Schifffahrtsperiode gelangen über den Hafen Ossetrowo Hunderttausende Tonnen Frachtgut nach Jakutien. Die Lena wird bis zum arktischen Hochseehafen Tiksi als Wasserweg genutzt, ab Ossetrowo ist das eine Strecke von 3 500 Kilometern.

Nach Berechnungen von Experten müssen für die Produktion von einer Tonne Blei dreißig bis 35 und für die Gewinnung von einer Tonne Gold sogar mehrere Tausend Tonnen Güter herangeschafft werden. Den größten Anteil trägt dabei die Flotte. Denn schwerlastige und sperrige Bergbaugeräte lassen sich nun einmal besser per Schiff als per Lkw oder Flugzeug befördern. Eine bedeutende Rolle spielte die Lena-Schiffahrt auch bei der Entwicklung und dem Ausbau der Diamantenförderung.

In den letzten zehn Jahren ist der Gütertransport auf der Lena um das Dreifache gestiegen und wurden die Binnenhäfen Ossetrowo, Lensk und Jakutsk grundlegend umgebaut und modernisiert.

Ein Liniendampfer fährt bis Ust-Kut. Seltsamerweise heißt der Bahnhof hier Lena (er ist Endstation der Eisenbahnlinie Moskau-Lena), der Flughafen Ust-Kut und der Hafen Ossetrowo. So kommt es, daß wir eigentlich in Ust-Kut sind, wenn wir in Ossetrowo einlaufen.

Ein Motorschiff, das heute Touristen von Ossetrowo bis Tiksi bringt, heißt „Michail Swetlow". Das ist der Name eines Dichters (1903 bis 1964), der als einer der Hauptvertreter der sowjetrussischen revolutionären Romantik gilt. Das Lieblingslied meiner Eltern in ihrer Jugend war das vertonte Swetlow-Gedicht „Lied von der Kachowka". Ich selbst weiß aus meiner Schulzeit noch das berühmte „Grenada" auswendig, ein Gedicht, das Swetlow in den 30er Jahren für die in Spanien kämpfenden Internationalen Brigaden schrieb.

Ich verließ meine Hütte, setzte ein Leib und Leben,
Um den Bauern Grenadas Land und Freiheit zu geben.

Swetlow war ein talentierter Dichter und ein geistreicher, humorvoller Mann mit einer Vorliebe für scherzhaft-spöttische Bonmots und Aphorismen. Selbst kurz vor seinem Tod scherzte er noch: „Inzwischen werde ich schon mit ehrendem Andenken garniert wie ein Hering mit Zwiebeln." 1967 wurde ihm der Leninpreis, die höchste staatliche Auszeichnung der Sowjetunion im Bereich von Wissenschaft, Kunst und Kultur, postum verliehen.

Heute haben sich in Rußland die Reihen derer, die Poesie lesen oder sogar - um mit Swetlow zu sprechen - „sich an Dichtung berauschen", bedenklich gelichtet. Doch der amerikanische Dichter Walt Whitman sagte gewiß zu Recht - da, wo es eine große Poesie gibt, gibt es auch einen großen Leser. Darum mag uns die bescheidene Tatsache, daß sich wenigstens noch eine Handvoll Freunde der Dichtkunst in unserem Leben findet und es auf der wundervollen Lena ein Schiff namens „Michail Swetlow" sowie Romantiker, die mit diesem Schiff reisen, gibt, für die Zukunft hoffen lassen.

Heute bringt die „Michail Swetlow" Touristen von Ossetrowo bis Tiksi

Der Lena-Hafen Ossetrowo gilt als Tor zu Jakutien. Er ist ein großer Umschlagplatz - alle möglichen Güter, darunter Maschinen und Geräte, technische Ausrüstungen, Baumaterialien und vieles andere mehr, werden hier aus Bahncontainern auf Schiffe verschiedener Typen und Tonnagen verladen.

Beachten Sie die schöne Eisenbahnbrücke, die im September 1975 fertiggestellt wurde. Vom Hafen Ossetrowo aus bin ich häufig mit dem Motorschiff „Chabarowsk" die Lena stromab gefahren. Ich liebte es, den Mitreisenden, die diese Gegend zum erstenmal besuchten, über die Geschichte Ust-Kuts und Sibiriens zu erzählen.

In Sibirien haben sich im Laufe der Menschheitsgeschichte viele rätselhafte und für Asiaten wie Europäer unerklärliche Ereignisse abgespielt, ganze Zi-

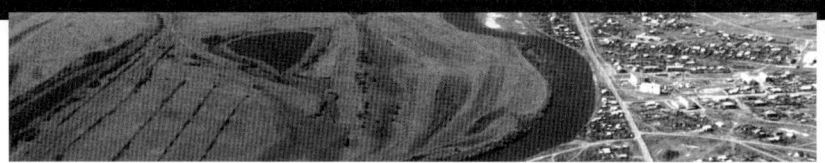

vilisationen sind entstanden und wieder untergegangen, über die heute praktisch nichts mehr bekannt ist und an die sich niemand mehr erinnert. Auch das 20. Jahrhundert war ereignisreich: der Bürgerkrieg von 1918 bis 1922, der längste in der Geschichte der UdSSR, die Ansiedlung auf Gedeih und Verderb Hunderttausender Kulakenfamilien in völlig unerschlossenen Gebieten, der GULag, der mit vielen Menschenleben bezahlte Bau der Eisenbahnstrecke Salechard-Igarka (die heute allgemein als „Tote Trasse" bezeichnet wird), der Masseneinsatz freiwilliger Komsomolzen bei staatlich organisierten Bau- und Wirtschaftsprojekten zur Erschließung Sibiriens, schließlich das lautlose Sterben Hunderter Dörfer sowie der Erdölboom der jüngsten Zeit und vieles andere mehr, was den Bewohnern wärmerer und vergleichsweise zivilisierterer Länder nicht mal im Traum vorstellbar ist.

Im 20. Jahrhundert gab es in Sibirien eine Reihe Naturerscheinungen und mysteriöser Vorfälle, die nie enträtselt werden konnten, etwa 1908 der Einschlag (oder die Explosion ohne Einschlag) des sogenannten Tungusischen Meteoriten, 1938 die als „Sibirische Finsternis" bekanntgewordene Himmelsverfinsterung über Westsibirien und Putorana oder das spurlose Verschwinden mehrerer größerer Expeditions- und Exkursionsgruppen.

Der Namensteil „Ust" von Ust-Kut bedeutet „Mündung", und „Kut" steht für den Lena-Nebenfluß Kuta. Die Stadt ist alt. 1628 baute der Kosake Wassili Bugor an der Kuta-Mündung ein Jagdhäuschen. Drei Jahre später war hier bereits eine ganze Kosakensiedlung entstanden. Ust-Kut war später ein typischer Verbannungsort. Vor allem Revolutionäre des ausgehenden 19. und beginnenden 20. Jahrhunderts wurden in dieses „Gefängnis ohne Mauern" gesteckt, 1900 zum Beispiel Lew Trotzki. Seit 1930 besitzt die Stadt eine Schiffswerft und einen Flughafen, und 1955 lief auf ihrer Bahnstation der erste Zug ein, womit die größte Wasserstraße Sibiriens und des Hohen Nordens an die landesweite Magistrale der Transsibirischen Eisenbahn angeschlossen wurde.

Wissen Sie, was Sie an einem Kiosk in Ust-Kut unbedingt kaufen sollten, bevor Sie an Bord gehen? Ein „Eskimo"! Wo habe ich nicht schon überall Eis gegessen, aber das „Eskimo" von Ust-Kut ist bis heute meine Nummer eins. Nur müssen Sie Ihren Wunsch genau ansagen: nicht Sahneeis oder Fruchteis, sondern „Eskimo"! Eigentlich ist das ja ein Schimpfname, muß ich zugeben. Die Ureinwohner der Arktis wurden früher Eskimo genannt, weil sie rohes Fleisch essen. „Eskimo" bedeutet „Rohfleischesser" oder sogar „Rohfleischfresser". Was das mit dem „Eskimo" oder umgekehrt, was das „Eskimo" mit Fleisch zu tun hat? Mit Fleisch überhaupt nichts. Mit Eis allerdings sehr viel - denn es ist genauso kalt wie die Lüfte jenseits des Polarkreises, wo die Inuit (so der korrekte Name der Eskimos) leben. Unser russisch-sibirisches „Eskimo" ist für meinen Geschmack eine der besten Eissorten der Welt!

Über die Lena schreiben ist für mich wie über die Liebe zu schreiben. Stets meint man ja, bei einem selbst sei in Sachen Liebe alles anders als bei den anderen. Dieses Buch will mehreres zugleich sein - ein Reiseführer mit Daten und Fakten, eine Geschichte über die „Wanderungen der Seele" und ein Versuch, den unsagbaren Zauber dieses Flusses zu vermitteln. Meine Liebe zur Lena hat verschiedene Phasen durchlebt - auf die erste Verliebtheit folgten Enttäuschung, Wehmut und Entfremdung, und daraus ging schließlich erneutes Verlangen nach einem Wiedersehen hervor. O ja, es ist Liebe. Worauf diese konkret beruht, versuche ich seit dreißig Jahren zu ergründen, jedoch erfolglos. Mit Wärme und Rührung denke ich an die Lena wie an eine zweite Heimat oder nein - wie an die „Heimat meiner Seele".

Und wie liebe ich die sibirischen Menschen, die Sibirjaken. Sie haben etwas, das einem Achtung und Bewunderung abverlangt. Außerdem sind sie hinreißend humorvoll. Wie prächtig können sie über sich selber lachen! Etwa über ihren furchtsamen Respekt vor den Schamanen, ihre Versessenheit auf die Jagd und den Fischfang - ist das nicht ein Zeichen von seelischer Stärke und Gesundheit?

Kosten Sie ein wenig vom sibirischen Humor.

> „Da ging ich auf den Bären los und schlug ihm den
> Schwanz ab!" berichtet ein Jäger seinen Freunden.
> „Warum den Schwanz und nicht den Kopf?"
> „Na... das hatte schon ein anderer getan."
>
> „Kapitän, unser Schiff hat ein Leck!"
> „Wo?"
> „Backbord, unterhalb der Wasserlinie."
> „Macht nichts, da ist es ja nicht zu sehen."
>
> Der Schamane sagte zu dem Kind: „Leg die Krücken weg und laufe."
> Und es legte die Krücken weg und lief.
> „Was hat es denn gehabt?"

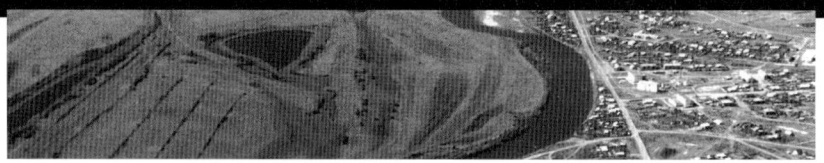

„Grippe."
„Wozu da die Krücken?"
„Die sollte es seinem Großvater bringen."

In der Taiga. Ein Hase sieht einen Adler im höchsten Wipfel eines Baumes sitzen.
„Was tust du da?" fragt der Hase.
„Nichts!" antwortet der Adler. „Ich sitze einfach so und erfreue mich am Anblick der Taiga."
„Darf ich auch mal einfach nur dasitzen?" fragt der Hase.
„Komm herauf!"
Der Hase springt auf den untersten Ast, sitzt reglos dort und erfreut sich am Anblick der Lichtung.
Ein Fuchs kommt des Weges. Er sieht den Hasen, schnappt ihn und frißt ihn auf.
Der arme Hase, denkt der Adler. Keiner hat ihm gesagt, daß nur derjenige nichts tun darf, der hoch aufgestiegen ist.

Für die Herkunft des Namens Lena haben die Sibirjaken folgende humoristische Deutung: Die Kosaken kamen erst zum Flüßchen Muka (die „Qual"), wo sie sich quälten, dann zum Flüßchen Kupa, wo sie badeten („iskupalis"), dann zum Flüßchen Kuta, wo sie sich betranken („pokutalis"), schließlich erreichten sie einen großen Fluß, und dort faulenzten sie („polenilis"). Diesen Fluß nannten sie Lena. Die meisten unserer Sprachforscher vertreten jedoch die These, daß der Name Lena auf das ewenische Wort „Elju-Ene" („großer Fluß") zurückgeht, was auch am wahrscheinlichsten ist. Zur Begründung führen sie die phonetische Kette „Eljuojona" - „Oljuoona" - „Olina" - „Alena" - „Lena" an.

Ein Stück hinter Ossetrowo passieren wir mehrere halb verfallene Anlegestege. Sie gehören zu kleinen Dörfern, die aufgegeben wurden. Das Ufer ist hier recht flach. Erst hinter Jakur, einer alten Siedlung, die bereits 1699 in einer Chronik Erwähnung fand, heute aber ebenfalls verlassen ist, erhebt sich ein Berg. Er ist 800 Meter hoch. In einer dieser Ortschaften bin ich einmal Anastasiern begegnet, wie sich die Mitglieder einer 1994 gegründeten und überaus populär gewordenen Sekte nennen.

Anfang der 1990er begann der Schriftsteller und ehemalige Unternehmer Wladimir Pusakow unter dem Pseudonym Maigret eine Buchserie mit dem Obertitel „Die klingenden Zedern Rußlands" zu publizieren, deren Hauptgestalt die Jungfrau und Halbgöttin Anastasia ist. Der Erzähler gibt an, ihr in der Taiga begegnet zu sein, wo sie ihn lehrte, „auf gute und richtige Weise" zu leben. Die Geschichten von Anastasia sind zwar Unterhaltungsliteratur und fiktiv, doch die halbe Leserschaft nahm sie plötzlich für bare Münze. Inzwischen gibt es bis zu einer Million Menschen, die an die wundertätige Jungfrau Anastasia glauben. Sie haben sich zum Gebot gemacht, im Einklang mit der Natur zu leben, sich nur von Naturprodukten zu ernähren und Gegenstände zu meiden, die mit Schadstoffen belastet sind. Die eifrigsten unter ihnen ziehen in fast aufgegebene sibirische Dörfer und gründen dort Ökogemeinschaften.

Die Anastasier führten mich zu ihren heiligen Bäumen - mehreren uralten Zedern außerhalb des Ortes. Sie glauben, daß die Zeder nach einer Lebensdauer von 500 Jahren zu klingen beginnt und Zauberkräfte entfaltet. Mit Vorliebe berufen sie sich auf den russischen Denker Daniil Andrejew, der prophezeite, daß sich Ende des 20. Jahrhunderts alle Menschen, die wahrhaften Glaubens sind, nach Sibirien begeben würden. Diese recht zahlreich auftretenden Gruppen esoterisch gesinnter, von Forschergeist beseelter, schwärmerischer junger Menschen sind für Sibirien etwas ganz und gar Neues, und es ist wunderbar, wie freundlich die Alteingesessenen ihren „Gästen" begegnen. „Mögen sie bei uns leben, wenn es ihnen gefällt", sagen sie ohne jeden Vorbehalt oder Unmut.

Unsere Fahrt stromab wieder aufnehmend, nähern wir uns dem Dorf Markowo, dem die schöne Insel Markowski vorgelagert ist. Beide Namen gehen auf den Gründer des Dorfes, den Kosaken Kuprijan Markow, zurück. Markowo ist seit 1962 im ganzen Land bekannt, als hier große Erdgas- und Erdölvorkommen entdeckt wurden.

Und worauf kann das Dorf noch stolz sein, was meinen Sie? Auf seine Katzen! Denn es sind die berühmten sibirischen, eine ganz besondere Rasse. Bis ins 14. Jahrhundert waren Katzen in Rußland eine Rarität, und eine kostete soviel wie ein Ochse. Später haben Einwanderer aus Westeuropa Katzen nach Rußland und auch nach Sibirien mitgebracht. Hier vermischten sie sich mit wilden Wald- und Steppenkatzen, wodurch die originelle heutige Rasse entstand.

Die sibirischen Katzen treten in vielerlei Varianten auf: getigert, gescheckt, rotbraun, schwarz oder grau, buschiger breiter Schwanz, hellgrüne oder blaue

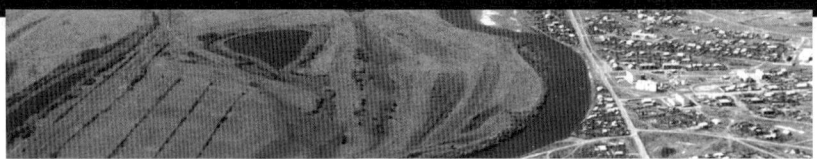

Augen, lange Barthaare, ein dicker „Kragen" um den Nacken und schicke „Dreiviertelhosen" an den Hinterbeinen. Sie haben ein Gewicht von acht bis zehn Kilogramm und vertragen sich mit Hunden. Sie sind sogar bei dem großen Zoologen Brehm erwähnt, der die rotbraunen Kater besonders her-

Seit Gründung der Eremitage werden jedes Jahr Katzen aus Sibirien als Mäusefänger nach Sankt-Petersburg geschafft und im Museum einquartiert

vorhob. Seit Gründung der Eremitage im Jahre 1764 werden jedes Jahr Katzen aus Sibirien nach Sankt-Petersburg geschafft und im Museum einquartiert. Dort üben sie das hohe Amt des Mäusefängers aus.
Bei Korkino, dem auf Markowo folgenden Dorf, sehen wir schon von weitem einen einzelnen Felsen aufragen. In ihm befindet sich eine Höhle mit noch kaum erforschten Felszeichnungen. Die Einwohner versichern, diese stellten Yetis dar, denn genau solche Darstellungen von behaarten Menschen, zudem handschriftliche Beschreibungen, hätten sich früher unter den Manuskriptesammlungen der umliegenden Klöster befunden.
Ferner erzählen sie eine Legende, derzufolge eine mächtige prähistorische Schlange durch diese Höhle schlüpfte, um sich wieder ins Erdinnere zurückzuziehen, nachdem sie den himmlischen Recken bei der Erschaffung der Welt geholfen hatte.

Von Markowo nach Oljokminsk

Die Stadt Kirensk - die Lena-Backen - die Siedlungen Witim und Peledui - die Städte Lensk und Oljokminsk

Ein eindrucksvolles Wechselspiel von Rot und Grün - so werden Ihnen die Lena-Ufer von Kirensk in Erinnerung bleiben. Das Rot sind die roten Sandsteinfelsen, das Grün ist der üppige Pflanzenbewuchs. Was den Namen der Stadt betrifft, können Sie unter drei Deutungen wählen! Kirensk kommt entweder vom ewenkischen Wort „kirisch" („Adlerhorst"), oder von Kirillow, dem Namen des Kosaken, der den Ort gründete, oder vom ewenkischen Wort „kiri", das „schmutzig" bedeutet, denn der Sand und das Geröll des Strandstreifens haben eine eigentümlich schwärzlich-braune Färbung.
Schlagen wir in einem der alten Jahrbücher für Handel und Gewerbe, die im Zarenreich regelmäßig herausgegeben wurden, unter Kirensk nach, finden wir folgenden Eintrag: „Kreisstadt im Gouvernement Irkutsk, gegründet 1665. Erhielt 1675 die Stadtrechte. Liegt bei der Kirenga-Mündung am rechten Ufer des schiffbaren Teils der Lena. Laut Melderegister 1 369 Einwohner männlichen und 884 Einwohner weiblichen Geschlechts. 270 Häuser. Vier Kirchen, eine Kapelle. Eine Kreisschule, eine Städtische Vorbereitungsschule, ein Progymnasium für Mädchen und eine Pfarrschule. Von 10. Mai bis 20. Juni Markt mit vielfältigem Warenangebot. Gemüse- und Getreideanbau."
Heute hat Kirensk 16 000 Einwohner. Die Stadt ist durch ihren großen Winterhafen bekannt, in dem Lastkähne und Passagierschiffe bis zur nächsten Schiffahrtsperiode vor Anker liegen.
Übrigens, die Sibirier deuten den Namen dieser Stadt auf ihre unnachahmlich eigene Weise - sie führen ihn auf das Wort „kirjat" zurück, das im Norden soviel wie „trinken, saufen" bedeutet.
Hierzu eine Geschichte, die an typisch Sibirischem nichts zu wünschen läßt. Kirensk liegt an den beiden Flüssen Lena und Kirenga. Beginnt im Frühjahr der Eisgang, geht ein Krachen und Tosen von diesen Flüssen aus, daß es einem in den Ohren saust. Mächtige Eisschollen, von Wasser umbrandet, brausen dahin, kreiseln, verkeilen sich und schieben sich übereinander, ganze Eisberge bildend. Ein atemberaubendes Schauspiel.
Gegenüber von Kirensk liegt am anderen Lena-Ufer die Siedlung Proletarsk. Ist die Lena zugefroren, dann pflegen die Männer von dort übers Eis zu laufen, um in einer Kneipe von Kirensk „einen" zu trinken. Während dieser „Trink-

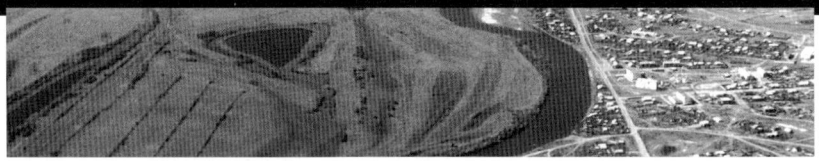

sitzungen" geschieht es nicht selten, daß der Eisgang einsetzt. Wie nun zurück nach Proletarsk?

Jedesmal bei Eisgang läßt sich beobachten, wie Männer, sichtlich angetrunken, aber noch halbwegs sicher auf den Beinen, über die Lena nach Hause streben. Ich habe die Bilder noch gut in Erinnerung - damals blieb mir fast das Herz stehen! Ein nüchterner Mann würde sich wohl hüten, auch nur ei-

Kirensk ist durch seinen großen Winterhafen bekannt, in dem Lastkähne und Passagierschiffe bis zur nächsten Schiffahrtsperiode vor Anker liegen

Eindrucksvolles Wechselspiel von Rot und Grün - die Lena-Ufer bei Kirensk. Rot sind die Sandsteinfelsen, grün der üppige Pflanzenbewuchs

nen Fuß auf das „wildgewordene" Eis zu setzen. Ich stand am Ufer zusammen mit anderen Kirenskern, die aus Leibeskräften riefen: „Kommt zurück! Kommt zurück!" Doch die Rufe gingen in dem Getöse unter. Die Männer, es waren zwei, balancierten, sprangen, kraxelten unverdrossen weiter von einer Scholle zur anderen, bald verschwanden sie, bald tauchten sie wieder auf. Es schien, als würde sie das brodelnde eisige Wasser jeden Augenblick verschlingen. Aber beide langten wohlbehalten am anderen Ufer an, und bald sahen wir, wie sie schwerfällig, ein wenig torkelnd, den Weg zu den

Häusern hinaufstapften. „Kaum zu glauben!" sagte eine Kirenskerin neben mir. „Bei jedem Eisgang sehe ich hier angetrunkene Männer. Und es ist noch keiner ertrunken! Wie ist das möglich?"
Auch auf seine Gemüsegärten kann sich Kirensk etwas zugute halten. Bereits 1641 hatte der bekannte russische Sibirienfahrer Jerofej Chabarow fünf Kilometer hinter der Stadt die erste Anbaufläche anlegen lassen. Dort entstand ein Dorf, das noch heute seinen Namen trägt.
Würde man in den kleinen Kneipen von Kirensk eine versteckte Kamera mit Mikrophon installieren - was für ein Film könnte das werden! Man würde die Sibirjaken vor ihrem Glas Wein oder Bier sitzen sehen und eine unglaubliche Geschichte nach der andern erzählen hören.
„Na mal sachte!" brummt der eine. „Erzähl hier doch keine Märchen! Ein einzelner ohne Gewehr soll einen Bären erledigt haben? Höre ich zum erstenmal! Ein ausgewachsener Bär wiegt immerhin soviel wie ein Auto. Schon wenn er die Tatze hebt, kannst du gute Nacht sagen. Neulich war ich bei meinen Netzen, wollte Fische holen. Ich stehe im Wasser und habe eines schon herangezogen, da spüre ich einen Bären hinter mir. Ein Mordskerl, aber still und leise wie ein Mäuschen! Er steht keine zwei Meter schräg hinter mir und knurrt plötzlich. Ich springe zur Seite, schlage mich in die Büsche - und der Bär macht sich über die Fische her. Mein ganzes schönes Netz war hin. Und einmal wurde ein Fischer halbzerfetzt unter überschwemmten Luftwurzeln gefunden. Dort hatte ihn ein Bär versteckt, wohl um in zwei, drei Tagen wiederzukommen und ihn ganz zu fressen."
„Bei mir wäre er da an den Falschen geraten!" ruft ein anderer dazwischen, streift den Jackenärmel hoch, ballt die Faust, hebt sein Glas und sieht den Erzähler triumphierend an. „Ich hätte ihn so vermöbelt, daß ihm der Appetit auf meine Fische vergangen wäre. Man braucht ihn nämlich nur anständig anzubrüllen: ‚He, Satansvieh! Mach, daß du Land gewinnst!' oder so, da zieht er den Schwanz ein."
Alle lachen, und mir fällt ein, daß ich einmal über den Herrn der Taiga gelesen habe, man könne ihn tatsächlich mit lauten Rufen in die Flucht schlagen. Wenn Ihnen also einmal ein Bär in die Quere kommt, müssen Sie laut singen, rufen oder schimpfen - was auch immer, nur eben möglichst laut. Vor „lauten fremden Objekten" schreckt der Bär in der Regel zurück.

Auf der Landkarte kann man sehen, daß die Lena bei Kirensk wie eine riesige Schlange gewunden ist. Erst fließt sie um hohe Felsen herum, dann zieht sie eine Schleife. Lena-Backen wird dieser Flußabschnitt genannt.

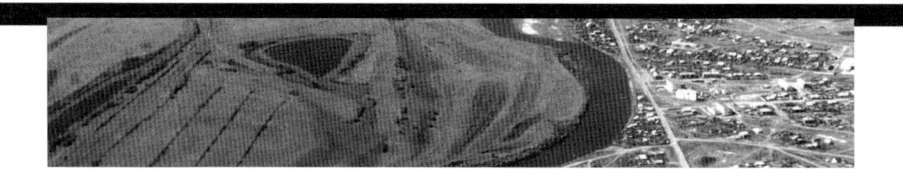

Die Backen sind eine bekannte landschaftliche Besonderheit der Lena. Über sie notierte der Schriftsteller Iwan Gontscharow (1812 bis 1891), als er von einer Weltreise mit der Fregatte Pallas nach Sankt-Petersburg zurückkehrte: „Gestern nacht passierten wir die sogenannten Backen, eine Sehenswürdigkeit der Lena - mächtige, majestätische Felsen, wie ich sie an den Meeresküsten nur selten zu sehen bekam. Sie sind so zerklüftet und düster und wirken so bedrohlich, daß man geradezu aufatmet, wenn sie hinter einem liegen."

1925 wurde bei den Backen ein Signalmast errichtet, um den Schiffsverkehr zu überwachen und zu regulieren. Doch auch er bietet keine letzte Sicherheit, und so ist dieser Abschnitt nach wie vor ein regelrechter Schiffsfriedhof.

Felsformationen der Lena-Backen

1957 rammte ein Beiboot des Schleppdampfers „Engels" einen Backen-Felsen. Es hatte kostbare Fracht geladen, darunter Pokale aus Edelmetall, wertvolle Volkskunsterzeugnisse und Porzellan. All dies sollten Geschenke zum 325. Jahrestag des Beitritts Jakutiens in den Völkerbund Rußlands sein. Das Leck war so groß, daß das Beiboot auf der Stelle sank. Bis auf den heutigen Tag liegen seine Schätze auf dem Grund.

Eine Backe heißt „Pjany byk" („betrunkener Stier"), und das ihr nächstliegende Dorf - Pjanobykowskaja. Mit diesen Namen, die Ende des 19. Jahr-

Auf manchen Reisenden wirken die zerklüfteten und düsteren Felsen der Lena-Backen geradezu bedrohlich

hunderts an die Stelle von Byk und Bykowskaja traten, hat es folgende Bewandtnis: 1890 zerschellte am Byk ein ganzer Schleppzug, der Wodka geladen hatte. Abertausende Flaschen gingen teils unter, wurden teils ans Ufer geschwemmt. Da wurde es in Bykowskaja geradezu zu einem Volkssport, sie aufzulesen und nach ihnen zu fischen und zu tauchen. So kam es, daß Bykowskaja eines schönen Tages Pjanobykowskaja hieß.
Die Backen verengen das Flußbett auf bis zu 200 Meter, so daß Schiffe sie immer nur in einer Richtung passieren können. Um nicht unversehens aufeinanderzutreffen, geben sie einander Signale, deren vielfaches Echo wie ein phantastisches Orgelspiel klingt. Eine Schiffssirene hallt 25mal, ein Gewehrschuß zwölfmal und die Stimme eines Menschen siebenmal wider. Ist das nicht unglaublich?
Auch sind die Backen Zeugen einer fernen Vergangenheit und eine seltene Schöpfung der Natur. Die Felsen bestehen aus Kalkstein, der sich während des Kambriums auf dem Grund eines gewaltigen Meeres abgelagert hatte. Oberhalb der Backen liegen die Dörfer Sosnowka, Kurejskoje und Soljanskoje. Hier wurden einst an die hundert Quellen verschiedenartiger Mineralwasser entdeckt, die sich als besonders heilkräftig erwiesen. Heute kann man

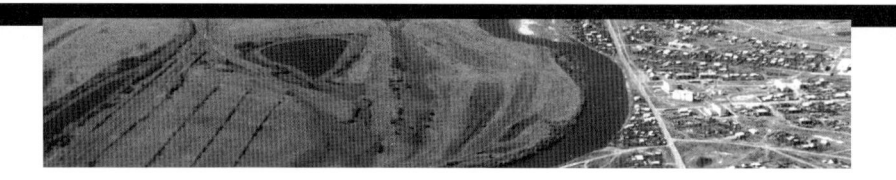

in dieser exotischen ländlichen Umgebung Kuren mit schwefelwasserstoffhaltigen Naturheilbädern machen.

Hinter dem Dorf Serkino verläuft die Grenze zwischen dem Gebiet Irkutsk und der Republik Sacha (Jakutien). Hier beginnt eine neue Zeitzone: Der Zeitunterschied zwischen Moskau und Irkutsk beträgt fünf und zwischen Moskau und Jakutsk sechs Stunden.

Der erste Ort auf jakutischer Seite heißt Witim. Er ist eine ruhige Kleinstadt, deren heutige Stille allerdings trügt. In den 40er Jahren des 19. Jahrhunderts war sie das Goldeldorado Sibiriens und wurde von einem wahren Goldfieber geschüttelt.

Auf Witim folgt die Siedlung Peledui, in der seit alters her Barken gebaut werden. Am linken Ufer unterhalb der Siedlung ragt auf einem Felsen das imposante Denkmal „Mutter Jakutien" auf, das mit finanzieller Unterstützung örtlicher Kulturenthusiasten von einheimischen Künstlern geschaffen wurde.

Je mehr wir uns meinem geliebten Lensk nähern, desto sehnsüchtiger lasse ich die Blicke über die Ufer schweifen: Gleich sind wir da! Lensk hieß früher Muchtuja und wäre eine schläfrige Provinzstadt geblieben, hätte man nicht 1956 weiter nördlich große Diamantenvorkommen gefunden. So verwandelte es sich in einen regen Umschlagplatz für alle möglichen Güter, die bis Mirny, dem rasch zu einer Stadt anwachsenden Zentrum der Diamantenregion, mit Lkws weiterbefördert werden mußten.

In Lensk habe ich acht lange, schöne Jahre meines Lebens verbracht. Lensk ist für mich wie ein lebendiges Wesen, das ich in allen seinen Facetten erlebte - fröhlich und traurig, zärtlich und grimmig, festlich und alltäglich, auch wüst. Nie indes langweilig.

Halte ich mir dann den Mai 2001 vor Augen, befällt mich jedesmal ein Gefühl der Panik. Was war das für eine Schreckensnacht! Die Fluten der über die Ufer getretenen Lena rissen beinahe die ganze Stadt hinweg. Und immer flüstere ich dann vor mich hin: „Mein gutes altes, mein leidgeprüftes Lensk!" Alles von Lensk ist verschwunden, was mir lieb und vertraut war: das kleine Entbindungsheim, in dem meine Tochter geboren wurde, die Häuserzeile am Ufer, wo Freunde wohnten, die Schule, an der ich unterrichtete, und das Holzhäuschen der Zeitungsredaktion „Lenski Kommunist", in der sich einst die „jungen Lyriker" des Literaturvereins „Brigantine" zu einer Lesung zusammenfanden. Heute ist alles neu in Lensk, und es herrscht eine andere Atmosphäre.

So unendlich viele Erinnerungen habe ich an Lensk, wenigstens zwei möchte ich mit Ihnen teilen. Die erste handelt von Gedichten, die zweite von einer Wanderung.

Eines Tages lud uns, die „jungen Lyriker" von Lensk (von denen manche freilich schon älteren Semesters waren), die besagte Zeitungsredaktion zu sich ein. Alle ihre Mitarbeiter waren da, Chefredakteur Semjon Tscherepanow nicht ausgenommen, um sich unsere Gedichte anzuhören. Tscherepanow war Jakute, ein Mann, der uns gefiel - geistreich, ironisch, wohlwollend. Seine Kommentare zu unseren „Werken" würzte er gern mit einem Scherz, und wenn er lachte, nahm er die Brille ab und wischte sich die Tränen ab. Natürlich hofften wir alle, in seiner Zeitung gedruckt zu werden, und trugen vor, was wir für unser Bestes hielten. Was die anderen lasen, weiß ich nicht mehr. Ich weiß nur noch, daß ich vor Aufregung zu leise sprach und mir die eigene Stimme fremd vorkam. Ich wünschte mir nur, möglichst glimpflich davonzukommen, wobei es ständig in mir bohrte - lese ich richtig und überhaupt das Richtige?
Wie verblüfft war ich daher, als sich der Chefredakteur nach der Veranstaltung an mich wandte, mich auf die Wange küßte und sagte: „Prächtig, alle Achtung! Deine Gedichte sind so schön natürlich, sie gefallen mir. Laß sie hier, wir nehmen sie in die nächste Ausgabe."
So kam es, daß am 30. April 1977 mehrere meiner Jugendgedichte in der Zeitung „Lenski Kommunist" erschienen. Hier eines davon.

Ich bin betäubt
von dieser sturen Stille,
und diese Ruhe
gönnt mir keine Ruh.
Die ganze Stube,
selbst die kleine Rille,
ist angefüllt mit Traurigkeit.
Und du
verschließt dich stets.
Mein Ruf nicht angekommen,
weil er
im Sternenregen sich verliert.
Das Flüstern
hat die Stimme mir genommen.

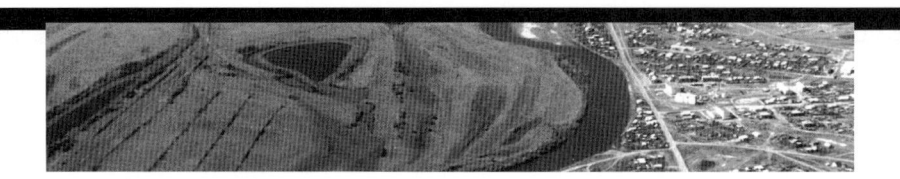

*Die Welt wird schreckensstarr
und kompliziert.
Die Dinge, die ich atmete,
erstarben:
Der Fluß und sein Mäandern...
Ich vergaß
schon den Geschmack
der Töne und der Farben
und sehe keine Strahlen mehr
im Gras.
Du aber kaufst
und schenkst mir heitre Seide
und schreibst vom Leben,
es sei annehmbar
und sicherlich
das Beste für uns beide.
Als ob es jemals,
jemals schlechter war!*

Mein erstes Jakutien-Gedicht war allerdings schon früher, nämlich am 11. Juli 1972 in der Zeitung „Fernsehen und Rundfunk in Jakutien", veröffentlicht worden. Es heißt „Jakutien, das ewig meine" und stellt gleichsam meinen „ersten jakutischen Meilenstein" dar, denn es entstand wenige Monate, nachdem ich nach Lensk gezogen war.

*Kiefernbäume,
naß vom Morgengrauen,
standen
über taubedeckten Auen,
rochen
in der fernen Taiga-Gegend
nach Orkanen,
bitter und erregend,
rochen auch
nach Frühe und nach Frische.
Taiga-Gegend,*

*jene zauberische,
wo die Flüsse
voller Nebel waren,
Abendröten -
wunde Vogelscharen...
Und das Herz
vereinte sich für immer
mit dem aufgelösten
Sonnenschimmer,
mit den harzgetränkten
Tannenhainen -
mit Jakutien,
dem ewig meinen.*

Nicht lange danach kam in Jakutsk eine Gedichtsammlung mit dem Titel „Gespräche in aller Offenheit" heraus, in der die „jungen jakutischen Lyriker" vorgestellt wurden, darunter auch ich.

*Ein Brief
Was schreib ich dir? Zum Beispiel, daß der Herbst
über dem Kopf die Blätter läßt rotieren.
Daß jedem etwas wärmer wird ums Herz,
der unter diesem Regen geht spazieren.
Daß jedem dieser wunderbare Tag
Geschenke macht. Und daß mit roten Blättern
die ganze Stadt als großer Briefumschlag
frankiert erscheint (wozu in klaren Lettern
„Oktober", die Empfängeranschrift, paßt),
um in die Post, ins Blaue, fortzueilen...
Das alles schreib ich dir und frage: Hast
auch du in diesem Herbst für mich zwei Zeilen?*

*Stockend atme ich und schweige doch still,
bleibe stumm wie dieser eisige Norden.
Bin schon heiser von den Schreien: Ich will
eine Kleinigkeit: Will lauschen deinen Worten.
Brausend tutet's vom Bahnhof her
und verströmt über die Welt mit den Gleisen.*

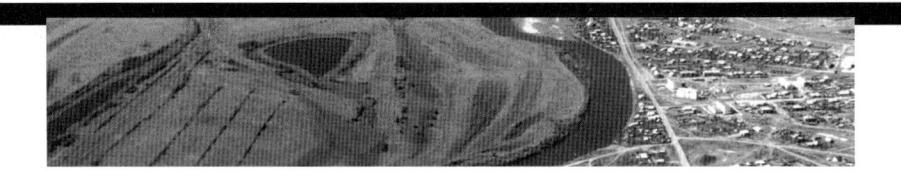

*Laute Züge... Und es ist zwar nicht schwer,
doch wohin als Ungerufene reisen?*

*Beim Hören von Prokofjew
Der Konzertsaal entschwebte irgendwohin,
es blieb ein Flügel und ein Paar Hände.
Zaghaft, wie ein offenes Ende,
verharrten die Töne gleich am Beginn.
Dann sprudelte, strömte mit einem Mal
die Musik, zum Ozean angeschwollen.
Schneegestöber von Pappelpollen!
Und hervorbrach der erste Frühlingsstrahl!
Ein offenes Ende. Ein Windmotiv.
Der Flügel, die Hände - still geworden.
Die Sorgen der Welt gelöst in Akkorden
von Prokofjews Visions fugitives.*

Und nun, was ich auf jener Wanderung erlebte.
In irgendeinem Herbst unternahmen mein Mann und ich eine Bootsfahrt zu einem Ort von ganz besonderer Bedeutung, der zwischen Lensk und Witim inmitten zahlreicher kleiner Seen liegt. Diese Seen sind weder auf Wander- noch gar auf Landkarten verzeichnet, und selbst die Ortsansässigen wissen nicht, wie sie heißen.
Wir legten an der entsprechenden Stelle am Lena-Ufer an, und der bis ans Wasser reichende Wald empfing uns in den strahlenden Farben des Herbstes. Über uns gingen Vogelrufe hin und her, bald die quarrenden Schreie von Enten, bald das charakteristische rauhe Krächzen von Rothalsgänsen, einer besonders schönen Art aus der Familie der Entenvögel. Auf ihrem weiten Weg zur Arktis pflegen diese Gänse an den hiesigen Waldseen zu rasten.
Mein Mann wollte auf die Jagd gehen. Ich hatte eigene Pläne - wollte Fotos von einem in den 30er Jahren erbauten, inzwischen längst aufgegebenen Straf- und Arbeitslager machen, das hier verborgen in den Wäldern lag. Einige Zeit zuvor waren wir zufällig auf diesen finsteren, menschenleeren Ort gestoßen; seitdem hatte mich der Wunsch nicht mehr losgelassen, ihn noch einmal mit der Kamera aufzusuchen.

Übrigens - ein ebensolches ehemaliges Lager befindet sich unterhalb von Wercholensk. Wer von Wercholensk stromab fährt, passiert zunächst das Dorf Grusnowka. Unmittelbar dahinter rücken die Ufer plötzlich wie eine Theaterkulisse auseinander, und in der Ferne zeichnen sich die schwarzen Blockhäuser mehrerer verlassener Dörfer ab. Nun müssen Sie achtgeben, denn hier liegt auch die Siedlung Molodjoschny mit den Ruinen eines Straflagers, das 1932 angelegt wurde und „Hungerkap" hieß. Das Lager betrieb eine Schiffswerft, die noch heute vom Fluß aus als solche zu erkennen ist.

„Unser" Lager erreichten wir erst gegen Abend. Es lag mitten in der Wildnis; lediglich an ein paar verlassenen Altgläubigerklausen und verfallenen Erdhütten waren wir unterwegs vorbeigekommen.

Die Bauten, vorwiegend Baracken, standen noch, boten aber ein zutiefst bedrückendes Bild. Hier und da blinkten in den Fenstern wie durch ein Wunder unversehrt gebliebene Scheiben. Von einigen Häuschen hatte der Wind das Dach abgetragen, so daß die nackten Sparren wie Rippen eines großen Tierskeletts in die Luft ragten. Auf einem kleineren Platz befand sich eine halbverfallene Lagerhalle, an deren einer Ecke ein Stück Schiene hing. An dieses war einst mit einem Eisenbolzen geschlagen worden, um den Sträflingen den Beginn oder das Ende des Arbeitstages zu signalisieren.

Eines der halbverfallenen Häuschen, dessen Dach noch einigermaßen dicht zu sein schien, wählten wir als Nachtquartier, weil es einen sogenannten Waldarbeiterofen hatte - eine zum Ofen umfunktionierte Blechtonne.

Am frühen Morgen trennten wir uns. Mein Mann steckte seine Rebhuhnköder ein und zog los. Sein Tag war „voll ausgebucht": vormittags am nächsten Waldsee Enten schießen oder vielleicht auch ein Rebhuhn fangen und nachmittags durch den Wald streifen, um noch ein, zwei Hasen zu erlegen. Ich wollte fotografieren und später entlang eines der drei Schmalspurgleise, die vom Tor der Lagerhalle in drei Richtungen führten, ein Stück in die Taiga laufen. Die Gleise, deren Schienen teilweise abmontiert waren, kamen mir als Orientierungshilfe wie gerufen.

Der Morgen war grau und kalt. Über den Wipfeln der Fichten am Horizont hingen schwere Wolken. Aus unsichtbarer Ferne drang das dunkle Gicksen von Rothalsgänsen herüber. Nachdem ich meine Fotoarbeiten im Straflager beendet hatte, zog ich los, um noch einige Landschaftsaufnahmen zu machen. In ihren Herbstfarben bot die Natur einen so wohltuenden Kontrast zu den gespenstischen Gefängnisbaracken.

Auf den Gleisschwellen lief ich in die Taiga hinein. Ob Sie es glauben oder nicht - aber buchstäblich alle zwanzig Meter kreuzte ein Hase meinen Weg.

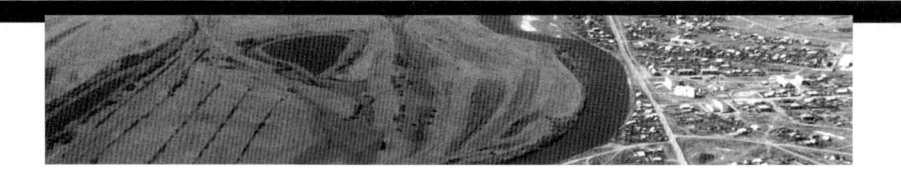

Neugierig und ohne jede Furcht sah er mich im Vorbeihoppeln an. Dann traten die Bäume auseinander, und eine breite Senke tat sich vor mir auf, die sich unten in eine Schlucht verengte. Ich bog von meiner Strecke ab, stieg in die Senke, umwanderte die Schlucht und stand plötzlich vor einem wundervollen kleinen See. Am Ufer gegenüber hoben sich die Umrisse einer wind-

Die Taiga bietet viele Überraschungen und ungeahnte Hindernisse

schiefen, sichtbar nicht mehr genutzten Laubhütte ab. Das Fotografieren ließ mich die Zeit vergessen. Ein feiner Regen setzte ein, und es begann zu dunkeln. Ich schrak auf und beeilte mich, zu meinen Gleisen zurückzukommen. Um den Weg abzukürzen, wollte ich die Schlucht durchqueren. In ihrer Tiefe floß ein Bach, der ziemlich breit war, über den jedoch ein Steg in Form eines einfachen Balkens führte. Ich schickte mich an, auf die andere Seite hinüberzubalancieren. Kaum hatte ich aber die ersten Schritte getan, zerbrach der Balken mit dumpfem Krachen, und ich fiel ins eisige Naß. Ans Ufer geklettert, schüttelte ich das Wasser aus den Stiefeln, wrang die Jackenschöße aus und stellte dabei fest, daß meine Schachtel Streichhölzer völlig durchnäßt war. Wie nun ein Feuer machen? Ich hastete los, ohne zu bemerken, daß ich die falsche Richtung einschlug. Die Kleider klebten an meinem Leib, und schnell begann ich zu ermatten. Doch haltzumachen und zu verschnaufen wäre mein sicherer Tod gewesen. Ich mußte in Bewegung bleiben. Es wurde immer kälter, meine Kleidung war schon ganz steifgefroren. Verzweifelt spähte ich umher - keine Gleise weit und breit! Ich begriff, daß ich die Orientierung verloren und mich verirrt hatte. Da hörte ich plötzlich

ein Krächzen im Rauschen des Windes. Ich blieb stehen und horchte zum nächtlichen Himmel hinauf. Rothalsgänse, anscheinend ein ganzer Zug! In welche Richtung mögen sie fliegen? überlegte ich. Es kann nur nach Norden sein... Das Krächzen entfernte sich in Windrichtung. Wie am Mittag, als ich losgelaufen war, blies mir der Wind in den Rücken, woraus sich schließen ließ, daß ich nach Norden ging. Mir brach der kalte Schweiß aus, und mein Herz schlug vor Schreck bis zum Hals. Also bist du die ganze Zeit falsch gelaufen! sagte ich mir entsetzt. Nach Norden, noch tiefer in das Taigadickicht hinein, auf den Tod zu! Du mußt umkehren, die Senke mit der Schlucht und dem See finden, dich dort nach Osten wenden, um zu den rettenden Gleisen und dann weiter zum Lager zu gelangen.

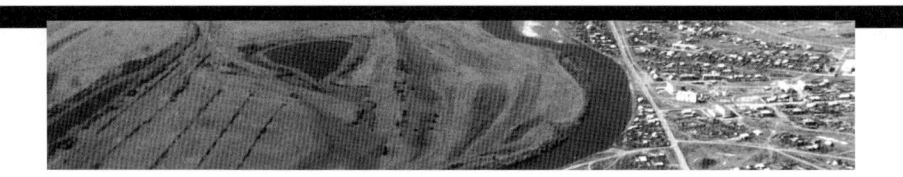

Ich ging zurück. Es kostete mich sehr viel Überwindung, mich vorwärtszubewegen, so schwer waren meine Beine geworden. Der vereiste Kragen scheuerte im Nacken. Immer wieder blieb ich stehen, um Atem zu holen. Am liebsten hätte ich mich einfach hingelegt und mich nicht mehr gerührt. Doch ich gab mir einen Ruck und setzte weiter einen Fuß vor den anderen.
Die Schlucht, endlich. Jetzt oben herumgehen und nach Osten abbiegen. Nimm dich zusammen und paß diesmal auf! ermahnte ich mich. Einen Fehler hast du schon gemacht, er hätte dich das Leben kosten können. Nach Osten, Osten, zu den Gleisen...
Als ich zum wiederholten Mal vor Erschöpfung stürzte, hörte ich ein leichtes Klirren - mit meiner Armbanduhr war ich gegen etwas Metallenes gestoßen. Ich tastete umher und seufzte erleichtert - eine Schiene! Das gab mir neuen Auftrieb, ich biß die Zähne zusammen und schleppte mich auf den Schwellen in Richtung Lager. Als ich die erste Baracke erreicht hatte, spürte ich, daß mir die Beine endgültig den Dienst versagten. Ich wollte schreien, meinen Mann um Hilfe rufen, brachte aber keinen Laut heraus und verlor das Bewußtsein.
Als ich wieder zu mir kam, hielt mein Mann mich an den Schultern fest und schüttelte mich. Dabei baumelte mein Kopf hin und her wie bei einer Stoffpuppe. Ich hörte seine Stimme: „Du lebst! Du lebst!"
Wieder ganz zu Bewußtsein kam ich aber erst vor dem glühendheißen Blechofen. Ich lag auf einer trockenen Jacke, in eine warme Decke gehüllt. Welche Seligkeit! Vor mir summte ein Teekessel, und das brennende Holz knackte und knisterte.
Mein Mann - er hatte mich die ganze Nacht gesucht und erst in den frühen Morgenstunden bei der Baracke gefunden - fragte irgendetwas. Aber ich war noch zu benommen, um antworten zu können. Ich lag und lächelte vor mich hin, in Gedanken bei den unsichtbaren Wildgänsen, die mir das Leben gerettet hatten. Und das erste, was ich zu meinem Mann sagte, war: „Versprich mir, daß du keine Rothalsgänse mehr schießt!"

Unterhalb von Lensk und der Insel Gluchowo beginnen die Chodara-Felsen, ein für die Schiffer besonders schwieriger Abschnitt. Stets blicke ich ihnen voller Ungeduld entgegen. Wie oft sind wir hier einst an Land gegangen, um einen dieser achtzig Meter hohen Steinriesen zu erklimmen. Mit ihren bizarren Kuppen und zerklüfteten steilen Wänden erschienen sie uns bald wie monströse Fabelwesen, bald wie mittelalterliche Krieger oder die Ruinen eines geheimnisvollen Tempels. Einen nannten wir „Bärenkopf", weil er in der Tat haargenau wie der Kopf eines Bären mit aufgerissenem Rachen aussieht. Die Exkursionsdampfer „Demjan Bedny" und „Michail Swetlow" laufen immer Nerjuntjai, ein Dorf gegenüber der Insel Majatschny, an. Hier haben die Passagiere, zumeist ausländische Touristen, Gelegenheit, Eindrücke vom Leben der einheimischen Bevölkerung zu sammeln.

Nerjuntjai besuchte ich einmal an einem 21. Juni, als dort der „Yhyach" gefeiert wurde, die Sommersonnenwende beziehungsweise das Wiererwa-

„Yhyach" - das Sommersonnenwendefest und nach altem jakutischen Kalender das Neujahr - wird mit einer Anrufung der Schutzgeister eröffnet

chen der Natur oder Neujahr. Nach dem alten jakutischen Kalender gilt dieser Tag als Jahresbeginn. Mit der Natur erwacht auch der „Geist der Vereinigung" wieder und erneuert sich die Seele eines jeden Menschen. Eröffnet wurde das Fest gegen zwölf Uhr mittags, zum Zeitpunkt des höchsten Sonnenstandes, mit einem „Algys", einer Anrufung Ajyys, des Schutzgeistes eines Stammes.

Hier hörte ich zum erstenmal das jakutische Volksepos „Oloncho", das über die Jahrhunderte von Generation zu Generation mündlich überliefert wurde. Es hat mich so beeindruckt, daß ich mich näher damit beschäftigte.

Die „Olonchossuty" - in der Regel alte jakutische Männer, die das Epos singend vortragen - kennen bis zu 400 Legenden auswendig. Die meisten davon haben bis zu 20 000 Verse. Und was für Verse! Bildhaft und farbig, mit einprägsamem Rhythmus, jeder ein Kunstwerk für sich. Es hat also gewiß seinen Grund, daß die UNESCO unter Hunderten alter Überlieferungen das „Oloncho" auswählte und im Jahre 2005 zum Weltkulturerbe im Bereich der nichtmateriellen Kultur erklärte.

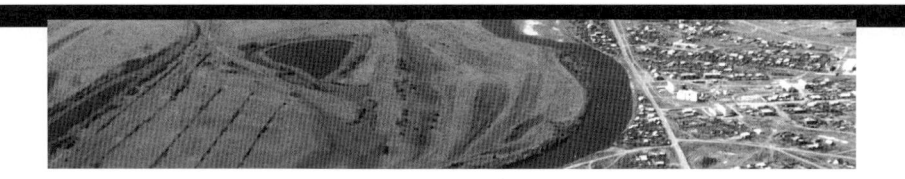

Das Fest dauerte bis zum Morgen des nächsten Tages. Die einen tanzten den „Ossuochai", den Tanz der Seelenvereinigung, und sangen nach den Takt-

Baum mit schutzbringenden Zeichen gegen böse Geister

schlägen der Tanzführer alte Lieder, in denen die Schönheit der Natur und des Menschen gepriesen wird. Die andern hörten einem alten „Olonchossut" zu, der eine Heldengeschichte vortrug. Dabei gab er die Reden der einzelnen Gestalten mit unterschiedlichen Melodien wieder. Die Geschichte handelte von den kühnen Taten verschiedener jakutischer Recken, und das Publikum saß und lauschte andächtig. Nur ab und zu rief jemand dem Sänger ein beifällig anspornendes „No!... No!... No!..." zu.

Meine liebste Legende aus dem „Oloncho" ist die von Njurgun Bootur dem Zielstrebigen. Wie schwierig es auch ist - ich will den Versuch wagen, sie kurz nachzuerzählen.

Auf dem Gipfel eines einstigen Zeitalters, auf dem Bergkamm vergangener Menschheitstage gab es einmal, so wird berichtet, ein großes, wundervolles Land. Die Bäume mit schuppiger Rinde erhoben sich mächtig, die Ufer waren steil, die Kaps erhaben und die Berge gewaltig. In diesem Land gab es Dünen von rotem Sand, der im Flug knisterte, Haufen weißen Staubes, der in die Lüfte stob, schwarze Felsen, die krachend zerbröckelten, und Geröllklumpen von der Größe einer dreijährigen Kuh. Auch gab es zahllose Flüsse und Seen.
In der Mitte dieses Landes stand ein Baum mit mächtiger Krone. Es war Aal-Luuk Mas, der heilige Baum. Durch ihn waren die drei Welten des Universums miteinander verbunden. Seine obersten Zweige reichten bis in die Wohnung der himmlischen Gottheit Uluu-toiona hinauf, und seine tiefsten Wurzeln reichten bis in die Wohnung des Herrschers der unteren Welt Arsan-Duolai hinab. An seinen Zweigen hingen silberne Zapfen, die aussahen wie mit dem Boden nach oben gekehrte Kumysschalen. Von den Spitzen der Zapfen fielen Tropfen eines weißen Schaums wie Schneehühner auf die Erde herab. Der Baum trug ein Kleid aus seidigen grünen Nadeln, die wie Haarbüschel vom Schweif oder von der Mähne eines Pferdes aussahen. Von einem seiner Äste, der nach Westen wies, floß weißer Schaum in stetigem Strahl, er hatte die Erde drei Meter tief ausgehöhlt, und dort war ein See wie von reiner Milch entstanden. Von den Säften des heiligen Baumes zu trinken, in den Säften des heiligen Baumes zu baden, machte den Schwachen stark, den Kleinen groß und den Kranken gesund.
Dieses Land befand sich in der mittleren Welt und war die Heimat der Aiyy-Menschen. Auf deren Bitten schickte der Allerhöchste Greis Odun Biis Djylga den jungen Njurgun Bootur in die mittlere Welt und hieß ihn, die Menschen zu beschützen, die Unholde der unteren Welt zu bestrafen und Ordnung zu schaffen. Njurguns Kräfte, sein Glück und sein Reichtum kamen der Hälfte aller Kräfte, allen Glücks und allen Reichtums der mittleren Welt gleich. Begleitet wurde Njurgun von seiner Schwester Aitaly Kuo - jung war sie und wunderschön, und sie trug einen acht Meter langen Zopf.
Njurgun war von überaus stattlichem Wuchs. Sein Scheitel reichte bis zu den untersten Zweigen der höchsten oder bis zu den höchsten Zweigen der kleineren Lärchen. Die Breite seiner Schultern, die Länge seiner Lenden und der Umfang seiner Hüften maßen sechs, fünf und drei Meter. Er hatte Muskeln, so fest wie das Kernholz eines jungen Lärchenstammes. Er hatte kräftige lange Beine, wie Pfähle, geschält aus den Stämmen zweier dicker Lärchen. Er hatte kräftige Arme, die den stärksten Ästen ausgewachsener Bäu-

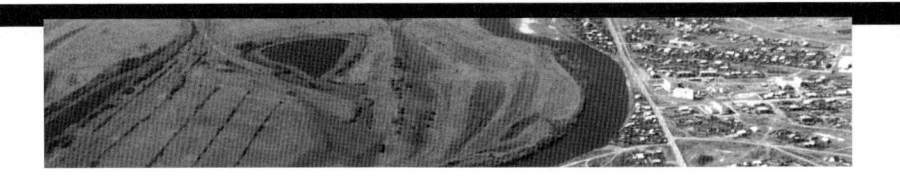

me glichen. Er war ein Mann von Reckenstatur, achtunggebietendem Antlitz und kühnem, feurigem Wesen.

Njurgun Bootur besaß einen fest gespannten breiten Bogen, der dem Pfeil so viel Schwung verlieh, daß er durch neun Himmel flog. Er trug ein langes tödliches Schwert, das so blank war, daß es den Mund und die Zähne eines Jünglings am anderen Ende des Waldes widerzuspiegeln vermochte. Er hatte einen Speer mit zwei Spitzen, die so blank waren, daß sich in ihnen die Brauen und Augen eines in der Ferne wandelnden Mädchens spiegelten, und er besaß eine Keule vom Umfang und von der Schwere eines Stieres, eine Stoßkugel aus schwarzem Stein, die so groß war wie der Leib einer liegenden Kuh, und einen eisernen Brustpanzer, der mit glitzernden Silberspänen übersät war.

Eines Tages kam vom Nordrand des unruhigen schweren Himmels eine Windwoge gebraust und wuchs zu einem rasenden Wirbelsturm an. Alle schwachen Bäume knickten um und lagen am Boden. Alle starken Bäume brachen um und lagen am Boden. Der Himmel schaukelte, wie Wasser in einer Schüssel aus Birkenrinde. Die untere Welt schwappte über, wie Waschwasser aus einem Zuber. Die mittlere Welt schwankte wie der Untergrund eines Moors. Die Wellen des Meeres türmten sich übereinander, die Wellen des Baikalsees bäumten sich in schwindelerregende Höhe, und die höchsten Felsgipfel stürzten ins Tal. Finsternis legte sich über die Erde.

Und all dies geschah, weil Yiysta der Schwarze, ein Recke der unteren Welt aus dem Lande der Abaassy, herbeigeflogen war und Njurguns Schwester Aitaly Kuo geraubt hatte.

Njurgun Bootur der Zielstrebige schwang sich auf sein Pferd und trieb es nach Norden, dorthin, wo der Unhold Yiysta wohnte. Das Pferd griff so kraftvoll aus, daß unter seinem Hufschlag ein schwarzer Stein, groß wie der Leib einer liegenden Kuh, vom Erdboden absprang, und jagte dahin auf den Schwingen seines Schweifes und seiner Mähne. Des Reiters Ohren sirrten wie die Flügel einer vom Wasser aufschwirrenden Ente; der Wind peitschte sein Gesicht wie mit Weidengerten. Der Dampf aus den Nüstern des Pferdes gefror zu Eisklumpen, und diese flogen drei Tagesmärsche weit übers Land. So setzte Njurgun seinem Gegner nach. Blitz und Donner waren seine Begleiter und seine Boten.

Erst in der unteren Welt holte Njurgun seinen Widersacher ein. Yiysta war ein riesiger schwarzer Mensch, anzusehen wie der Schatten einer Lärche bei

Mondschein. Er ritt mit seiner Beute auf einer feuerspeienden dreiköpfigen Schlange. Njurgun zog sein langes tödliches Schwert und hieb einen der drei dicken Hälse der Schlange durch. Seine Schwester stürzte vom Rücken der Schlange, er aber fing sie auf, hob sie auf sein Pferd und schickte sich an, mit ihr zurückzukehren.

Als er den Feind aber nochmal anblickte und seine Schmähreden hörte, geriet er so in Zorn, daß sein Gesicht sich schwarz wie Erde färbte und wie von brennendem Schwefel flammte und aus seinen Augen Funken wie von einem Feuerstein stoben. Er zog sein langes tödliches Schwert, schwang es so hoch, daß die Spitze durch die höchste Wolke fuhr, und ließ es auf den Gegner niederfahren. Der aber wich geschickt aus und zog ebenfalls sein Schwert. Ein Kampf auf Leben und Tod begann. Immer von neuem rannten die Recken gegeneinander an, und der Fels, auf dem sie kämpften, wurde zu Staub. Mit ihren schwergestiefelten Füßen drängten sie das von acht Zuflüssen gespeiste „Blutmeer" über seine Ufer und zerstampften und verwüsteten alle Berge ringsum. Kein Stein blieb auf dem anderen in allen drei Ländern der unteren Welt.

„Särgä" - ein Pfahl zum Anbinden der Pferde symbolisiert für die Jakuten den „Baum des Lebens" beziehungsweise den „Weltenbaum"

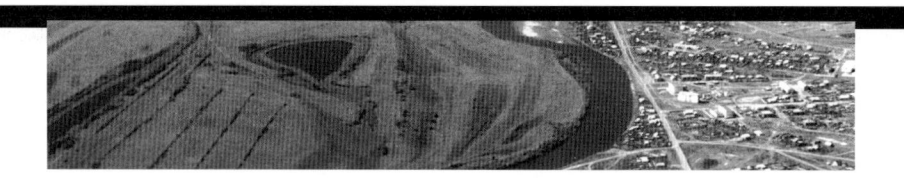

Da befahlen die Führer der unteren Welt ihren Geistern, die beiden Kämpfer auf den den Mond gebärenden „Ehrenberg" zu treiben. Und so geschah es. Dort ging der Kampf drei Tage und Nächte weiter, ohne daß eine Entscheidung fiel. Auch der „Ehrenberg" wurde zerstampft und verwüstet.
Da riefen die Geister den Allerhöchsten Greis Djylga an, und dieser befahl ihnen, die beiden Kämpfer auf die Eisinsel zu bringen. Diese lag in einem lodernden Feuermeer, das „Blutmeer" hieß. Auf ihr erhoben sich die Felsen bis zum Gipfel der vier Himmel, und sie drehte sich um die eigene Achse, stand aber weder mit dem Himmel noch mit der Erde in Verbindung. Von den Felsen der Eisinsel, so prophezeite der Allerhöchste Greis, werde derjenige, der die schwereren Sünden begangen hat, kopfüber in das Meer von Schwefel, Pech und Feuer stürzen.
Dem Rat seiner älteren Schwester, einer Schamanin, folgend, umklammerte Njurgun den Gegner mit beiden Armen, setzte ihn sich auf die Hüfte und stieß ihn mit aller Kraft in die Tiefe, und im Nu hatten die Flammen des „Blutmeeres" den Unhold verschlungen.
Als Njurgun auf dem Rückweg war, kamen ihm Sacha Saaryn und dessen Frau, die Urureltern der Jakuten, entgegengeeilt und baten um seinen Beistand. Der Herr über das Westliche Eismeer, der böse Recke Djigistjai der Eiserne aus dem Stamme der Abaassy, hatte unter Drohungen von ihnen verlangt, ihm ihre Tochter, die schöne Kjun Tujaryma, zur Frau zu geben. Alsbald erspähte Njurgun den Unhold - er stand auf dem Kamm von acht gestreiften Bergen und war dabei, acht Kühe auf seinen Speer zu spießen, um sie über dem Feuer zu braten.
Wie zwei Berge stießen die Recken Njurgun Bootur der Zielstrebige und Djigistjai der Eiserne mit lautem Getöse aufeinander. Sie schlugen sich einen Tag und eine Nacht lang. Njurgun führte das Schwert immer gewandter und gewann mehr und mehr die Oberhand, während der Sohn der Abaassy so in Bedrängnis geriet, daß er mehrmals zu Boden stürzte oder sich am Boden abstützen mußte. Schließlich packte Njurgun Djigistjais eisernes Haar, wickelte es sich dreimal um die weiße Hand und drückte seinen Kopf wie den eines jungen wilden Rentiers, das es zu zähmen gilt, dreimal zu Boden. Beim dritten Mal begann der Besiegte aus Mund und Nase zu bluten - schwarzes Blut floß in Bächen über seine breite Brust.
Dann ergriff Njurgun die heilige Peitsche mit den sieben an den Enden verdickten Riemen und peitschte seinen Gegner so lange aus, bis seine Rücken-

sehnen bloßlagen. Nichts auf der Welt hätte Njurgun dazu bewegen können, dem Flehen seines tückischen Gegners nachzugeben. Entschlossen zückte er ein aus reinem Eisen geschmiedetes scharfes Messer, schnitt ihm die verhornte Kehle durch und zerlegte seinen mächtigen Leib in so kleine Teile, daß nichts übrigblieb, was größer als ein Feuerstein gewesen wäre. Dann warf er alles ins Feuer, so daß es verbrannte.

Danach vollbrachte Njurgun noch eine weitere tapfere Tat für die Menschen der mittleren Welt. Er rettete dem Recken Kjun Djiribine, Sohn des Sacha Saaryn, das Leben, indem er ihm mit vernichtenden Schlägen zur Seite sprang, als diesen der Abaassy-Recke Uot Ussutaky zu überwältigen drohte. Sie befreiten gemeinsam die schöne Jutschugäi Jukejden und 37 Recken, die Uot Ussutaky in Gefangenschaft gehalten hatte.

Schließlich ritt Njurgun heim, um die schöne Kyys Njurgun zu heiraten. Hier erfuhr er, daß ihr Bruder, der Recke Aiyy Djuragastai, seit geraumer Zeit verschwunden war. Er ritt der Spur des Verschwundenen nach und gelangte zu einem schwarzen Sumpf, dem Eingang zu den drei Ländern der unteren Welt. Sein Morast war so zäh, daß selbst eine Spinne darin steckengeblieben wäre.

Aus dem Sumpf schlug eine schwarze Flamme, und ein Gestank ging von ihm aus, der einem den Atem nahm. Auf seinem Grund kauerte, gefangen in einem Zaubernetz, der Recke Aiyy Djuragastai. Plötzlich tauchte hinter den Sträuchern ein grausiges Ungetüm mit buntgescheckter Haut, drei Schlangenköpfen, einem langen, sieben Windungen schlagenden Schwanz, sieben Stacheln wie Riesendornen und acht tonnendicken Beinen auf. Es war Alyp Chara, der Vater der Zauberei. Njurgun erschrak und wäre am liebsten geflohen. Doch er ermannte sich und sagte: „Wofür wird ein Knabe geboren, wozu ist ein Hengstfohlen ausersehen? Lieber sterben, als unverrichteter Dinge heimzukehren!"

Er verwandelte sich in einen gefleckten eisernen Adler, stieß sich mit aller Kraft von der Spitze dreier Wolken ab, sauste wie ein mit Pech getränkter Pfeil durch die Lüfte, schlug wie ein Feuerball auf der Erde auf und zerriß das Seil des Zaubernetzes. Dann tötete er zusammen mit Aiyy Djuragastai Alyp Chara.

Nach Hause zurückgekehrt, heiratete er die schöne Kyys Njurgun und gab dem Recken Aiyy Djuragastai seine Schwester zur Frau.

Dieser „Oloncho"-Teil schließt mit den Worten: „Von da an lebte Njurgun Bootur glücklich und zufrieden, rülpsend von den reichhaltigen Speisen und süßen Getränken seines Tisches, denn er war der Urvater des Jakutengeschlechts."

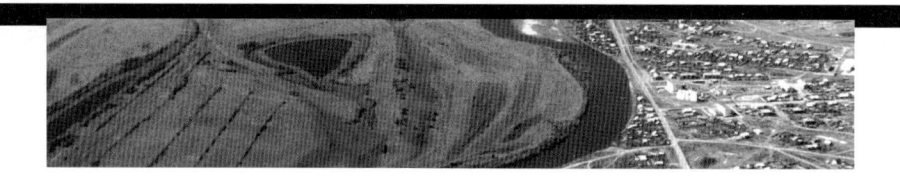

Platon Oiunski, Begründer der jakutischen Literatur, hat die Legende von
Njurgun Bootur dem Zielstrebigen literarisch bearbeitet und in 38 000 Vers-

Heute besinnen sich die Jakuten wieder stärker auf ihre kulturellen Traditionen

zeilen herausgegeben! Unlängst ist sie zudem in der Darbietung des verdienten jakutischen Volkskünstlers Gawriil Kolessow als CD erschienen. Wäre das nicht ein wunderbares Reiseandenken?
Ich habe nämlich beobachtet, daß ausländische Jakutienbesucher bei der Frage, was sie als Andenken mitnehmen könnten, meistens ratlos sind. Außer der besagten CD und einer anderen mit jakutischen Gesängen kann ich die vielfältigen Erzeugnisse des traditionellen jakutischen Kunstgewerbes empfehlen: Schnitzereien aus Holz oder Mammutknochen, Medaillons aus Kupfer, Silber oder Gold sowie die berühmten handgefertigten Pelz- und Lederutensilien. Ich bevorzuge übrigens die für Jakutien typischen Gefäße aus geflochtener, mit Pferdehaar verzierter Birkenrinde.
Zum „Yhyach" wäre noch zu ergänzen, daß das Präsidium des Obersten Sowjets Jakutiens am 17. Mai 1991 eine Anordnung erließ, die ihn zum arbeitsfreien Feiertag erklärte. Zu seinen Veranstaltungen gehören noch das

gemeinsame Kumystrinken (weshalb er manchmal auch Kumysfest genannt wird) und verschiedene sportliche Wettkämpfe. Traditionell finden die Hauptfeierlichkeiten übrigens in Jakutsk statt. Manchmal aber auch in einer anderen Stadt. Im Jahre 2006 beispielsweise wurde auf Erlaß des jakutischen Präsidenten Wjatscheslaw Schtyrow nach Suntar zum „Yhyach" eingeladen.

Nicht lange, nachdem wir in Nerjuntjai abgelegt haben, passieren wir die Insel Kyllach mit ihrer schönen Holzkirche. Auch diese Kirche, erbaut 1858, hat das wechselvolle 20. Jahrhundert durch glückliche Umstände überdauert.
Dann folgt die alte Stadt Oljokminsk. Ihr Namensgeber ist die Oljokma, jener Nebenfluß der Lena, an dessen Mündung der Bojarensohn Iwan Kosmin 1635 das erste Haus erbaute. Heute ist die Stadt von mäßiger Regsamkeit. Forstwirtschaft und Holzverarbeitung sind wichtige Wirtschaftsbranchen, es gibt eine Gipsgrube und einen Hafen sowie mehrere Schulen.
Ihren Mittelpunkt bildet die fast 200jährige Kirche zu Christi Verklärung. Wer sie besichtigt und sich von Ortskundigen führen läßt, wird zweifellos auch etwas über das Leben des heiligen Innokenti erfahren. Ich nenne ihn für mich einen „Heiligen, der das Abenteuer liebte".
Im Hauptraum der Kirche hängt eine Ikone, auf der Innokenti abgebildet ist - mit der weißen Metropolitenkappe, eine Schriftrolle in der Hand, hinter sich, schemenhaft angedeutet, Taiga und Tundra, Nomadenzelte und die Windungen eines Flusses. Er hat sich um Rußland verdient gemacht, indem er die ersten Kirchen im Hohen Norden erbaute, die Sprachen der nördlichen Völker studierte und lehrte sowie das Matthäus-Evangelium, den Katechismus und die Hauptgebete der russisch-orthodoxen Liturgie in diese übersetzte. Er lebte bis zu seinem Tode im Hohen Norden, am „äußersten Rand der Welt", wie die Einheimischen sagen.
Einst war er zusammen mit seiner ganzen Familie, mit Frau, Kindern, Schwiegermutter und Bruder, als Missionar in den Hohen Norden gegangen. Seine Reise dorthin dauerte vierzehn Monate: ab Irkutsk mit der Kutsche 238 Werst auf der Poststraße, dann zwanzig Tage (während derer er des öfteren anlegen ließ, um in den kleinen Gebetshäusern am Ufer zu beten oder Gottesdienst zu halten) mit dem Schiff bis Jakutsk und schließlich noch einige Tausend Werst weiter über das Eismeer.
Mit diesem Aufbruch hatte sich der russisch-orthodoxe Missionar und künftige Metropolit Innokenti (1797 bis 1879) einem großen Lebenswerk verschrieben. Erst knapp hundert Jahre später wurde er von der Russischen Orthodoxen Kirche heiliggesprochen. Seine Diözese hatte sich bis nach Alaska

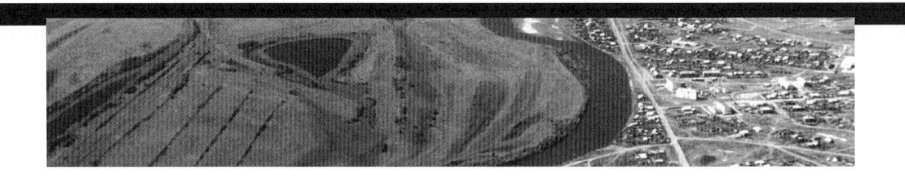

(damals noch zu Rußland gehörend) erstreckt. Sie war so groß, daß er monatelang reisen mußte, um ihre entlegeneren Sprengel zu erreichen. Die eine Strecke legte er mit dem Hundeschlitten zurück, die andere zu Pferd oder mit dem Rentiergespann, die nächste mit dem Hochseeschiff. Und was ist ihm dabei nicht alles zugestoßen! Sein Schiff sank infolge einer Havarie, Raubtiere griffen ihn an, Räuber nahmen ihn gefangen, er stürzte in eine

Seitdem die Lena als Schiffahrtsweg genutzt wird, gehört es zum Alltag der Schiffer sich vor Havarien und schwerem Seegang zu schützen

Schlucht, geriet in Schneeorkane, und nicht selten geschah es, daß er tagelang ohne Nahrung und Wasser auskommen mußte.
„Wie deutlich habe ich es noch vor Augen", notierte sein einstiger Begleiter Oberpriester Prokopi Gromow in seinen Aufzeichnungen. „Es ist eine dunkle Winternacht. Episkop Innokenti in seiner Kleidung aus Rentierleder sitzt der Schlucht zugewandt auf einem Stein, und der Schein des Feuers beleuchtet sein Gesicht und erscheint auf den Berggipfeln wieder. Menschen des Nordens, diese reinherzigen Naturkinder, stehen um ihn geschart, und ihre kleinen Reittiere liegen mit angezogenen Läufen und vor Erschöpfung in Schlaf

gesunken zu ihr und seinen Füßen. Noch kein russischer Hierarch vor ihm hat es vermocht, seinen Segen in dieses Erdental zu bringen."
In solchen Momenten, so stelle ich mir vor, wird Innokenti manches Mal an jene Gespräche zurückgedacht haben, die ihn auf diesen Weg gelenkt hatten. Damals lebte er in Irkutsk und war soeben zum Priester geweiht worden. Zu diesem Amt hatte er sich aus ärmlichen Verhältnissen als Waise hochgearbeitet. Dank seiner Kraft und Begabung wurde ihm eine gute Ausbildung gewährt und früh eine Gemeinde in einer großen Stadt zugeteilt. Hier gründete er eine Familie und brachte es bei den Gläubigen wie bei seiner Obrigkeit zu Ansehen.
Eines Tages trat seiner Gemeinde ein Mann namens Iwan Krjukow bei, der vierzig Jahre in Alaska gelebt hatte. Er erzählte Innokenti viel Interessantes über das „russische Amerika" und hob dabei immer wieder die Aleuten-Bewohner lobend hervor. Zur selben Zeit traf in Irkutsk die Anordnung des Heiligen Synods ein, einen Priester auf die Aleuten zu schicken. Innokenti fühlte sich dadurch noch keineswegs angesprochen, dann aber hörte er einmal, wie Krjukow zu jemandem sagte: „Was glauben Sie, wie fromm unsere Brüder auf den Aleuten sind. Tag für Tag, bei Wind und Wetter und bitterster Kälte laufen sie zu Fuß zu einer nicht beheizbaren einsamen Kapelle im Wald. Manchmal stehen sie während der Predigt barfuß auf dem eisigen Fußboden, ohne ein einziges Mal von einem Fuß auf den anderen zu treten."
„Diese Worte trafen wie ein Pfeil in mein Herz, und plötzlich brannte in mir der Wunsch, in den Hohen Norden zu gehen", wird sich Innokenti später, inzwischen Episkop geworden, erinnern.
So begann für ihn ein neues Leben voller Enthusiasmus und stillen Heldentums. Nicht genug damit, daß er die verschiedensten Völker zum Christentum bekehrte, die Bücher der Heiligen Schrift in ihre Sprachen übersetzte, Kirchen erbauen ließ und eine überaus große Diözese schuf und betreute - er trat auch als Autor ethnographischer, geographischer und linguistischer Arbeiten hervor, die so grundlegend waren und so viel Anerkennung fanden, daß die Russische Geographische Gesellschaft und die Moskauer Universität ihm die Ehrenmitgliedschaft zuerkannten.
Im Alter wurde er für seine Verdienste zum Metropoliten von Moskau und Kolomenskoje ernannt. Doch selbst da noch, obwohl schon hinfällig und gebrechlich, wünschte er sich zu seinen Abenteuern und Aktivitäten von einst zurück.
„Gibt es denn nichts Neues zu tun?" fragte er vier Tage, bevor er starb, seinen Betreuer Episkop Amwrosius.

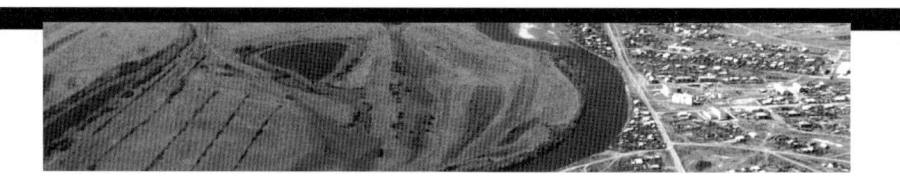

Dieser antwortete: „Denkt nun nicht mehr an Taten, Hochwürden. Gönnt Euch Ruhe."
„Ruhe ist langweilig", antwortete leise der 82jährige Metropolit.

Unterdessen hat unser Schiff Oljokminsk verlassen und fährt auf einen Abschnitt zu, wo sich der Fluß auf vier bis zwölf Kilometer verengt und in ein Hochplateau geschnitten hat. Hier werden Ihnen am linken Ufer seltsame

Sonnenuntergang in der Nähe von Oljokminsk

weißliche Flecke auffallen - das sind die an die Erdoberfläche getretenen Salz- und Gipsablagerungen des Chara-Tschai. Hier wurden einzigartig reiche Salzlager erschlossen.
Je weiter wir nach Norden kommen, desto kürzer und heller werden die Nächte, immer seltener zieht ein besiedelter Punkt an uns vorbei. Jetzt tauchen am Ufer immer wieder Holzstapel auf, die auf die Nähe von Sägewerken schließen lassen. Es ist Bauholz, das auf seinen Abtransport wartet.

Von Oljokminsk nach Pokrowsk

Die Lena-Säulen - der Diring-Jurjach

Einmal vor vielen Jahren haben russische Kartographen, die in Jakutien Landvermessungen vornahmen, zwei junge jakutische Jäger gebeten, den Verlauf der Oljokma aus dem Gedächtnis aufzuzeichnen. Sie gaben ihnen Papier und Bleistift und staunten über die Maßen, als sie das Ergebnis sahen - ein Flußverlauf mit so vielen exakten Einzelheiten, daß man die offiziell gültige Landkarte korrigieren mußte. Das Erstaunlichste dabei war, daß die beiden Jakuten noch nie in ihrem Leben eine Landkarte gesehen, geschweige denn benutzt hatten. Übrigens bilde ich mir ein, daß eine von mir aus dem Gedächtnis gezeichnete Karte vielleicht ebenso detailgetreu ausfallen würde. Denn die Oljokma, ein rechter Nebenfluß der Lena, hat sich mir unvergeßlich eingeprägt, weil ich ihr die schönste Floßfahrt meines Lebens verdanke. Da ich schon damals die Gewohnheit hatte, Tagebuch zu führen, bin ich heute in der glücklichen Lage, jeden Tag der Reise rekonstruieren zu können. Schade nur, daß es dem auf Papier gebannten Leben meistens nicht anders ergeht als einem gefangenen und präparierten prächtigen Schmetterling, der das Farbenspiel und das Beben seiner Flügel verliert.
Die Siedlung Ust-Njukta im Amur-Gebiet im Frühsommer 1978. Wir wollten zu neunt mit drei Flößen die Oljokma 400 Kilometer abwärts fahren. Unsere „Flöße" waren straff aufgeblasene Gummiboote mit breitem Boden und orangegelber Bordwand. Die Handelsbezeichnung lautet „Rettungsboot PSN-6, aufblasbar". Wir verstauten unsere Sachen - Rucksäcke, Zelte, Proviant - und legten ab. Von der Strömung erfaßt, waren wir im Nu in voller Fahrt. Schon hatten wir die Mündung des Oljokma-Zuflusses Njukta passiert. Hier wurde der Fluß breiter, und hinter jeder Biegung tauchten neue Birkenhaine, Tannendickichte, Bergkuppen und Felsgebilde auf. Auf keinem Schiff oder Dampfer wird man einen Fluß so intensiv spüren wie auf einem Floß oder in einem Boot. Man fühlt sich als Teil von ihm. Man hört das Wasser plätschern, atmet den herüberwehenden Duft blühender Faulbeerbäume und ist sich doch bewußt, daß sein Leben jetzt davon abhängt, ob man eine Verständigung mit der wilden Natur findet.
Wir saßen an die Bordwand gelehnt und hielten gemütlich Umschau. Plötzlich schlugen ungewöhnliche Geräusche an unser Ohr - ein riesiger Eisbrocken hatte sich, in der Sonne schmelzend, vom Ufer gelöst und rutschte mit gläsernem Klirren ins Wasser.

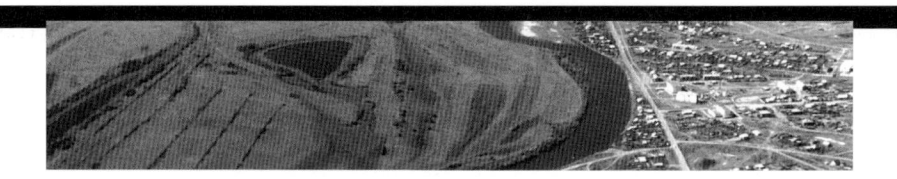

Wenig später machten wir am Schamanenstein fest. So nennen die Ewenken einen weithin sichtbaren Felsen an der Oljokma, an dessen Wände ein Künstler in grauer Vorzeit ein ganzes Universum gezaubert hat - die Sonne, Jagdszenen, Ritualtänze. Befände sich diese „Gemäldegalerie" in einem anderen Land, etwa wie die Höhle von Lascaux in der Dordogne in Frankreich - ich wette, daß Touristen aus aller Welt Schlange stehen würden, um sie zu besichtigen. Hier aber wird ihr kaum Beachtung geschenkt. Irgendein Barbar unter meinen Zeitgenossen hatte übrigens kurz zuvor versucht, ein Stück Felsen mitsamt einer dieser Zeichnungen abzuschlagen. Zum Glück ist es ihm nicht gelungen.

Vom Fluß angenehm gewiegt, ließen wir uns bis zur Mündung der Kudulja treiben, einem Grenzpunkt zwischen dem Gebiet Amur und Jakutien. Hier gingen wir zur Nacht an Land und machten ein Feuer. Unserer Tour hatte sich der Jagdinspektor von Ust-Njukta angeschlossen, ein Jakute. Ihm oblag die Bekämpfung von Wilddieben. Von uns befragt, erzählte er bereitwillig von seiner Arbeit. Mit seinem Jeep habe er schon über 40 000 Kilometer „heruntergeschrubbt", am wenigsten auf befestigten Straßen, aber oft genug auf allerschwierigsten Strecken - zugefrorenen Flüssen, verwilderten Wegen oder sogar querfeldein. Schon manches Mal sei er in Schlammeis oder einer Schneewehe hoffnungslos steckengeblieben. Sein Leben sei ein einziges „Räuber- und Gendarm-Spiel", bei dem er Kopf und Kragen riskiere, und längst nicht immer schaffe er es, die Wilderer auch dingfest zu machen. Das letzte Mal habe er welche an der Oljokma ertappt. Sie holten gerade ihr Netz ein, das prall gefüllt war mit unter Naturschutz stehenden Fischen. Als sie ihn kommen sahen, warfen sie alles samt dem Netz ins Wasser zurück und setzten eine Unschuldsmiene auf. Ein Protokoll zu schreiben hatte keinen Sinn; er konnte ihnen nichts nachweisen und mußte sie laufen lassen.

Bis tief in die Nacht saßen wir am Feuer und unterhielten uns über die Unarten der „Hergereisten", wie unser jakutischer Inspektor diejenigen nannte, die von weither kamen und auf Teufel komm raus jagten und fischten, ohne sich um irgendwelche Regeln der Wild- und Fischhege oder des Naturschutzes zu scheren. Sie schössen in der Nistzeit Vögel ab und vernichteten damit die ganze Brut. Sie fischten mit verbotenen, noch dazu besonders großen Fanggeräten, ohne Rücksicht darauf, daß sie den Fischbestand gefährlich dezimierten. Es gehe ihnen einzig und allein um den raschen Gewinn. Natürlich gebe es auch andere.

Nun fiel jedem von uns hierzu ein Beispiel ein. Der erste erzählte von einem Mann, der in seinem Dorf jeden zum Abholzen freigegebenen Baum verteidigte wie eine Löwin ihre Jungen. Der nächste wußte von einem Freund, einem Förster, zu berichten, der immer neue Schliche erfand, um Wilddieben das Handwerk zu legen. Ich erwähnte einen Nachbarn, Brigadier einer Gruppe Zimmerleute, der einen wahren Feldzug gegen die kommunalen Behörden führte, die ausgerechnet an einem Flußufer eine Tankstelle bauen lassen wollten. So ging der erste Tag zu Ende.
Am nächsten Morgen sammelten wir unsere Sachen ein und fuhren weiter. Bald verengte sich die Oljokma und sie, die gerade noch so still und fried-

Auch heute noch nutzen die jakutischen Jäger kaum Landkarten. Sie kennen die Landschaften so gut, daß man die offiziell gültigen Landkarten schon nach ihren aus dem Gedächtnis gezeichneten Karten korrigieren mußte

lich geflossen war, nahm einen beängstigend ungestümen Lauf. Auf tanzenden Wellen sausten wir in eine breite Untiefe hinein, die sich uns darbot als eine seltsam unruhige seeähnliche Fläche von etwa einem Kilometer Länge, von schwarzen Felsbrocken und hundert Meter hohen Felsen flankiert, mit einer - durch den Zufluß Tummular verursachten - starken Gegenströmung, die das Wasser im Kreis trieb, so als würde es von einem gigantischen Teelöffel umgerührt.
Schließlich wurden unsere Flöße plötzlich herumgewirbelt, in hohem Bogen mit Eiswasser überschüttet und in den klaren, ruhigen Fluß hinausgestoßen.

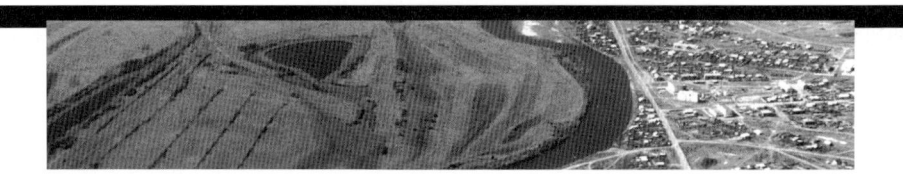

Dabei war mir, als schlitterten wir eine durchsichtige schiefe Ebene hinab. Ruhig und gleichmäßig trieben wir nun wieder dahin, und nur das sich entfernende Rauschen und Tosen erinnerte noch daran, daß wir soeben eine Stromschnelle genommen hatten, eine jener vertrackten Stellen hiesiger Flüsse, die von Felsbrocken regelrecht durchpflügt sind. Wir machten halt, um unser Nachtlager aufzuschlagen.

Jagen und Fischen werden nicht nur professionell ausgeübt, sondern es sind weit verbreitete Freizeitbeschäftigungen in Sibirien

Nach einem ganzen Tag auf dem Floß hatte jeder das Bedürfnis nach Lockerung und Entspannung. Die einen bauten die Zelte auf, die andern zogen mit dem Beil los, um Brennholz zu schlagen. Ich widmete mich meiner Lieblingsbeschäftigung - kochte einen riesigen Topf Ucha aus frischgefangenen Äschen. Welch ein Genuß! Es war warm, die Kiefern um uns rauschten, und wir wurden schläfrig.
So endete der zweite Tag. Dann kamen der dritte, der vierte und der fünfte. An den Abenden all dieser Tage sind wir nur einer einzigen Menschen-

seele begegnet. Ich muß gestehen, daß ich geradezu erschrak, als wir in Ufernähe plötzlich das Licht einer Behausung zwischen den Bäumen gewahrten. Erst dachten wir, es sei eine Jagdhütte, nur zeitweilig bewohnt. Doch dann fiel uns ein, daß ja überhaupt noch nicht Jagdsaison war, und wir wurden mißtrauisch. Wir machten am Ufer fest, gingen zur Hütte und trafen dort auf einen struppbärtigen Mann. War er ein entlaufener Zuchthäusler? Unser Inspektor hielt es für geraten, erst einmal seinen Ausweis zu verlangen.

„Na hört mal, Leute!" rief der Mann aus. „Alle kennen mich hier!" Er war übrigens in einem Umkreis von 300 Kilometern der einzige Einwohner. Aber so verhält es sich nun mal im Hohen Norden - auf eine Entfernung von mindestens tausend Kilometer ist jeder jedem bekannt. Der Mann hieß Grigori und entpuppte sich als eingefleischter Einsiedler, der von Jagd und Fischfang lebte. Seine einzige Verbindung zur Außenwelt war ein alter Transistorempfänger. Die Nachrichten kommentierte er übrigens mit der Bemerkung: „Zu komisch, wie die Leute leben!" Nur einmal hatte er versucht, in einem Dorf zu leben, aber die Verhältnisse dort hatten ihn in seinem Freiheitsdrang so eingeschränkt, daß er sich wieder davonmachte. Schließlich zog er sich endgültig in die Taiga zurück, ans Ufer der Oljokma.

Bis heute gibt es auf der Oljokma keinen Schiffsverkehr. So zählten wir zu den wenigen Flußwanderern, die Grigori in seiner Einsamkeit aufstöberten. Freilich, gar zu sehr schien ihm das nicht zu mißfallen: er strahlte selig, als wir ihm beim Abschied einige Schachteln Papirossy auf den Tisch legten.

Hier sei eine kurze Anmerkung zum Begriff des „Hohen Nordens" erlaubt. Es ist eine riesige Region - Arktis, Tundra und Waldtundra, Taiga - um den nördlichen Polarkreis. Laut Gesetz vom 10. Oktober 1967 rechnet man dem Hohen Norden Jakutien, die Gebiete Magadan, Kamtschatka und Murmansk, Teile des Gebietes Archangelsk (ohne Kandalakscha), die Republik Komi sowie die Gebiete Tjumen, Krasnojarsk, Irkutsk, Sachalin und Chabarowsk, zudem einzelne Bezirke der Gebiete Tomsk, Tschita, Amur und Primorje sowie der Republik Burjatien zu.

Im Sommer sind die Nächte an der Oljokma märchenhaft hell. In der Luft liegt ein bläulicher Schimmer. Und wie klar ist alles weithin zu sehen!

Jeder von uns hatte seinen eigenen Beweggrund, an der Exkursion teilzunehmen. Mein Mann beispielsweise wollte so viel wie möglich angeln. In der Oljokma gibt es nämlich Lachsforellen von geradezu phantastischer Größe. Eine biß an, aber denken Sie, er hätte sie zu fassen bekommen? Mit ihren, so schätzte er, zwanzig bis dreißig Kilo widersetzte sie sich ihm so erfolg-

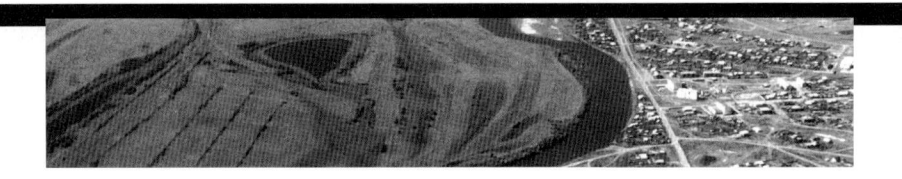

reich, daß sie ihn samt Floß über den ganzen Fluß zog und er sich an der Fangleine die Handballen wundrieb. Und sie entwischte ihm doch!
Der nächste folgte seinem Prinzip, „nur in der reinen Natur" Urlaub zu machen, der übernächste hatte schon lange von einer romantisch-gefahrvollen Floßfahrt geträumt.
Auch ich verfolgte ein bestimmtes Ziel. Ich wollte ein wenig auf den Spuren des legendären Jerofej Chabarow wandeln, der sich Mitte des 17. Jahrhunderts mit einem Expeditionskorps nach hier aufgemacht hatte, „um gutes Land zu erkunden" und „die unbotmäßigen Tungusen mit dem Jassak zu belegen und unter des Zaren hohe Hand zu führen". Welchen Weg hatte er genommen? Ab Jakutsk auf der Lena bis zur Oljokma-Mündung, dann die Oljokma ein ganzes Stück aufwärts, um dann weiter über andere Flüsse und über Land zum Amur zu gelangen. Dieses Unternehmen hatte historische Bedeutung für Rußland, denn sein größter Erfolg war, daß die Ureinwohner dieser noch unerschlossenen Regionen sich dem russischen Protektorat unterstellten und die ersten russischen Festungsanlagen im Amur-Gebiet errichtet wurden.
Oftmals wenn ich abends am Lagerfeuer saß, im Ohr das beredte Murmeln der Oljokma, traten mir einzelne Episoden dieser Expedition in lebhaften Bildern vor Augen.

Jakutsk im Jahre 1649. Jerofej Chabarow und siebzig wagemutige Männer, ihm bedingungslos ergeben, besteigen ein halbes Dutzend Holzschiffe, rudern auf die Mitte der Lena hinaus und hissen die Segel. Zuvor hatten sie sich mit dem jakutischen Wojewoden Dmitri Franzbekow über Ziel und Anliegen der Expedition bis in alle Einzelheiten geeinigt. Franzbekow stellte ihnen aus den Staatsreserven eine Kanone sowie Pulver und Blei zur Verfügung und übermittelte ihnen die allerhöchste Order, der einheimischen Bevölkerung einen Tribut aufzuerlegen. „Für unseren Herrscher den Zaren sollt ihr den Jassak erheben, der zu entrichten ist in Form von Zobeln und schwarzen, schwarzbraunen oder rotbraunen Füchsen." Die Liste dieser Naturalsteuer ist lang, sie schließt auch Gold und Silber oder „Edelsteine je nach Vermögen" ein.
Die Oljokma ist anfangs über eine weite Strecke hin tief und breit. Mühelos, weil einen stetigen Wind in den Segeln, gleiten die Schiffe zwischen grünen Inseln dahin. Im Sommer ist es überhaupt ein leichtes, auf größeren sibiri-

schen Flüssen entgegen der Strömung zu fahren, weil da der Wind meistens stromauf weht. (Wir wiederum, die wir stromab fuhren, hatten häufig mit Windböen zu kämpfen, die unsere Flöße in entgegengesetzte Richtung drückten.) Bei Windflaute legen sich die Männer in die Riemen, aber eigentlich weht an der Oljokma fast immer ein Wind, denn sie fließt durch das Stanowoje-Gebirge, die Wasserscheide zwischen dem Nördlichen Eismeer und dem Stillen Ozean, so daß über ihr stets große Luftmassen, unterwegs aus warmen Regionen in kalte und umgekehrt, in Bewegung sind.

Chabarows Korps gehören zwanzig Pachtbauern an. Von den Booten aus lassen sie die Blicke aufmerksam über die Uferwiesen schweifen, und überall, wo sie ihr Nachtlager aufschlagen, nehmen sie ein Klümpchen Erde auf, blasen den Staub weg und zerbröseln es zwischen den schwieligen Fingern, wobei ihr Urteil fast immer positiv ausfällt: „Nicht übel, die müßte was hergeben. Nicht zufällig ist das Gras hier mannshoch geschossen. Wir sollten es versuchen." Zwei Jahrhunderte später werden ihre Nachkommen Getreide in den Niederungen der Oljokma anbauen und jährlich 50 000 Pud (ein Pud gleich 16,38 Kilogramm) ihrer Ernte an die Bergwerke der Umgebung verkaufen.

Aber nach und nach rücken die Berge immer dichter ans Ufer heran. Etwa 300 Kilometer vor einer Schlucht sichten die Männer die erste Stromschnelle. Sorgen machen sie sich nicht, hat doch ein jeder von ihnen schon Hunderte Kilometer auf sibirischen Flüssen zurückgelegt, und Jerofej Chabarow ist überdies gebürtiger Pomore. Sie warten günstigen Wind ab, sprechen ein Gebet, steuern auf die Schnelle zu und überwinden sie, indem sie sich (wie ich vermute) näher am rechte Ufer halten, wo die Wellen schwächer sind. Heute heißt diese Stromschnelle „Weißes Pferd".

In der wissenschaftlichen „Geschichte Sibiriens" ist zu lesen, daß das wichtigste Resultat dieser Expedition die Übersiedlung Hunderter „russischer Gewerbetreibender, Pachtbauern und Erwerbsloser", die sich eine neue Existenz aufbauen wollten, an Oljokma und Amur war.

Betrachtet man jenen ganzen kaum besiedelten Landstrich, der sich vom Amur nach Norden erstreckt, vom Flugzeug aus, so kommen einem die Flüsse und Berge alle gleichförmig vor. Die Tundra wechselt mit Streifen dürrer Taiga und diese mit spitzen Bergkuppen, die selbst im Hochsommer schneebedeckt sind, dann folgen Flüsse, Seen, Moore und wiederum Berge. Und über Hunderte Kilometer nicht ein einziges Licht einer menschlichen Behausung. Hier sehen wir, um mit Alexander Herzen zu sprechen, jene „Ozeane von Eis und Schnee", über die einst „ein Häuflein Kosaken und einige Hundert Bauern auf eigene Faust gezogen" sind.

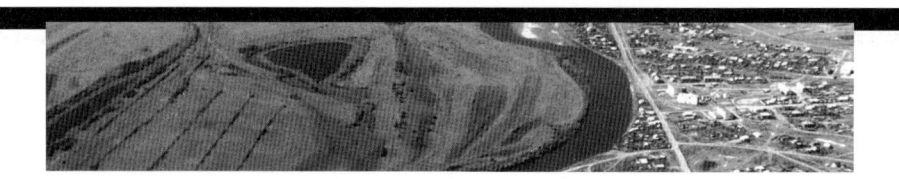

Jeder große sibirische Fluß hat seine eigene Geschichte. Schade nur, daß sie niemand systematisch gesammelt und aufgeschrieben hat, was für eine phantastische Geschichtsquelle wäre das heute! An die Oljokma-Mündung wurden vor rund 200 Jahren zwei Dekabristen verbannt: der Offizier A. Andrejew und der Marineoffizier N. Tschischow. Andrejew nahm später an der ersten wissenschaftlichen Expedition in Jakutien teil. 150 Werst fuhr er mit seinem Forschungstrupp die Oljokma aufwärts, um magnetometrische Messungen durchzuführen.

1934 erkundeten fünf junge Forscher den Oberlauf der Oljokma, darunter der Geologe Iwan Jefremow, der später als Wissenschaftler und als Autor wissenschaftlich-phantastischer Romane berühmt wurde. Mit ihrer Holzbarkasse brachen sie erst spät im Jahr auf, am 4. September, so daß sie der Winter einholte und in große Gefahr brachte. Zunächst machte ihnen das immer dicker werdende Schlammeis zu schaffen. Hinter den großen Stromschnellen, wo sich der Fluß in zwei Arme teilt, kamen sie nur noch dadurch voran, daß sie die frische Eisschicht vor dem Bug mit der Axt zerschlugen oder indem sie sich zu den vereinzelten schmalen Rinnen durchkämpften, die dank ihrer stärkeren Strömung noch nicht zugefroren waren. Am 16. Oktober blieben sie indes endgültig im Eis stecken. Da beschafften sie sich bei Jakuten ein Rentiergespann und fuhren zur weiter westlich verlaufenden Tschara hinüber.

Ein orkanartiger Sturm hatte den Schnee vom zugefrorenen Fluß gefegt, und so zogen sie viele Tage auf dem spiegelblanken Eis dahin. Die Temperatur war unter minus fünfzig Grad Celsius gesunken, die Stiele der Äxte und Hämmer brachen, Gerätschaften aus Metall mußten mit Stoff oder Leder umwickelt werden, sonst hätte man sie nicht anfassen können. Auf diesem unbekannten Fluß legten sie 1150 Kilometer zurück. Hinzu kamen noch 1 600 Kilometer Landweg. Ihre gesamte Route trugen sie auf einer Karte ein, denn sie waren die ersten Wissenschaftler, die sich in diesen Breiten umgetan hatten.

Wie hätte ich mich der Faszination der Lena und all ihrer Nebenflüsse, vor allem der Oljokma, entziehen können?

Unsere Floßwanderung führte uns schließlich zu einer großen Wetterstation. Hier taten zwei Ehepaare, Meteorologen, abwechselnd Dienst, der unter anderem darin bestand, rund um die Uhr Wettermeldungen zu versenden.

Zweimal im Jahr kam, wie wir wußten, ein Hubschrauber hierher. So hatten wir uns beeilt, die Station zu erreichen, um den Abflug nicht zu verpassen. Wir wurden wie selbstverständlich aufgenommen, und hundemüde, wie wir nach der langen Fahrt waren, legten wir uns sofort schlafen. Am nächsten Tag bestiegen sechs von uns (darunter auch ich) den startbereiten Hubschrauber und flogen nach Hause. Die drei übrigen setzten die Wanderung fort.

Doch nun zurück zu unserer fiktiven Lena-Reise.
Auf Oljokminsk folgen die Dörfer und Ortschaften Tschekurskaja, Chatyn-Tumul, Jelowskoje, Tschuran und Sinsk. Und ein kleines Stück hinter Sinsk, dessen Namensgeber die Sinjaja ist, eröffnen sich unseren Blicken die langerwarteten Lena-Säulen, die wohl berühmteste Sehenswürdigkeit der Region. Man sagt, daß sie eine der schönsten Uferansichten der Welt bieten.
Auf jakutisch heißen sie „Labyytscha chaia". Sie sind eine Kette rostroter Felsen und gehören zu den ältesten Gesteinsbildungen unseres Planeten. Die fossilen Ablagerungen in ihren Höhlen und Schluchten sind bis zu dreieinhalb Milliarden Jahre alt. Die Felsen selbst, Ergebnis gewaltiger tektonischer Prozesse, sind noch eine Milliarde Jahre älter. Die Witterungseinflüsse von Jahrmillionen haben Schluchten, Klüfte und Spalten in sie gefressen und ihnen Gestalten verliehen, die der Phantasie des Betrachters weiten Spielraum lassen. Was meint man nicht alles in ihnen zu erkennen! Hier ein sich stolz zum Himmel erhebendes Minarett; dahinter, dicht am Abgrund, eine Burg mit vier Wachtürmen und dem schwarzen Schlund eines Tores (dem Eingang zu einer Höhle); dort den Kopf eines mittelalterlichen Kriegers - sieht man unter der Wölbung des Helms nicht klar und deutlich Augen, Nase und Schnurrbart? Dann eine Kathedrale mit fünf Kuppeln und die Ruine einer Festung. Einige Felsen sind mit vereinzelten Tannen bewachsen, die einem von weitem wie spärliche grüne Borsten eines exotischen Tieres vorkommen.
Stundenlang kann man schauen und phantasieren. Was vermag die Natur nicht alles aus sich hervorzuzaubern! Eine ganze Galerie von Skulpturen, achtzig Kilometer lang! Ich habe sie am Morgen, am Mittag, am Abend und in der Nacht betrachtet und war stets überrascht, wie sie sich mir mit dem Wandel des Lichtes immer neu darstellten. Bald erschienen sie mir wie turmartige Behausungen finsterer Geister, bald wie luftige Schlösser von Schneefeen, bald wie das Bühnenbild für ein surrealistisches Theaterstück. Und natürlich gibt es zu ihnen auch eine Legende.

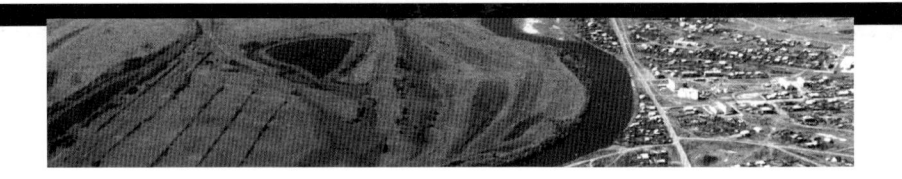

Legende von den Lena-Säulen.
In alten Zeiten lebte an der Lobuja ein Drache, der viele goldene Schlösser besaß. Er hielt die Jakuten in Angst und Schrecken und preßte ihnen erdrückend hohe Tributleistungen ab. Eines Tages kam ihm zu Ohren, daß in

Die bizarren Felsformationen an der Lena regen die Phantasie des Betrachters an

einer entfernten Ortschaft ein außergewöhnlich schönes Mädchen lebte. Kere Kyys war ihr Name, sie war die Tochter eines Schamanen und einem Jüngling namens Chorsun Uol versprochen. Der Drache verlangte von den Jakuten, ihm Kere Kyys zur Frau zu geben. Sie boten ihm eine hohe Ablösesumme an, er aber schlug dies zornig aus.
Am nächsten Tag wurde Kere Kyys das prächtigste jakutische Frauengewand angelegt. Der Drache kam herbeigeflogen. Alle zitterten vor Furcht, doch Kere Kyys hob stolz den Kopf und ging ihm gemessenen Schrittes ent-

gegen. Ihre Schönheit verschlug selbst dem Drachen den Atem. Kere Kyys wandte sich zu ihrem Volk und ihrem Vater um, und alle lasen aus ihrem ruhigen Blick, daß sie ihnen Lebewohl sagte, sie aber nicht für immer verlassen wollte. Unablässig dachte sie an ihren Geliebten, und die Hoffnung, ihn bald wiederzusehen, verlieh ihr Kraft und Gelassenheit. Sie trat zum Drachen und ließ sich auf seiner mächtigen Klaue nieder. Der Drache stieß

einen gellenden Pfiff aus - sein Dank für das herrliche Geschenk - und flog mit Kere Kyys auf und davon. Als er in seinen Ländereien anlangte, sah er, daß Kere Kyys in Ohnmacht gesunken war. So wies er die Diener an, sie auf eine goldene Trage zu legen und in das größte seiner goldenen Schlösser zu bringen. Fortan lebte Kere Kyys in einem stetigen Wechsel aus Furcht und Hoffnung.
Zeit ging ins Land, und Chorsun Uol kehrte mit seinen Gefährten von der Jagd zurück. Sofort eilte er zur Jurte des Schamanen, dort aber erwartete ihn die traurige Nachricht. Chorsun Uol liebte seine Braut aber viel zu sehr,

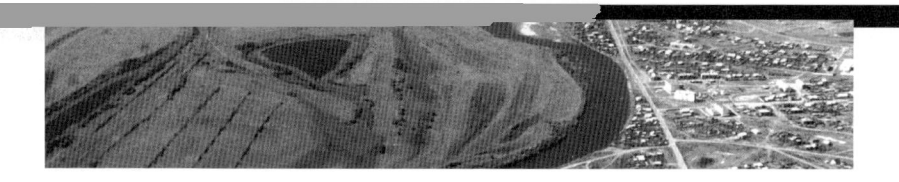

als daß er sich mit ihrem Verlust hätte abfinden können. Er schwor dem Drachen Rache und beschloß, den Kampf mit ihm aufzunehmen.

Kere Kyys tat, als fügte sie sich in ihr Los. Sie richtete sich im Schloß ein und zwang sich, dem Drachen freundlich zu begegnen. Sie dachte, daß sie ihm auf diese Weise das Geheimnis seines ewigen Lebens und seiner Zaubermacht entlocken könnte. Eines Tages fragte sie den Drachen mit gespielter Bewunderung: „Woher nimmst du nur die Kraft, so zu zaubern, daß goldene Schlösser entstehen und sich der Wasserspiegel bis zum Himmel hebt?" Der Drache ahnte nicht, worauf die Frage abzielte - daß jemand es

Viele jakutische Sagen ranken sich um die Lena-Säulen

wagen könnte, sich gegen ihn aufzulehnen, wäre ihm im Traum nicht eingefallen -, und so erzählte er ihr, daß all seine Zauberkräfte in seinem Schwanz steckten. Verlöre er den Schwanz, so würde er seine Zauberkräfte verlieren und zugrunde gehen.

Unterdessen war Chorsun Uol zu den Schlössern vorgedrungen. Er stellte sich ans Ufer der Lobuja und rief nach dem Drachen. Auch Kere Kyys hörte sein Rufen. Fieberhaft bereitete sie sich auf die Flucht vor, zögerte zunächst aber, das Schloß zu verlassen, weil sie fürchtete, der Drache könnte jeden Moment ihre Gemächer betreten. Erst als sie sicher war, daß ihm im Au-

genblick nicht der Sinn nach ihr stand, ließ sie sich an ihrem Perlenband auf den Boden hinab. Dann eilte sie zum Ufer.
Der Drache kam geflogen, richtete sich drohend vor seinem Herausforderer auf. Chorsun Uol schwang das Schwert gegen ihn. Doch kaum hatte er dem

Der Anblick der Lena-Säulen wird niemanden unberührt lassen

Riesenleib die ersten Streiche versetzt, war ihm, als versteinerten seine Beine, und er sah, daß er bis zu den Knien in die Erde gesunken war.
Im selben Augenblick hörte er eine vertraute Stimme und erkannte sie als die seiner Geliebten. „Versuche den Schwanz zu treffen, den Schwanz! Dort stecken seine Zauberkräfte!" vermochte die schöne Kere Kyys noch zu rufen, bevor eine unsichtbare Kraft sie ergriff und ans andere Ufer schleuderte. An der Stelle, wo sie zu Boden fiel, erstarrte sie zu Stein. Chorsun Uol, der den Zuruf vernommen hatte, versetzte dem Drachen einen wohlgezielten Hieb auf den Schwanz. Der Drache bäumte sich mit wildem Fauchen auf, brach zusammen, zuckte noch ein paarmal hilflos und blieb leblos liegen.
Plötzlich gab es einen ohrenbetäubenden Knall, der Himmel verfinsterte sich, und die goldenen Schlösser verwandelten sich in graue Basaltfelsen. Auch Chorsun Uol hatte sich in einen Felsen verwandelt.
Als die Jakuten den Knall hörten, wußten sie, daß die Zaubermacht ihres Unterdrückers gebrochen und die Stunde ihrer Befreiung gekommen war. Freudig eilten sie zu dem Ort, wo der tapfere Jüngling den Drachen besiegt

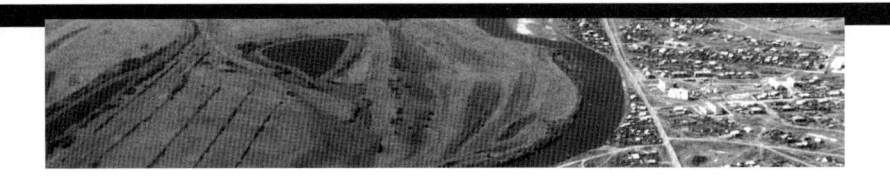

hatte, dort aber bot sich ihnen jenes Bild, das wir noch heute sehen: zwei einsame Felsen einander gegenüber, getrennt durch das Flüßchen Lobuja, und nicht weit davon ein hoher Baum mit mächtiger Krone. Weil an der Stelle, wo der Baum plötzlich emporgeschossen war, der Vater der schönen Kere Kyys, ihr verehrter Schamane, gestanden hatte, nannten sie ihn „Schamanenbaum". Seither pflegen sie an seine Zweige ein Fetzchen Stoff oder das Fell eines kleinen Tieres zu hängen, wenn sie die himmlischen Mächte um Glück und Erfolg bitten.

Der Anblick der Lena-Säulen wird niemanden unberührt lassen. „In jedem erwacht der Dichter", sagen die Jakuten. So ist es seit Jahrhunderten. Der Dekabrist Alexander Bestuschew-Marlinski schrieb über die Lena-Säulen enthusiastisch:
„Schon manches Mal bin ich in einer Mondnacht, wenn das Wasser glatt wie ein Spiegel ist und der Himmel wie Wasser klar, an diesen Felsen vorübergefahren. Zwischen den vielen Säulen, die an Minarette oder Glockentürme erinnern, tauchen so sonderbare, mannigfaltige Gebilde auf, daß die Phantasie in einem wie von selbst zu fabulieren beginnt - hier eine Kluft, anzusehen wie die klaffende Wunde nach einem Schwerthieb, da eine Burg mit zinnenbewehrtem Turm, zu ihren Füßen ein Flüßchen, das sich sanft in die Lena ergießt; dann ein gewaltiges Haupt, das sinnend sein Spiegelbild betrachtet, oder eine aus einer Höhle wie ein Brillant hervorfunkelnde Quelle. Über alledem liegt eine so feierliche Stille, daß die Seele in Andacht versinkt und sich mit diesem Wunderwerk des Himmels verschwistert."
Längst sind die Lena-Säulen am Horizont entschwunden, doch noch immer hänge ich ihnen in Gedanken nach, denn sie haben mir die geheimnisvollste Seite „meines Jakutiens" in Erinnerung gerufen.
Einem Schamanen bei seinen kultischen Handlungen zusehen, seinem Gesang - der Zwiesprache mit den Geistern und dem Gebet zu den alten Göttern - zuhören zu dürfen, wird einem Andersgläubigen, zumal einer Frau, nur selten gestattet. Ich aber habe es tatsächlich einmal geschafft, einen Schamanen dazu zu überreden. Ich war ihm eines Winters in dem Dorf Batamai begegnet, und er lud mich ein, im kommenden Sommer an einer großen Séance teilzunehmen.
Auf den ersten Blick schien er sich von anderen Jakuten überhaupt nicht zu unterscheiden. Bärtiges Gesicht, zottiges schwarzes Haar, eine wetterge-

gerbte Joppe und abgetragene „Torbassa" (Stiefel aus dem Fell eines jungen Rentiers). Das einzige, was ihn heraushob, auf sein „Auserwähltsein" deutete, war sein Blick, der etwas Entrücktes und zugleich Eindringliches hatte. Aber wie verwandelte sich dieser untersetzte Mann mittleren Alters, als er sich in das „Kamlanije", sein Gespräch mit den Geistern, vertiefte - es war verblüffend! Seine Gestalt schien ins Hünenhafte zu wachsen, seine Stimme bekam einen kräftigen, kollernden Klang, und bei seinem rituellen Tanz vollführte er Sprünge mit einer akrobatischen Leichtigkeit, die man ihm, dem so bedächtig scheinenden, gar nicht zugetraut hätte.

In den 30er Jahren wurden immer wieder Strafexpeditionen nach Sibirien entsandt, die die Ausmerzung aller nationalen religiösen Kulte zum Ziel hatten

Doch der Reihe nach. Jedes Jahr Ende Juni pflegen die Jakuten in Begleitung eines Schamanen ihr Heiligtum zu besuchen. Dieses liegt jedoch nicht bei den Lena-Säulen, wie ich mir vorgestellt hatte, sondern bei den Sinsker Säulen am Ufer der Sinjaja.
Die Sinsker Säulen sind denen der Lena nicht unähnlich, aber dennoch etwas ganz anderes. Viel düsterer wirkend, bestehen sie aus ineinandergeschobenen aufgetürmten Steinplatten, die eine gigantische, sich anscheinend im Nirgendwo verlierende Treppe bilden. Im Sommer sind sie mit dem

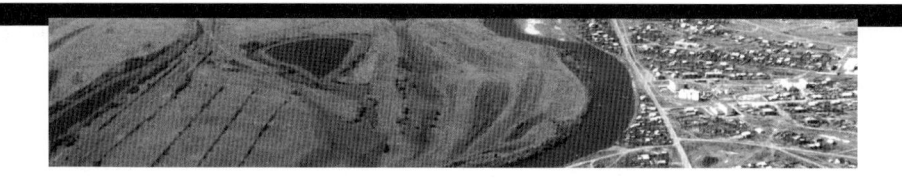

Boot nur zu erreichen, wenn der Fluß viel Wasser führt, „bei großem Wasser", wie die Jakuten sagen. Wir - eine zehnköpfige Gruppe aus Lensk - hatten in dieser Hinsicht Glück.

Der Gesang des Schamanen, die kleine Figur der Barmherzigkeitsgöttin (der Schamane sagte, diese Göttin bedeute den Jakuten ungefähr dasselbe wie die Mutter Gottes den Christen), der dunkle Schellentrommelwirbel und sein vielfaches Echo, die Düsternis der Felsen - all dies hat auf mich einen unauslöschlichen Eindruck gemacht.

Anfang bis Mitte der 30er Jahre entsandte das sowjetische Volkskommissariat des Inneren immer wieder Strafexpeditionen nach Sibirien, die die Ausmerzung aller nationalen religiösen Kulte zum Ziel hatten. Die Heiligtümer und religiösen Symbole der Jakuten wurden zerstört, die Schamanen, die ihnen in die Hände fielen, verhaftet und erschossen.

Viele Alteingessene des Lena-Gebietes erinnern sich noch an den sogenannten Kasymer Aufstand eines anderen kleinen nördlichen Volkes. Er wurde blutig niedergeschlagen. Doch nicht alle Schamanen sind dem Terror zum Opfer gefallen. Manche flohen in die Taiga oder tauchten, den Namen oder sogar Sprache und Nationalität wechselnd, unter. Das letzte größere Massaker an Schamanen wurde 1952 verübt, wie mir Augenzeugen berichteten. In der Tat gab es hierbei zahlreiche Augenzeugen, da die Einwohner der Umgebung zusammengetrieben wurden, um bei der Exekution zuzusehen und eine „Lehre" daraus zu ziehen. Aber auch diesmal sind etliche Schamanen entkommen. So blieb das Schamanentum erhalten.

Jener Schamane aus Batamai erzählte mir, er sei als dreizehntes Kind in einer Familie geboren worden, aus der seit Generationen Schamanen hervorgegangen sind. Überschnitten sich die Linien zweier solcher Familien, werde ein Schamane geboren.

„Schon, als ich fünf Jahre alt war, verstand ich, daß meine Hände besondere Kräfte besitzen. Ich konnte einem anderen Menschen oder auch einem Tier die Schmerzen nehmen und sie ins Wasser oder auf einen Baum werfen. Aber lange verschloß ich die Augen davor, denn ich wollte kein Schamane werden, wollte nicht anders als alle anderen sein. Mein Großvater, selber Schamane, hat mich schließlich ‚entdeckt', als er seine Enkel auf übersinnliche Fähigkeiten prüfte. Doch bis ich Schamane wurde, hatte ich viele Krankheiten zu erleiden und Prüfungen zu bestehen. Seitdem bin ich ständig von jungen Schutzgeistern umgeben. Es gibt auch einen obersten Schutzgeist, der nicht beim Namen genannt werden darf. Ich gelte als weißer Schamane, als einer, der anderen nur zum Guten dient. Anders die schwarzen Schamanen, die Fliegenpilze essen und mit Hilfe der schwarzen Geister schwarze Dinge bewirken können. Mir obliegt, Kranke mit Kräutern oder durch Handauflegen zu heilen oder jemandem wahrzusagen, wenn er es wünscht. Allerdings sage ich niemandem die Zukunft voraus. Für mich selbst kann ich meine Schamanenkräfte nicht nutzen.

Im Grunde ist der Schamane ein Mensch wie jeder andere. Die Rituale werden ihm nicht beigebracht, sondern alles existiert schon in seinem Kopf, etwa so wie eine vergessene und wiederkehrende Erinnerung. Daß die Geister direkt mit einem sprechen, geschieht nur selten. Ich komme mit den Geistern nur in Kontakt, wenn ein gut qualmendes Feuer brennt, ich die Schamanenkleidung angelegt habe, die Schellentrommel schlage und - natürlich - seelisch darauf eingestimmt bin. Dann ergibt es sich wie von selbst, daß ich in andere Welten reise, Kranke heile oder mich an meine früheren Leben erinnere.

Ich lebe schon 600 Jahre. Jetzt bin ich in meinem siebenten Leben, dem letzten. Alle meine Leben sind in meinem Gedächtnis gespeichert, genauso wie alle meine kosmischen Reisen zu den Geistern der oberen und der unteren Welt. Ich weiß, daß jeder Mensch nach einem vollbrachten Leben vor die höchste Gottheit der oberen Welt treten und ihr sein Leben darlegen muß. Wenn er sich dabei an die Wahrheit hält, wird ihm noch ein Leben gewährt, lügt er aber - und sei es nur geringfügig -, wird er vernichtet. Das Leben ist eine Prüfung der Seele, es bietet uns die Chance, vorwärtszuschreiten und letztlich sogar mit den Göttern der oberen Welt zu verkehren."

Später gab mir der Schamane noch zu verstehen, daß ich lediglich zum Heiligtum an den Sinsker Säulen, wo mit den Geistern kommuniziert wird, zugelassen werden durfte. Das höchste Heiligtum, Aufenthaltsort der Geister selbst, ist für Frauen tabu. Dieser Ort befindet sich in den Höhlen der Lena-Säulen. Dort pflegen bestimmte Schamanen vor wenigen Eingeweihten die geheimsten Rituale auszuführen.

Jemand erzählte mir, Höhlenforscher, als Touristen gekommen, hätten diese Höhlen untersucht und dabei herausgefunden, daß in ihnen ungewöhnliche Magnetfeldschwankungen auftreten. Zuweilen tobe im Inneren einer Höhle ein Magnetsturm, während das Magnetfeld außen nahezu unverändert bleibt.

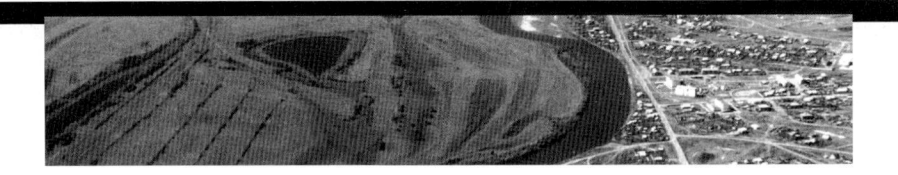

All die Jahre, die ich im Hohen Norden verbrachte, habe ich Berichte über Schamanen gesammelt. Von diesem reichen Ertrag, es sind an die 200, wähle ich vier aus.

Ein Abschnitt der Schnellstraße Neftejugansk - Pyt-Jach war über einen alten chantischen Friedhof gelegt worden, auf dem sich auch das Grab eines Schamanen befand. Vergeblich hatte ein Einheimischer gewarnt: „Die Ruhe der Toten darf nicht gestört werden!" - und heute passieren dort die meisten Unfälle.

Jedes Jahr Ende Juni pflegen die Jakuten in Begleitung eines Schamanen ihr Heiligtum, das bei den Sinsker Säulen am Ufer der Sinjaja liegt, zu besuchen

Vorzeiten hatte ein Schamane dem Russkinsker „Museum für Natur- und Menschheitsgeschichte" einen Bärenschädel geschenkt, ein Gegenstand, der von den Chanten wie eine Ikone verehrt wird. Diesen Schädel bezog der Schamane Wladimir Rynkow in seine Heilrituale ein, als er eine gelähmte ältere Frau behandelte. Nach drei Séancen konnte sie wieder gehen.

Jemand vom Wachdienst des Erdöl- und Erdgasunternehmens Surgutneftegas erzählte, daß im Winter 1992 ein Verwandter seiner chantischen Frau einen Jagdunfall hatte, bei dem er von einem Irrläufer getroffen wurde. Die linke Schulter war eine einzige offene Wunde, und drei Rippen waren gebrochen. Ein Schamane verbrachte zwei Tage an seinem Lager. Er schlachtete ein Rentier, wusch den Verunglückten mit dem noch warmen Blut, und nach wenigen Tagen hatte sich die Wunde mit den zerfetzten Rändern geschlossen und war auf der Haut nur noch ein heller Fleck zu sehen. Der von weither geholte Arzt konnte es nicht glauben, am Ende bezweifelte er sogar, daß sich der Unfall überhaupt ereignet hatte. Ein Jahr später wurde der Jäger von einem anderen Arzt untersucht. Dieser zeigte ihm eine Röntgenaufnahme von seinem Brustkorb, auf der bei drei Rippen ein verheilter Bruch und im Schulterblatt mehrere Schrotkörner zu erkennen waren, und wunderte sich, warum die Haut nicht die geringste Vernarbung aufwies.

Ein Geologe erzählte, von Ölbohrungen auf dem Erbland eines alten Schamanen. Das war in den 70er Jahren. „Der Schamane sagte: ‚Dieser Boden ist heilig, die Ruhe darf nicht gestört werden. Wenn ich euch zeige, wo eine Probebohrung lohnte, würdet ihr dann wieder gehen?' ‚Entschuldige, Väterchen', antwortete einer der Arbeiter, ‚wir müssen uns an unsere Anweisungen halten.' Doch der Schamane ließ sich von ihnen eine Landkarte geben. Als er sie am nächsten Morgen wiederbrachte, hatte sie an einigen Stellen Einstiche. ‚Hier werdet ihr zwar trotzdem bohren', prophezeite er, ‚freilich erst nach meinem Tod. Es wird aber vergeblich sein.' Und tatsächlich: an allen Stellen, die auf der Karte angezeigt waren, sind wir fündig geworden, nur auf seinem Erbland nicht. Denn nach seinem Tod haben wir natürlich auch dort gebohrt. Aber es war ein einziges Desaster - mal kippte der Bohrturm um, mal verloren wir einen Bohrer, mal sackten die Traktoren ein. Und von Öl keine Spur."

Nach der „Kamlanije"-Séance bei den Sinsker Säulen fuhren wir alle nach Batamai. Eine jakutische Familie hatte den Schamanen und uns zum Abendessen eingeladen.
Die jakutische Küche ist uralt und vom einstigen Nomadenleben der Jakuten geprägt. Als ich hier im Hohen Norden lebte, habe ich mich nicht nur an sie gewöhnt, sondern sie in ihrer Vielfalt, Originalität und Bekömmlichkeit überaus schätzengelernt. Zu ihren Hauptmerkmalen gehört, daß Fisch grundsätzlich roh angerichtet wird, meistens als „Stroganina" - dünn wie Hobelspäne geschnitzelter Fisch mit einem sehr scharfen jakutischen Gewürz.
An jenem Abend indes gab es gekochtes zartes Rentierfleisch, dazu Brot mit „Küjor-tschech" - frischgeschlagene Butter - und „Isdjigej" - eine Art Quark. Der Schamane und die Männer tranken Wodka und die Frauen Kumys - gegorene Milch von einer Stute, die zum erstenmal gefohlt hat.

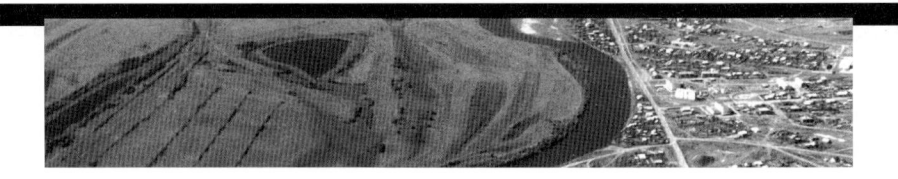

Um das Thema „Küche des Hohen Nordens" abzurunden, hier noch zwei Gerichte, deren Rezepte ich unlängst in den 800 Seiten meiner sibirischen Tagebücher wiederfand - es sind vielleicht die exotischsten Speisen, die ich in Sibirien jemals probiert habe.

Blutsuppe mit Wurzelgemüse auf korjakische Art. Kleingewürfeltes Rentierfleisch mit kaltem Wasser übergießen und zum Kochen bringen, vom Herd nehmen und mit Rentierblut in langsamem, dünnem Strahl auffüllen. Wurzelgemüse, Salz und Gewürze hinzugeben und alles durchziehen lassen.

Sülze aus Seehundflossen (ein altüberliefertes aleutisches Rezept). Die kleingeschnittenen Flossen in einen Topf geben und mit kaltem Wasser übergießen. Zwei Stunden auf dem Herd köcheln lassen. Einzelne Flossenstücke mit der Gabel anstechen, um zu prüfen, ob das Fleisch gar ist. Löst es sich leicht vom Knochen, Gewürze hinzugeben und den Topf vom Herd nehmen. Das ganze in eine Schüssel gießen und kalt stellen. Nach 24 Stunden ist die Sülze fertig; sie wird auf einen Teller gestürzt, in dicke Scheiben geschnitten und serviert.

Unterhalb der Lena-Säulen kommen wir an der Mündung des Baches Diring-Jurjach vorbei. Dort heben sich an mehreren Stellen schwarze Flecke vom Fuß der Felsen ab - es sind Höhleneingänge.
Hier wurden bei Ausgrabungen 3 500 Jahre alte Steinwerkzeuge gefunden. Ein Bekannter von mir, ein Archäologe, hatte an diesen Ausgrabungen teilgenommen. Er erzählte: „Die Jakuten kamen in Scharen und schauten wie gebannt zu. Später gaben sie uns einen Spitznamen, der soviel wie ‚Menschen, die durch die Erde blicken und alte Dinge finden' bedeutet. Anscheinend hielten sie uns für so etwas wie Schamanen, denn einige baten uns um eine ‚Heilbehandlung'. Naive Menschen neigen nun mal dazu, jede schwer erklärbare Erscheinung gleich für ein Wunder zu halten. Überhaupt, das ganze heutige Interesse für den Schamanismus besagt ja nur, daß die Menschen wieder an Wunder glauben möchten. Aber was ist denn ein Schamane, genau genommen? Der Verfechter eines religiösen Kultes, nichts weiter."
Soweit mein gelehrter Bekannter.
Am rechten Ufer der Lena in Höhe des Diring-Jurjach liegt die Siedlung Katschikatzy. Sie ist für ihre ergiebige Quelle, Bulus-Quelle genannt, berühmt - eine aus dem Boden schießende Fontäne kristallklaren Wassers. Im Winter gefrieren ihre niederfallenden Wasserstrahlen und bilden durchsichtig-bläu-

liche Eiskaskaden, die in der Sonne farbig schillern. Die Jakuten der Umgebung verehren die Bulus-Quelle kultisch, denn jedes Jahr im Juni versammeln sie sich bei ihr und feiern den „Yhyach".

An der Mündung des Baches Diring-Jurjach wurden an mehreren Stellen von Archäologen 3 500 Jahre alte Steinwerkzeuge gefunden

Übrigens haben die Jakuten auch ein traditionelles Winterfest - den „Tag des Rentierzüchters", und seine Hauptattraktion sind die berühmten Rentiergespannrennen. Überall im Hohen Norden - in Jakutien wie auf den Halbinseln Taimyr und Tschukotka - lassen an diesem Tag Tausende Züchter ihre Rentiere um die Wette laufen.
In der Jamaltundra gibt es heute eine Herde von 600 000 Rentieren; sie ist die größte Rentierherde Rußlands und eine der größten der Welt.
Beim Winterfest werden noch weitere Wettkämpfe veranstaltet, zum Beispiel Langlauf auf Jägerskiern, Schlingenwerfen über einen in den Schnee gesteckten „Chorej" (Stab, mit dem der Gespannführer das Leitren lenkt), Stangenziehen und Springen über Schlitten.
Die Frauen und Kinder tragen bei diesem Fest „Jaguschki" (ein mit Perlen besticktes und mit bunter Borte besetztes Obergewand) und „Kissy" (Stiefel aus Rentierfell) - nicht nur daß die Kleidung wunderschön aussieht, sie hält vor allem auch mollig warm.

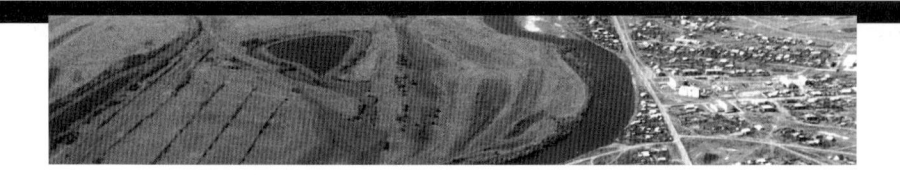

Der jakutische Winter ist bitterkalt. Was dieses „bitterkalt" praktisch bedeutet, habe ich nirgends so treffend beschrieben gefunden, wie bei Alexander Theodor von Middendorf, einem russischen Naturforscher des 19. Jahrhunderts, der sich mit dem Phänomen des Permafrostes beschäftigt hat. „Die Kälte unter freiem Himmel", heißt es bei ihm, „ist nicht in Worte zu fassen. Um einen Begriff von ihr zu bekommen, muß man sie am eigenen Leibe erleben. Das Quecksilber ist erstarrt, man könnte Kügelchen aus ihm formen oder es wie Blei zerstückeln. Eisen und Stahl werden so brüchig, daß sie beim ersten Schlag wie Glas zerspringen. Laut und weithin schallend knirscht der Harsch unter den Füßen. Und was geschieht mit den Bäumen der ausgedehnten Wälder? Einer nach dem andern bricht mit dumpfem Krachen zu Boden."

Der jakutische Winter ist bitterkalt...

Nicht lange nachdem wir in Katschikatzy abgelegt haben, kommt am linken Hochufer Pokrowsk in Sicht. Dieses verschlafene kleine Dorf genoß einst hohes Ansehen - hier wurde im Jahre 1700 eine der ersten Poststationen des Lena-Gebietes eröffnet. Bedenkt man, daß die Post damals nur viermal im Jahr kam, wird man sich vorstellen können, welch wichtige Rolle diese Stationen im Leben der Menschen spielten.

Von Pokrowsk zur Aldan-Mündung

Das Tabaginski-Kap - die Stadt Jakutsk - das Kangalasski-Kap - das Museum für Holzarchitektur

In Jakutien habe ich so viele Freunde gefunden, daß es eine gute Weile bräuchte, sie alle aufzuzählen. Mit manchen stehe ich bis heute in Briefwechsel. Zu ihnen gehört eine junge Jakutin, die seit einiger Zeit in Deutschland studiert und mir für dieses Buch ein kleines Lexikon der schamanischen Begriffe und für eine andere Gelegenheit einen jakutisch-deutschen Sprachführer zusammengestellt hat. Da sie weiß, daß mich alles Neue über die Lena interessiert, sandte sie mir kürzlich einen Brief, den ihr ein Freund aus Jakutsk geschrieben hatte. Mit ihrer Erlaubnis und der des Absenders möchte ich ihn hier in gekürzter Form anführen, denn mir scheint, daß er lesenswerte Beobachtungen zum Thema „Touristen an der Lena" enthält. Was die Einheimischen von den Besuchern denken, mit welchen Augen sie sie sehen, ist sicherlich nicht uninteressant. Zu kommentieren brauche ich nichts. Nur an einer Stelle werde ich mir einen kleinen Einwurf gestatten.
Also der Brief aus Jakutsk, geschrieben nach einer Lena-Kreuzfahrt, an der fast ausschließlich Touristen aus Deutschland teilgenommen hatten.

„Sei gegrüßt, Deinen Brief habe ich erhalten, danke. Mittlerweile ist es schon zwei Tage her, daß ich von meiner Schiffspartie zur Lena-Mündung zurück bin. Nach und nach komme ich wieder ins Lot, denn die Gefühle, die mir das Ganze beschert hat, sind gemischt, wie es das Leben nun mal so mit sich bringt. Freude und Ärger, Glanz und Elend wechseln sich fortwährend ab. Ich weiß, daß Dich alles interessiert, was zu Hause passiert, so möchte ich Dir meine Reiseeindrücke ausführlich schildern.
Gestartet sind wir mit all den Deutschen am Abend des 18. Juli, vor gut zwei Wochen also. Zunächst ging es flußauf zu den Lena-Säulen, an denen wir schon am Morgen eintrafen. Der lange Flug gen Osten und wohl auch das feuchtschwüle Wetter hatten unsere Gäste so mitgenommen, daß alle gleich in die Koje fielen. So saßen wir die ersten Stunden allein an Deck.
Bei den Säulen tauchten die Deutschen - die übrigens alle nicht mehr die Jüngsten waren - aus ihrer Versenkung auf, sammelten sich in Reih und Glied und schickten sich unter Geschnatter an, auf den Geröllstrand hinunterzusteigen. Zugegebenermaßen, nur die Damen schnatterten. Ja, die Damen schnatterten, während die Herren ihnen den Arm reichten und ih-

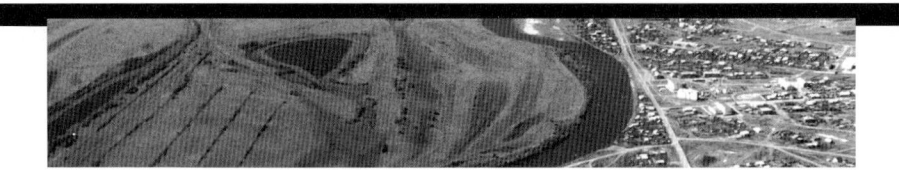

nen die Gangway hinunter halfen. Einige sichtlich noch nicht ganz Erwachte (in Europa war es ja noch Nacht) zuckten wie erschrockene Hühner mit dem Kopf hin und her, um zu sehen, was es zu sehen gab, und begannen das Gesehene lauthals zu kommentieren.
Die Säulen sind entschieden das schönste Stück Ufer des ganzen Flußlaufes, und zwar deshalb, so meine ich, weil sie bestimmte atmosphärische

Die Lena-Säulen sind bei allen touristischen Reisen einer der Höhepunkte

Punkte aufweisen, die uns die Allgegenwart einer höheren Harmonie spüren lassen, einer Kraft, die unvergänglich und unzerstörbar ist, wie unsere Mutter Erde oder das uns umfangende Weltall, in dem wir im Zustand des ewigen Fluges existieren.
Ich ging ebenfalls an Land und schlenderte am Ufer entlang. Ein unbeschreiblicher Jubel erfüllte mich, Jubel allein schon durch das Bewußtsein, daß ich endlich einmal der Stadt mit all ihren Problemen und Verrücktheiten entronnen war.
Als mir ein Fels den Weg versperrte, ein riesiger Brocken, kletterte ich kurzerhand hinauf, machte es mir oben bequem, ließ die Beine baumeln und vertiefte mich in die Betrachtung der herrlichen Flußweite.

Ab und an kamen einige Gäste zu mir heran. Erst schauten sie etwas argwöhnisch aus der Distanz, dann tappten sie näher und sagten, um ein Gespräch anzufangen, ihr übliches: ‚Schönes Wetter, ne?'
Der eine Opa kam aus Zürich, und was grämte er sich um die ökologische Verschmutzung unseres Planeten, ach je! Ein anderer, aus Köln, offenbarte mir als erstes, daß er Jahrgang 1934 sei. Unwillkürlich dachte ich, daß ja damit ein Kriegskind vor mir steht, und als habe er meine Gedanken gelesen, erzählte er: eine Bombe habe seine Schule getroffen, sie seien in die Berge evakuiert worden, und erst nach dem Krieg, als sich das Leben wieder normalisierte, hätten sie in die Schule zurückkehren können, um den Abschluß nachzuholen.
Das waren überhaupt drollige Figuren, diese Deutschen. Sie gingen immer zu zweit oder zu dritt, und wenn sie ein Käferchen am Boden erspähten, umringten sie es, studierten es tief gebückt wie durch die Lupe und rätselten laut, zu welcher Art und Unterart es gehören mochte, wobei nicht selten eine hitzige Debatte entflammte. Das scheint den Deutschen wirklich im Blut zu liegen - alles und jedes in eine Ordnung zu bringen und in ein Schubfach zu stecken. Die Omchens befleißigten sich darin, Dutzende Male alle möglichen rührenden Steinchen und Blümchen zu fotografieren, auf die kein Russe auch nur einen Schnappschuß verschwenden würde."

Hier mein Einwurf, liebe Leser: Doch, doch, fotografieren Sie! Fotografieren Sie die „rührenden Steinchen und Blümchen"! So werden Sie (der junge Mann weiß das nur noch nicht!) zu einzigartigen Fotos kommen. In der Tundra und Taiga gibt es nämlich weder Bienen noch Hummeln. Wissen Sie, welches Wesen die überall hinterm Polarkreis blühenden „rührenden Blümchen" bestäubt? Die Mücke! Nachts fliegen die Mücken, männliche wie weibliche, von Blüte zu Blüte, saugen den Nektar auf und bestäuben sie dabei. Wenn das kein Wunder ist! Darum fotografieren Sie, bitte, nehmen Sie es wahr, diese Pflänzchen sind etwas ganz Einmaliges!
Unsere gesegneten Polarmücken! Natürlich schimpfen alle Reisenden auf sie. Meistens schwärmen sie aber nur am Ufer, nicht auf dem Fluß, weil es dort windig ist.
Wissen Sie auch, daß es ein Denkmal für die Mücken gibt? Jawohl! Es steht bei Juneau, der Hauptstadt des US-Bundesstaates Alaska: die Skulptur einer gigantischen Mücke. Die Symbolik liegt auf der Hand: Die einen Vertreter der Fauna bereiten den Menschen Freude, die andern werden gerade geduldet. Und letzteres ist bei den Mücken der Fall. Das kann den Geist der Nord-

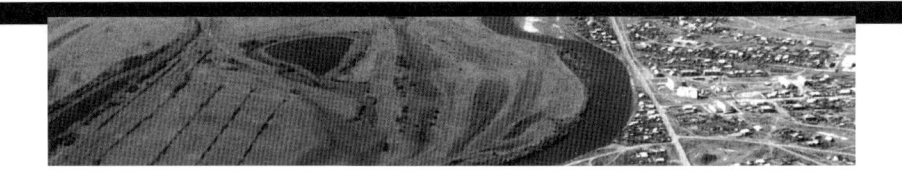

landbewohner aber nur stärken, und darum haben die Mücken ihr Denkmal verdient. Nun weiter im Brief.

„Auf dem Schiff wurde mir die Betreuung der Spielautomaten aufgehalst. Die Deutschen hatten für diese Dinger nichts übrig, um so mehr dafür unsere Matrosen. Die wetterten in einer Tour und beschwerten sich, daß der Automat ihr Geld einfach schlucke, aber nicht etwa, weil sie auf die falschen Knöpfe gedrückt hätten, sondern ‚durch einen gemeinen technischen Trick'! Ich sagte, sie hätten eben Pech im Spiel und sollten lieber die Finger davon lassen, da hörten sie wenigstens mit ihrem Lamento auf.
Eine Kajüte auf den anständigen Decks habe ich natürlich nicht bekommen, denn die waren alle den Gästen vorbehalten, die ihre Reise von A nach B und zurück, im Prinzip von Haus zu Haus, mit 3 000 Euro bezahlt hatten. Ich mußte mir eine Viererkabine im Zwischendeck mit dem Diskjockey, dem Barmann und dem Smutje teilen. Das war wirklich ein gemischter Haufen. Der Diskjockey war ein ausgemachter Dreckspatz. Gleich am ersten Tag ließ er seinen Teller mit Essensresten stehen, und der stand dann bis Fahrtende auf dem Tisch herum und gammelte vor sich hin. Der Barkeeper lag den ganzen Tag im Bett und pennte, idiotisch gekrümmt wie ein am A... verwundeter Krieger. Der Küchenjunge kletterte immer erst auf den Tisch, bevor er auf sein Oberbett hechtete. Und nicht nur das. Der DJ, koreanisch-tungusischer Abstammung, wollte überhaupt keine Regeln anerkennen - er zerknüllte die Zeitungen und feuerte sie unter den Tisch oder las sie so, daß die Bögen nacheinander auf den Fußboden segelten. Einen Papierkorb gab es nicht, also kickte er alles unters Waschbecken, wo schon ein Häuflein Spiegelscherben lag. Überhaupt war er einer von diesen greulichen Typen, die stets platteste Witze zum besten geben, sich mit jedem am Tisch anlegen und sich dabei ungeheuer interessant vorkommen.
Der Barkeeper war ein fürchterlich affiger junger Mann, mich hatte er auf den ersten Blick gefressen. Einmal gegen Abend komme ich zusammen mit einer der Sängerinnen in die Bar und bestelle Eis und Kakao, da sagt er doch glatt, bis 22 Uhr sei geschlossen, kehrt uns hoheitsvoll den Allerwertesten zu und stolziert hinter seine Theke. Wir lachen nur, nehmen unsere Sachen und gehen.
Gegessen wurde im Mannschaftsraum. Innerhalb der einzelnen Gruppen - Matrosen, Zimmermädchen (eigentlich bezeichneten sie sich als „Begleiterinnen"),

Kellner, Barpersonal, Köchinnen, Maschinisten, Techniker und nicht zuletzt der Kapitän und seine Clique - herrschte permanenter Kriegszustand. Die Matrosen stritten jeden Morgen, welches Programm - es gab nur einen Fernseher - laufen solle, und warfen sich Toastbrote und mancherlei anderes an den Kopf. Ein ganz schön unruhiges Publikum, diese Matrosen, muß ich sagen. Alle Schweinereien, die auf unserem ‚Superluxusliner' passierten, entsprossen den dunkelsten Windungen ihrer Hirne - ständig wurden Handys geklaut oder verschwanden wertvolle Sachen anderer Besatzungsmitglieder. Mir kam der Roman ‚Das schwarze Haus' von Stephen King abhanden, ein Taschenbuch, noch ganz neu. Leichtsinnigerweise hatte ich das Buch im Kinosaal liegen lassen, als ich zum Mittagessen ging. Keinem der siebzig Besatzungsmitglieder war es übrigens gestattet, ohne dringenden Grund das Oberdeck zu betreten; alle saßen sie unten, wie Plantagenneger.

Daß ich für die Deutschen dolmetschte und die Frechheit hatte, mich an Deck zu sonnen und mit den ‚Reichen' überflüssige Gespräche zu führen, muß manche gewaltig geärgert haben. Immer wieder wurde mir zu verstehen gegeben, daß ich längst nicht so viel und so schwer wie alle anderen arbeite und mir nicht einbilden solle, einmal Matrose oder Kapitän eines Flußkutters werden zu können. Ich versuchte Tränen darüber zu vergießen, es ist mir aber beim besten Willen nicht gelungen.

Als wir von den Lena-Säulen ablegten, schloß ich (sowie einer meiner Spielautomaten) mit einem Österreicher Bekanntschaft, der - aber das erfuhr ich erst später - Professor an der Universität Innsbruck ist. Wir unterhielten uns über Politik und die verschiedensten Länder. Wie ich dabei mitbekam, war er schon in so vielen Ländern gewesen, daß es leichter wäre, diejenigen aufzuzählen, die er noch nicht besucht hatte. Er sprach Russisch und war überhaupt ein wandelndes Lexikon.

Am nächsten Morgen fiel mir an Deck eine Dame auf, die wie eine Zwillingsschwester der Mutter von Prinzessin Diana aussah. Sie hieß aber Elvira E., wie ich bald hörte.

Hier muß ich kurz einfügen, daß die Deutschen, Männer wie Frauen, fast alle gleich gekleidet waren: solide Jacke, Hut, um sich gegen die Sonne zu schützen, lange Hosen zum Schutz vor den Mücken, warmes robustes Schuhwerk, dazu der unvermeidliche Wanderstock. So kam es, daß meine deutschen Tantchen eher wie vertantete Männer aussahen, justament aus dem Beamtenunterstand in Pension marschiert.

Nicht so Frau E. Sie war schlank und gepflegt und trug elegante leichte Sachen, Staubmantel und Damenschuhe - und unbedingt die eine oder an-

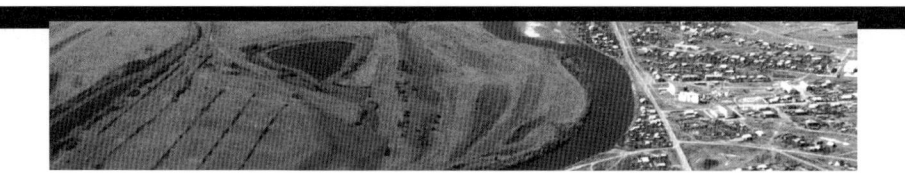

dere Bijouterie (von Swarovski, verriet sie mir). Wir unterhielten uns. Sie komme aus Graz, sagte sie, darauf ich, auf meinen Professor von gestern deutend - der Herr da sei auch aus Österreich. Erst blickte sie perplex, dann lachte sie, das sei ihr Bruder. Jemand wie Frau E. ist mir wirklich noch nie begegnet - so was von nett und charmant! Und wie jugendlich noch, richtig mädchenhaft! Sie ist Lehrerin, wahrscheinlich hat sie der Umgang mit der Jugend so jung gehalten.

An jenem unvergeßlichen zweiten Abend wurde auf dem Oberdeck erst die Tour vorgestellt, dann gab es einen Liederabend, während am Horizont ein roter Sonnenuntergang strahlte. Ich fühlte mich wie auf die ‚Titanic' an ihrem letzten Abend versetzt. Wie auch nicht, denn unsere ‚Swetlow' schickte elegante Rauchsäulen gen Himmel, der Schmuck der Damen glitzerte, die Kellner standen in Positur oder eilten von Tisch zu Tisch, um Sekt nachzuschenken. Die Sängerin trug in französischer, deutscher und italienischer Sprache vor. Am meisten gefielen mir die französischen Chansons. Bei ‚Emmanuelle' und ‚Les Champs-Elysées' glaubte ich fast, das Seine-Ufer mit der Silhouette des Louvre zöge an uns vorbei.

Nach einem Tag Fahrt erreichten wir die Wiljui-Mündung und liefen eine der länglichen Sandsteininseln mit breiten Sandbänken und mindestens 500 Meter hohem Ufer an - ein landschaftliches Arrangement, das der irischen Küste bei Ebbe entlehnt zu sein scheint. Auch die über uns hinwegsegelnden ungewöhnlich großen Möwen erinnerten an den Atlantik. Das Wasser war flach und warm und schimmerte in der prallen Sonne türkisgrün wie die Lagune eines tropischen Atolls. Der Himmel strahlte in so intensivem Blau, als hätten sich die Fidschiinseln oder Französisch-Polynesien hierher verirrt.

Doch o weh, mit der paradiesischen Stille war es auf einmal vorbei: Bienen oder Wespen, weiß der Kuckuck, woher gekommen, fielen in Schwärmen über uns her. Alle schlugen mit Schals oder Jacken um sich und flüchteten zum Schiff zurück unter Deck.

Als nächste Station kam Schigansk. Gleich bei der Anlegestelle wurden wir mit einem improvisierten Konzert und Nationaltänzen begrüßt.

Ein Erlebnis für sich war die Polarsiedlung Kjusjur. Als wir ausstiegen, ging starker Wind und entsprechender Wellengang. Das Thermometer - Sommer hin, Sommer her - zeigte knapp zehn Grad an. Sofort umringten uns Kinder, und die Deutschen schenkten ihnen Spielzeugautos aus Plastik. Selig um-

schlangen sie ihre Geschenke mit den Armen und rannten weg. Ein paar Jungs, schon älter, um die zehn, erzählten freudestrahlend, sie hätten einen Dollar geschenkt bekommen. Eine Alte ermahnte sie, das Geld nur ja bei den Eltern abzugeben; ein Dollar seien immerhin dreißig Rubel.
Wir stiegen aufs Ufer hinauf, wo überall dicke, von der Schmelze noch vollkommen unberührte Eisbrocken lagen, und bestaunten das Panorama mit dem vegetationslosen, schneebedeckten Höhenzug gegenüber und der flimmernden Wasserfläche - es sah aus, als hätte jemand unser Schiff da unten aus einem Hochglanzprospekt ausgeschnitten und schonungslos in diese wunderbar unberührte, rauhe Landschaft hineingepappt.

Im kurzen sibirischen Sommer entfaltet die Natur ihre Blütenpracht

Kjusjur liegt in der Tundra und war, weil irgendwie nur halb hergerichtet, von vorn bis hinten mit dicken Erdklumpen bepflastert; begehbar war nur ein Plankensteg. Als balancierten sie mit Mühe auf einem Seil, bewegten sich alle vorwärts, von Windböen hin- und hergezerrt.
Die Einwohner freuten sich über den Besuch, das war nicht zu übersehen. Die Fischer - wir hatten einen ganz Sack Lachsforellen gekauft - erboten sich, uns mit der Einkaufslast zum Schiff zu bringen. Sie hatten Motorräder. Derjenige, der mich auf dem Sozius mitnahm, knatterte den ziemlich abschüssigen Hang in einem Tempo hinunter, daß mir Hören und Sehen ver-

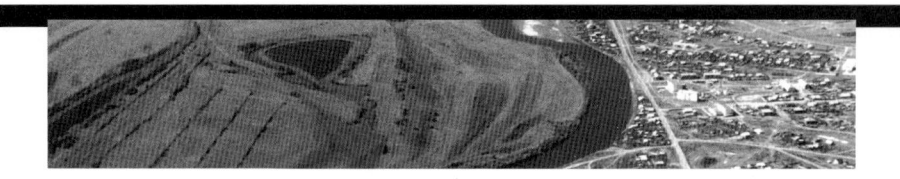

ging und ich den Himmel anflehte, uns nur nicht Kobolz schießen zu lassen, denn mir in diesem Jahr noch einmal das Bein zu brechen, womöglich an derselben Stelle, wäre zuviel gewesen. Wie ein texanischer Cowboy auf durchbrennendem Pferd, hob ich vorsorglich den Hintern an, bevor es über den nächsten Huckel ging.
Mich wunderte, daß die Fischer überhaupt nicht verbittert waren. Den klimatischen Verhältnissen und allen Entbehrungen zum Trotz halten sie ihre Lebensgeister wacker aufrecht und finden immer wieder Wege, mit harter Arbeit ein bißchen was zu verdienen.
Am letzten Tag der ersten Woche hatten wir unser Ziel erreicht - das Lena-Delta mit der Heldenstadt Tiksi.
Tiksi ist das Ende der bewohnbaren Welt, dahinter kommt das Nirwana - das Reich des ewigen unerbittlichen Frostes. Der Wind roch nach Schnee, wie bei uns erst im Oktober. Und auch hier gab es gleich ein Abenteuer zu bestehen. Irgendwer hatte verschlafen, mich auf die Liste des Begleitpersonals zu setzen, und die Militärposten wollten mich allen Ernstes in Gewahrsam nehmen. Du weißt ja, Verletzung des Grenzzonenregimes und so. Zuvor waren sie wie üblich aufs Schiff gekommen und hatten es sich auf den Ledersofas bequem gemacht, während unsereins die deutschen Pässe einsammelte und sie ihnen in einzelnen Stößen übergab. Ein Deutscher flüsterte mir erschrocken zu, solch ‚totale Kontrolle' sei einfach kränkend und demütigend. Auf seinem Gesicht stand tatsächlich der blanke Schrecken - wohl die Überreste einer kollektiven Erinnerung an die Zeit, als die Rote Armee halb Europa eroberte und in Berlin die Höhle der Faschisten zerschlug. Sich einer solchen Demütigung ein zweites Mal auszusetzen, darauf war wohl keiner hier sonderlich erpicht.
Überhaupt ist anzumerken, daß diese Kreuzfahrt auch insofern etwas Besonderes war, als Russen und Deutsche vergleichbare tragische Schicksale haben: triumphale Siege und imperiale Ambitionen, Zusammenbruch und unsägliche Demütigungen. Das empfanden wir vor allem in Tiksi, einer Stadt, die in der Blütezeit des Sozialismus erbaut wurde und nun einen so grausamen Absturz erlebte. Denn heute ist sie so gut wie aufgegeben und vergessen. Abgeschrieben als Altlast, von Unrentabilität heimgesucht oder zumindest - was aber schon wie ein Todesurteil klingt - bedroht.
Wir stiegen über einen langen verrosteten Schleppkahn an Land, stiefelten zur Nejelow-Bucht hinüber und fuhren von dort mit Bussen nach Tiksi. (Den

Weg über die offene See hatte der Kapitän gescheut; dort waren sie voriges Jahr derart ins Schlingern geraten, daß sämtliche Stühle durcheinanderflogen und die Deutschen wimmernd durch die Gänge taumelten.) Erst vom Bus aus sahen wir, was für ein Chaos auf dem Pier herrschte. Was lag da nicht alles für Gerümpel herum, von leeren Benzinfässern bis zu ausrangiertem Schiffszubehör und anderem Schrott. Hier bestätigte sich meine Befürchtung, daß die Einwohner sich fluchtartig davongemacht hatten, alles stehen und liegen lassend, was nicht mehr zu gebrauchen war, und nun zum Aufräumen keiner mehr da ist.

Dann der Flughafen von Tiksi, einstmals Standort der Strategischen Luftstreitkräfte. Wir fuhren vorbei, und unseren Blicken präsentierten sich ein wie bei einem Erdbeben in sich zusammengefallener Hangar und, mitten auf der Rollbahn, die Wracks eines abgestürzten Flugzeuges und eines ausgebrannten Hubschraubers. Die Deutschen machten große Augen.

Tiksi kam mir vor wie eine Geisterstadt aus einem Strugazki-Roman. Die Straßen gähnten vor Leere (kein Passant, kein Fahrzeug weit und breit!), und viele Fenster in den Häusern waren mit Brettern vernagelt.

Ich zog mit der Duty-free-Verkäuferin Sweta und Tichonowitsch, dem Zweiten Kapitän, umher, und alle Augenblicke griffen wir uns an den Kopf – was ist hier nur los? Tichonowitsch hatte uns noch vor einer halben Stunde angeraunzt: ‚Ihr wollt in die Stadt? Das laßt mal schön bleiben! Marsch in die Kajüte!', hatte sich uns dann aber angeschlossen. Jetzt kommentierte er nur noch, war die leibhaftige Melancholie: ‚Hier war das Kleidergeschäft, Sweta. Alles zu und verrammelt. Dort gab es die guten Importsachen. Und dahinter... Tja, das ist nun schon ganz weg.'

Die Deutschen hatte ich im Hotel ‚Arktika' abgeladen. Von den Hügeln dort konnte man die reglosen Kräne des vereisten Hafens sehen.

Schließlich machten wir uns noch den ‚Spaß', einige der Geschäfte zu inspizieren, die im Parterre der nicht mehr bewohnten Häuser verblieben waren. In einem saß eine Verkäuferin mit Zombieaugen, lauter chinesischen Warenplunder um sich ausgebreitet – neuere technische Dinge aus zweiter Hand und vor allem Blusen in Übergröße, im Akkord genäht von ebensolchen, nur im großen China beheimateten Zombies. Auf unsere Fragen antwortete sie, durch uns hindurchblickend, mit lebloser Stimme wie ein Automat.

Wieder auf der Straße, kamen wir an einer Zeltbude mit dem Schild „Schaschlik" vorbei, vor dem zwei Jugendliche herumlungerten und sich ab und zu die Hände an einem Feuer wärmten.

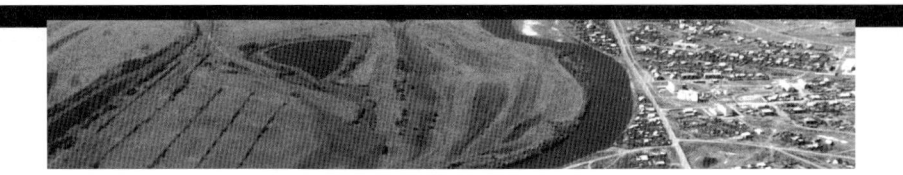

Es war ein Jammer. Ich blickte an den Häusern hinauf und mußte mit den Tränen kämpfen, als ich in riesigen Lettern ‚Ruhm der Arbeit und der KPdSU!' und ‚Ruhm den Bezwingern der Arktis!' las. In diesen Häusern haben Menschen gewohnt, die in den Hohen Norden gegangen waren, um Tiksi zu erbauen, voller Hoffnung, es würde einmal eine strahlende Metropole mit Springbrunnen, Orangerien und Kulturpalästen werden. Ob sie sich je hatten träumen lassen, daß die Stadt keine Zukunft hat, ihre komfortablen,

Auf allen Kreuzfahrten stets beliebt ist Kaviar - roter wie auch schwarzer

warmen Behausungen einmal kalt und leer stehen würden, abgeschaltet von allen Versorgungssystemen? Von den 12 000 Einwohnern sind nur noch wenig mehr als 5 000 da, und lange kann es nicht mehr dauern, bis die Stadt dichtgemacht wird.
Der Zerfall der UdSSR bedeutet, daß der Norden Rußlands ohne die gigantischen Zuwendungen aus dem Unionshaushalt, nicht weiter erschlossen wird. All die Jahrhundertprojekte von einst, für die die sowjetische Regierung die nötigen Mittel und Kräfte bereitgestellt hatte, haben sich in Luftschlösser verwandelt. Wäre es nicht noch gelungen, die Ölleitung von Jamal nach Europa zu bauen - wir hätten heute keinerlei Möglichkeit, unser Erdöl auszuführen, solche Wirtschaftshelden sind wir.

Gegenüber Tiksi ist selbst Jakutsk ein wahres Rio de Janeiro. Es badet in den Strahlen der Sommersonne, unter der die Spiele ‚Kinder Asiens' pompös veranstaltet werden, und das nagelneue Luxushotel, in dem die vornehme Welt den Champagner in Strömen fließen läßt, steht dem ‚Hyatt Regency' in nichts nach.
Schließlich trat unser ‚Traumschiff' den Rückweg an. Inzwischen hatte es einen Kälteeinbruch gegeben, und die Touristen standen an Deck und hauchten sich bibbernd in die Hände, saßen in ihren klimatisierten Kajüten oder im Restaurant, wo ihnen ein delikates Abendessen serviert wurde und der Springbrunnen zu Live-Musik plätscherte, oder ließen es sich in der Bar bei Bier oder etwas Stärkerem wohlsein.
Mit von der Partie war übrigens noch die jakutische Sängerin Valentina. Bis zum Gehtnichtmehr aufgetakelt, heulte sie ihre amerikanischen Jazzsongs so herzzerreißend ins Mikrophon, daß selbst Janis Joplin vor Neid erblaßt wäre. Und wenn sie auf französisch sang - gar nicht übel, da konnten schon mal Monaco oder Monte Carlo grüßen lassen. Dafür war ihr Russisch hundsmiserabel; aus jedem angefangenen Satz mußten wir ihr heraushelfen.
Jeden Abend erschien sie in neuer Aufmachung: ihre Frisuren waren abenteuerlich, ihr Lidschatten farbenfroh und immer im neuen Glitzerzeug - die reine Transvestitenshow. Und sie erzählte die unwahrscheinlichsten Dinge. ‚In Tunis wurde ich um ein Haar von Negern gekidnappt', oder: ‚Donald Trump persönlich flehte mich an, im Taj Mahal von Atlantic City aufzutreten.' Einmal setzte sie mir etwas auseinander, das sich zusammengefaßt so anhörte: Ich selbst bin zwar nur eine dumme Tschuktschin, aber dafür ist mein Mann, ebenfalls Musiker, Schlagzeuger nämlich, Russe, sogar mit einem Tröpfchen Polenblut!
Und sie hatte überhaupt kein Benimm - sie schmatzte beim Essen, daß einem die Haare zu Berge standen. Wie eine Walroßmutter. Ein andermal erzählte sie, sie koche jeden Tag zwei Mahlzeiten, für ihren Mann und für ihre kleine Tochter, und das Leibgericht ihrer Katze sei Hackfleisch in Bananenschale, in Alufolie gebacken. Bei Tisch stocherte sie ungeniert in den Zähnen, und danach zwirbelte sie den Zahnstocher zwischen den Fingern, daß alles, was daran klebte, den Nachbarn auf die Teller flog. Einmal grapschte sie sich mein Hauptgericht, Hühnerbrust - angeblich dachte sie, es wäre ihres. Ich kann Dir sagen - eine Nummer für sich, dieses Mädchen!
Das letzte Szenario spielt im Nationalpark Ust-Lensk, bei der biologischen Station Lena-Nordenscheld im Lena-Delta. Die Station wurde 1995 vom ja-

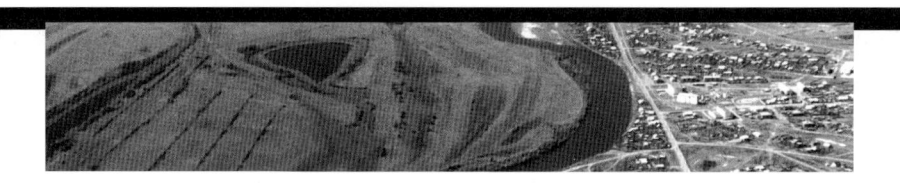

kutischen Präsidenten Nikolajew und dem Herzog von Edinburgh (dem Ehemann von Königin Elisabeth II.) eingeweiht.
Vom Fluß aus betrachtet, mag sie wie ein trautes Obdach für müde Wanderer erscheinen, die der Zivilisation überdrüssig geworden und ans Ende der Welt geflohen sind. Tatsächlich ist sie nichts weiter als ein simples Zeltlager mit 25 Plätzen, ‚Öko-Camp' genannt. Hierher werden häufig auch Kinder reicher Familien eingeladen, um die Vöglein, Blümchen und Rentierkitze des Hohen Nordens beobachten und bewundern zu können. In Wirklichkeit verhält es sich allerdings so, daß diese Vöglein eher Mücken ähneln, sich kein einziges Rentierkitz blicken läßt und die Blümchen nicht länger als einen Monat blühen und danach als solche nicht mehr zu erkennen sind. Doch das muß man den Kindern ja nicht auf die Nase binden.
Hier und da kreuzten mürrische Bartgesichter auf - das waren die Väterchen von der Wissenschaft. Offenbar schauten sie so ungnädig drein, weil sie beim Heizen ihres Schwitzbades gestört worden waren. Irgendwo ratterte ein Dieselmotor. Hinter der Station ragte eine turmhohe Fernsehantenne zum Himmel. Sie fing aber nur den Ersten Kanal ein, was bedeutete, daß ihre Nutznießer am laufenden Band heiße brasilianische Serien sehen konnten, ohne sich einen Schritt vom Eismeer wegzurühren.
In einigem Abstand lag der Hubschrauberlandeplatz - ein geräumiges Podest aus Kiefernbohlen, auf das ein großes weißes Kreuz getüncht war. Ich schwang mich hinauf, saß dort eine gute halbe Stunde und nahm innerlich Abschied von den stolzen Schneehöhen und dem majestätischen Himmel der Arktis.
Zum Ende der Reise hin ist mir aber doch ab und zu noch die Lust und Laune vergangen. Wie hing es mir manchmal zum Halse heraus, auf die Spielautomaten aufzupassen und mich mit den Matrosen herumzuärgern, die nichts unversucht ließen (mal kamen sie mir schleimig, mal unverschämt), meine Wachsamkeit zu unterlaufen und sich den Schlüssel zum Geldfach unter den Nagel zu reißen. Auch hat man ja mit dem Einschlafen seine liebe Not, wenn dauernd Wellen an die Wand schlagen; da kann man sich auch gleich neben eine laufende Waschmaschine legen. Genauso satt bekam ich das Reglement, zu immer ein und denselben Zeiten essen zu gehen. Aber es sei auch zugegeben, daß ich an manchen Tagen ausschlafen konnte und viel Ruhe für meine Landschaftsbetrachtung hatte.
Schließlich Jakutsk. Frau E. und ich umarmten uns zum Abschied. Ihr Bruder sagte, ich könne ihn in Innsbruck besuchen, nur nicht vor Ende Sep-

tember, und bat mich, für ihn zu erkunden, wie man noch diesen Winter zum Kältepol, nach Wiljuisk oder Werchojansk, gelangt. Ganz nach dem Motto: geb ich dir, gibst du mir. Aber er war wirklich ein Kopf, der Herr Professor.
Wichtig ist natürlich auch, daß ich viel von der Heimat gesehen habe und nun ungefähr weiß, wie es jenen Landsleuten geht, die, wenn auch auf eine weite Strecke verteilt, am selben Fluß wie ich leben. So kommt unterm Strich heraus: wofür gekauft, dafür verkauft.
Schreibe, was Du noch über Jakutien wissen möchtest, und womit ich Dir behilflich sein kann. Ich warte auf Deine Antwort - alles Gute!
Dein Freund I."

Diese Art Lena-Kreuzfahrt für ausländische Touristen wird bei uns seit 1966 angeboten. Meistens führt sie über eine Strecke von 3 620 Kilometern. Doch wir auf unserer fiktiven Reise nähern uns nun dem Tabaginski-Kap (1 633 Kilometer vor Tiksi; bis Jakutsk sind es noch etwa zehn Kilometer) und

Das Tabaginski-Kap liegt etwa zehn Kilometer vor Jakutsk

können bereits sein kräftiges Gelborange erkennen. Die Farbe rührt von seiner Gesteinsart. Doch manchmal ist sie selbst im Sommer vom glitzernden Weiß einer Eiskruste durchsetzt. Hinter dem Abhang erstreckt sich die jakutische Taiga.

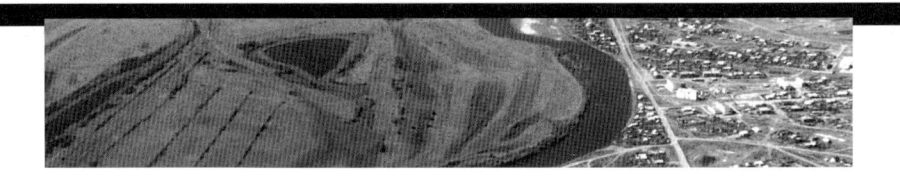

Vom Tabaginski-Kap aus habe ich einst zusammen mit Freunden manche ausgedehnte Wanderung gemacht. Wir fuhren von Jakutsk mit dem Bus hierhin und strolchten durch die Taiga, manchmal bis in Ecken, wo uns schien, daß noch kein Erdenmensch sie je betreten hätte.

Man läuft und läuft und entdeckt plötzlich einen „Labas" über sich. Das ist etwas, das es nur in der Taiga gibt - eine wie ein Hexenhäuschen anmutende Hütte auf einem Baum. Man erklimmt den „Labas", indem man sich an den unteren Ästen festhält, die Füße gegen die in den Stamm geschlagenen Kerben stemmt und sich langsam heraufzieht. Eine Erfindung von Jägern.

Alles, was man dem „Labas" entnimmt, muß man so schnell wie möglich ersetzen

Denn am Boden gebaut, würde ihn unweigerlich der Bär einreißen und plündern. Der „Labas" ist nämlich ein Unterschlupf für in Bedrängnis geratene Jäger, stets liegen dort Lebensmittel und Jagdpatronen bereit. In der Taiga lauern viele Gefahren; wer hier allein auf die Pirsch geht, muß mit mancher Überraschung rechnen. Alles, was dem „Labas" entnommen wird, ist so schnell wie möglich zu ersetzen. Solidarität und Redlichkeit gehören zu den Grundsätzen des Taigalebens. Diebstahl ist schwer geächtet.

Gelegentlich kamen wir auch an uralten, halbverdorrten Lärchen vorbei, an denen Stoffetzen und sogar kleine Pferdehaarbüschel hingen. Sie waren von

jakutischen Jägern aufgehängt worden, die den Schutzgeistern der Umgebung danken oder sie sich gewogen stimmen wollten.
In alten Zeiten pflegten die Jäger Zähne erbeuteter Tiere als Amulett, „Tigyk" genannt, um den Hals zu tragen, außerdem den Geist des Feuers als ihren mächtigsten Gebieter anzubeten. Noch heute folgen sie dem Brauch, kleine Fleischstücke für ihn ins Feuer zu werfen.
Seit wann leben die Jakuten in der Taiga? Woher kamen sie? Sie selbst sagen, der Urahne der Choro, von denen sie abstammten, sei aus dem Süden auf einem Stier geritten gekommen und habe sich an der mittleren Lena niedergelassen. Mag sein, daß es sich so verhält. Wahrscheinlicher ist jedoch, daß die Jakuten selbst aus dem Süden kamen, ihre Vorfahren Viehzüchter waren und mitsamt ihren Rindern in den Norden, ihre neue Heimat, zogen. Doch werfen wir einen Blick in ihre Geschichte und Überlieferungen, vielleicht bringt dies ein wenig Aufklärung.

Die Jakuten sind dafür berühmt, daß sie ihre Sagen und Legenden wie einen Schatz hüten und von Generation zu Generation weitergeben. Aus manchen ihrer Überlieferungen geht hervor, daß ihre Vorfahren in blühenden Tälern lebten, „wo die Sonne nie unterging, das Gras nie gelb wurde und das ganze Jahr über der Kuckuck rief". Und im „Oloncho", heißt es, einst hätten die Menschen „mehr Pferde als der Himmel Sterne" besessen. Den Pferden wurde es aber in den Steppenweiten zu eng. „An den Grenzen der Steppe strichen mit schrillem Wiehern junge Stuten entlang; in den südlichen Tälern sammelten sich Hengste mit feurigem Schnauben; in den östlichen Tälern scharten sich, die gefleckten Nüstern witternd gebläht, Stuten mit wilder Mähne. Durch die westlichen Niederungen zogen edle Stiere mit kräftigen Hörnern; von der Herrscherin Ajyyhyt herniedergesandt, strebten sie den Tälern des Südens zu, wo junge Kühe mit samtener Blesse brünstige Laute aussandten. Unerschöpflich reich war dieses Land, seine Täler und Weiten quollen vor Üppigkeit über. Es gab keinen Fleck Erde, der brachgelegen hätte, kein Steppenland, das nicht genutzt worden wäre."
Eine andere „Oloncho"-Legende erzählt von einem Mann namens Omogoi. Dieser lebte mit seiner Sippe irgendwo im Süden, weit weg von Jakutien. Eines Tages scharte er die Seinen um sich und verließ mit ihnen den heimatlichen Boden. Bald gelangten sie an den Oberlauf eines großen Flusses. Hier bauten sie sich Flöße und setzten ihre Wanderung auf dem Fluß fort. Nachdem sie viele Tage und Nächte in nördlicher Richtung gefahren waren, machten sie an einer Niederung Rast. Da die Niederung fruchtbaren Boden, auf

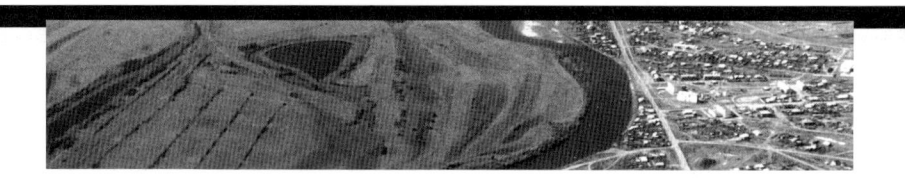

dem das Gras gut gedieh, und viele fischreiche Seen hatte, entschieden sie sich zu bleiben. Sie bauten Unterkünfte und begannen Viehzucht zu treiben. Diese Niederung liegt an der Lena und heißt heute Welikaja Tuimaada. Nach einiger Zeit legte am Ufer ein Floß an, von dem ein stattlicher junger Fremdling stieg. Er gehörte dem Stamm der Kirgisen an, kam ebenfalls aus dem Süden und nannte sich Ellej. Ellej hatte Schriften aus seiner Heimat bei sich gehabt, sie aber unterwegs auf dem Fluß verloren. Der alte Omogoi nahm ihn in seine Dienste und wollte ihm seine schönste Tochter zur Frau geben. Ellej aber begehrte eine andere seiner Töchter. Sie hieß Kjunnjai, was „Sonnenschein" bedeutet. Kjunnjai war arbeitsam und schien ihm besonders geeignet, viele Kinder zu gebären.

Der alte Omogoi erzürnte darüber und jagte Schwiegersohn und Tochter davon. Sie zogen an einen anderen Ort und schufen sich ein eigenes Heim. „Auf den Wiesen rund um ihr Haus wimmelte es von großem und kleinem, gehörntem und ungehörntem Vieh", so schließt die Legende. „War der Boden abgegrast, zog es, nach neuer Nahrung suchend, über die Ländereien seines Besitzers hinaus."

Ellej brachte es zu Wohlstand und zeugte mit seiner Frau viele Kinder. Sie beide, Ellej und Kjunnjai, wurden die Stammeltern der Jakuten. Auf sie geht es zurück, daß es im rauhen Norden domestizierte Rinder und Pferde gibt, die sich abertausendfach vermehrt haben.

Die Wissenschaft sagt, daß diese Legenden zumindest zum Teil auf Tatsachen beruhen, und daß die Jakuten aus dem Baikalgebiet an den Mittellauf der Lena gezogen seien. Bei Ausgrabungen in der Nähe von Oljokminsk, wo ein Winterlager aus der Neusteinzeit entdeckt worden war, haben Archäologen unter den Knochenresten von Raubtieren auch das Gebiß eines männlichen Hausrindes gefunden. Ob es wohl von jenem Stier stammte, auf dem der Urahne der Choro zur Lena geritten war?

So vieles an Jakutien hat mich einst schon auf den ersten Blick fasziniert - das Verhältnis der Menschen zur Natur, ihre Lebensgewohnheiten, die Pfahlhäuser von Jakutsk und anderes mehr -, doch nichts ist mir über die jakutischen Pferde gegangen. Sollten Sie einmal welche sehen, wenn Sie auf der Lena reisen, am Ufer oder auf einer Weide - sie sind in der Regel grau -, so gönnen Sie sich die Muße, sie ausgiebig zu betrachten. Welch spielerische Grazie und derbe Bodenständigkeit zugleich! Noch heute erscheinen sie mir manchmal im Traum: Sie stapfen durch den dicken Schnee, bleiben ab und zu stehen, scharren, den Kopf beugend, mit den Hufen und kauen. In Jakutien ist es nicht üblich, Herdenpferde zu füttern, denn sie suchen sich das ganze Jahr die Nahrung selbst. Nur Stuten, die gerade gefohlt haben, werden in Hausnähe gehalten, um sie regelmäßig zu melken und aus ihrer Milch Kumys zu bereiten. Im November sinken die Temperaturen auf minus dreißig und im tiefen Winter auf minus fünfzig bis sechzig Grad. Dann liegt ein dichter Nebelschleier über dem Land. Wo halten sich da die Pferde auf? Das weiß nicht einmal ihr Besitzer, denn selbst er bekommt sie im Winter nur selten zu sehen.

Im Oktober habe ich oft beobachtet, wie die zottigen, ponykleinen jakutischen Kühe mit ihren Kälbchen über das Eis eines Flusses zu den noch offen gehaltenen Eislöchern zum Trinken liefen. Doch was heißt ‚liefen'! Sie schlitterten wie die Weltmeister!

Im Winter wird das Fell der jakutischen Pferde dick und puschelig

Pferde habe ich an solchen Tränken nie gesehen. Kein Wunder, denn sie können ihren Durst auch mit Schnee löschen. Doch im Winter habe ich sie ohnehin nur selten zu Gesicht bekommen. Ihr ärgster Feind ist da der Wolf, der bekanntlich eine Vorliebe für Pferdefleisch hat. Von manchem unter den Menschen ganz zu schweigen. Im Winter wird das Fell der Pferde so dick und puschelig, daß sie einem im Nebel wie durcheinandertrudelnde lustige Pelzknäuel vorkommen.

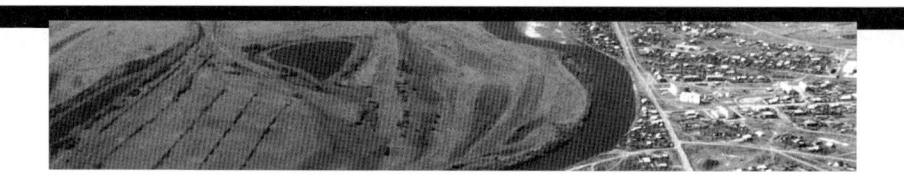

Gegen Winterende verschwindet der Nebel wieder. Wenn Sie da mit dem Flugzeug über der Taiga fliegen und hinunterschauen, werden Sie eigentümliche Furchen im Schnee erkennen - das sind die straßengrabentiefen Wanderpfade der jakutischen Pferde.

Lange hatte ich mir sehnlichst gewünscht, einmal auf einem jakutischen Pferd zu reiten. Mir schien, klein und wuschelmähnig, wie es ist, müßte es gemütlich sein. Aber nichts da! Als ich mich einmal auf eines schwang, wurde mir durchaus ungemütlich zumute. Ich spürte eine solche Energie und Eigenwilligkeit unter mir, daß ich schleunigst wieder abstieg.

Gelegentlich werden diese Pferde auch als Arbeitstiere genutzt, häufiger und lieber aber ins Rennen geschickt. Die Leidenschaft für Pferderennen verleitete ihre Besitzer nur leider dazu, sie mit importierten Schnellbeinern zu kreuzen, so daß sie ihre Reinrassigkeit verloren haben. Reinrassige jakutische Pferde habe ich nur bei Oimjakon gesehen. Dort herrschen Temperaturen bis zu minus 71 Grad, die eine Mischrasse nicht überleben würde.

Etwa hundert Kilometer vor Jakutsk, dicht bei Katschikatzy, liegt die schon erwähnte Bulus-Quelle. Sie sprudelt im Sommer wie im Winter mit solcher Stärke, daß sie 115 Liter Wasser pro Sekunde auswirft. Und was für Wasser! Das köstlichste, das ich jemals getrunken habe! Die Fachwelt zählt die Quelle zu den reinsten natürlichen Trinkwasservorkommen der Welt.

Vor Jakutsk bildet die Lena ein ganzes System von Inseln und zerteilt sich in viele Arme. Unser Schiff passiert die Inseln Chatystach und Nowy und biegt in einen Arm ein, der zum Hafen von Jakutsk führt.

Die Jakuten haben die Gewohnheit, große Flüsse und Flußniederungen nicht beim Namen, sondern ehrerbietig „Ebe" („Großmutter") zu nennen. Manchmal sprechen sie auch den Namen aus, doch nie ohne ein „Ebe" anzufügen: „Lena-Ebe", „Tuimaada-Ebe". Jakutsk liegt in der „Tuimaada-Ebe", die etwa sechzig Kilometer lang und zwanzig Kilometer breit ist und damit zu den drei größten Niederungen Jakutiens gehört. Die Stadt steht auf Dauerfrostboden, der 200 bis 300 Meter in die Tiefe reicht. Das Errichten von Steinhäusern ist hier schwierig und nicht ungefährlich. Man baut sie auf „Stelzen", das heißt auf steinernen Pfählen, die zehn bis zwölf Meter in den Boden reichen.

In alten Zeiten war Jakutsk Rußlands Hauptstützpunkt bei der Erschließung des Hohen Nordens. Von hier gingen alle Verbindungswege aus. Daher gab es stets einen großen Bedarf an „Kajury", Schlittenführern, sowie Pferden und Rentieren, auch wenn der Fluß zu jeder Zeit die wichtigste Verkehrsader blieb. Heute ist Jakutsk mit seinen 220 000 Einwohnern die größte Stadt an der Lena. Die Stadt wurde 1632 gegründet, wenngleich einige Kilometer näher zum Fluß. Das erste Haus aus Stein ist nur vier Jahre jünger als Sankt-Petersburg.

Jakutsk besteht vornehmlich aus eingeschossigen Holzhäusern, weist aber auch mehrgeschossige Gebäude aus Stein oder Beton auf. Letztere wurden auf Pfählen gebaut, weil ein auf dem Boden aufliegendes Stein- oder Betonfundament ständig Wärme an den Untergrund abgibt, dieser mit der Zeit tauen und infolgedessen das Haus einsinken würde. Dank der Pfähle kann zwischen Haus und Erdreich der Wind hindurchstreichen und bleibt die Stabilität des Frostbodens gewahrt. Aus demselben Grund wurden auch alle Versorgungsleitungen - Stromkabel, Gas- und Wasserrohre - über dem Boden verlegt, was der Stadt ein recht bizarres Aussehen verleiht.

Die Stadt Jakutsk wurde auf Permafrostboden errichtet. Alle Gebäude stehen auf Pfählen und das Hochparterre ist winterfest ausgebaut

In alten Zeiten hieß Jakutsk noch nicht „Jakutsk", sondern nur „Stadt". Weil es schwer zu erreichen war, zumal von den inneren Bezirken Jakutiens aus, galt eine Reise in die „Stadt" als große Besonderheit. Dies drückte sich beispielsweise darin aus, daß die Jakuten jemanden, der dort gewesen war,

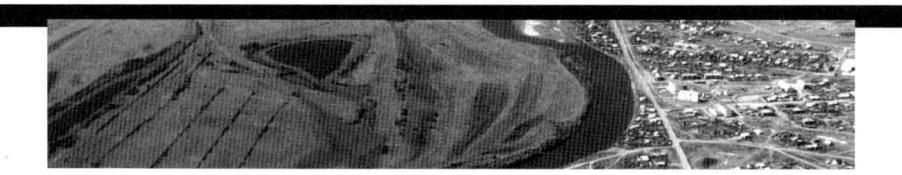

„Mensch, der die Stadt gesehen hat", nannten. Begegneten sich zwei Jakuten aus verschiedenen Orten in der „Stadt", dann begrüßten sie sich so: „Käpse!" sagte der eine („Erzähle, was es Neues bei dir gibt!"), und der andere antwortete: „Soch, än käpse!" („Bei mir nichts, aber was gibt es Neues bei dir?"), und dann tauschten sie sich angelegentlich über die Gesundheit ihrer nächsten und fernsten Verwandten sowie über häusliche und familiäre Angelegenheiten aus.

Was sollte man sich in Jakutsk ansehen? Ich denke, die Dreifaltigkeitskathedrale, das Mammutkalb Dima und die Museen.

Doch lassen Sie uns zunächst einfach ein wenig bummeln.

Vom Leninplatz gelangt man über den gleichnamigen Prospekt zum „Warmen See". Den 370. Jahrestag seit Aufnahme Jakutiens in den russischen Völkerverbund hat sich die Stadt etwas kosten lassen. Zu diesem Anlaß ließ sie den See reinigen und eine Uferpromenade mit Beleuchtung anlegen. Heute ist der „Warme See" der beliebteste Erholungsort der Stadt.

In der Nähe hat das Jakutische Opern- und Ballettheater sein Domizil. Auf dem Vorplatz, dem Platz der Völkerfreundschaft, steht ein Denkmal von beachtenswert modernem Zuschnitt; es ist dem jakutischen Schriftsteller und Gelehrten Kulakowski gewidmet.

Direkt am See, an der Ecke Krupskaja- und Tschernischewskistraße, liegt das Republikanische Zentrum für Kultur und Geistiges Leben „Artschy Djiätä", ein Neubau, der seine Existenz ebenfalls dem erwähnten Jubiläum verdankt. Hier finden nationale Feste statt, darunter das Fest der Verneigung vor dem Feuer und das Neujahrsfest. Zudem werden hier Trauungen durchgeführt und die Geburten registriert.

Auch lohnt es, den berühmten Schergin-Schacht zu besichtigen. Lassen Sie sich nicht dadurch beirren, daß er wie eine einfache Scheune aussieht - er ist Ort einer bedeutenden wissenschaftlichen Errungenschaft. Im Jahre 1827 begann hier der Kaufmann Fjodor Schergin, Teilhaber und Direktor der Russisch-Amerikanischen Handelsgesellschaft, nach Wasser zu bohren; er wollte wissen, bis in welche Tiefe der Frostboden reicht. Zehn mühevolle Jahre dauerte es, bis er in dem steinharten Grund 116,6 Meter weit vorgedrungen war. Schergins Temperaturmessungen vervollständigte 1844 bis 1848 Alexander Theodor von Middendorf, Mitglied der Russischen Akademie der Wissenschaften, wobei ihm der endgültige Beweis für die Existenz des Permafrostes gelang.

Wenn ich allein nach Jakutsk komme und genügend Muße habe, setze ich mir meist drei Prioritäten: zuerst besuche ich die Gemäldegalerien und schaue mir eine Reihe von Graphiken, die ich besonders liebe (alles Arbeiten jakutischer Künstler), an, dann mache ich eine kleine Pause im Galerie-Café und ziehe schließlich zu einem meiner drei Lieblingsmuseen weiter.
Das erste Museum liegt am Leninprospekt und heißt „Vereinigtes Staatliches Jakutisches Jaroslawski-Museum für Kultur und Geschichte der nördlichen Völker". 1891 auf Initiative politischer Verbannter gegründet, hat es sich zu einem der reichsten Museen Sibiriens und des Fernen Ostens entwickelt - in seinem Bestand sind heute an die 140 000 Exponate.

Eine der Hauptstraßen von Jakutsk - Blick auf den Lenin Prospekt

Das älteste erhaltene Gebäude von Jakutsk - ein Turm der Festungsanlage - wurde durch einen Brand zerstört

Bis vor kurzem erhob sich gleich in der Nähe des Museums das älteste erhaltene Bauwerk von Jakutsk - ein Turm aus dem Jahre 1685 bis 1686. Dieses letztes Überbleibsel der alten Festungsanlage fiel im Jahre 2002 einem Brand zum Opfer. Nun wurde eine Kopie des Turmes ein wenig versetzt errichtet.
Das zweite, das „Mammutmuseum der Akademie der Wissenschaften der Republik Sacha (Jakutien)" auf der Kulakowskistraße, ist das einzige Museum der Welt, das ausschließlich paläontologische Funde präpariert und ausstellt.

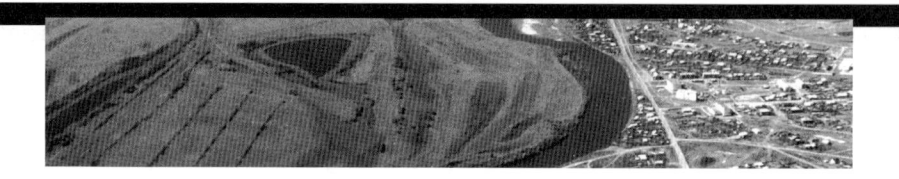

Es wurde 1991 als Zentrum zum Studium der Eiszeit und der Fauna der Mammut gegründet.
Und schließlich das „Museum für Musik und Folklore der Völker der Republik Sacha (Jakutien)" auf der Kirowstraße - eine Ausstellung jakutischer Musikinstrumente und Kultgegenstände mit einer detaillierten Einführung in die Geschichte der jakutischen Tonkunst. Es ist in den Räumen eines Ende des 19. Jahrhunderts erbauten landestypischen Holzhauses untergebracht, das ein Architekturdenkmal ist.

Das Denkmal für Mammutkalb Dima vor dem Permafrostinstitut in Jakutsk

Wissen Sie, wo sich die Gäste der Stadt am häufigsten gegenseitig fotografieren? Dort, wo jeden Freitag und Samstag auch alle Frischgetrauten ihre Hochzeitsfotos machen lassen: vor Mammutkalb Dima.
Dieses Denkmal hat folgende Geschichte: Im Juni 1977 wurde in einer Goldgrube am Oberlauf der Kolyma ein vor ewigen Zeiten verendetes männliches Mammutkalb gefunden. Es lag eingeschlossen in eine zwei Meter dicke Schicht gefrorenen Schlammes und Gerölls und war noch so gut erhalten, daß ohne weiteres festgestellt werden konnte, wie alt es bei seinem Tode gewesen war: sechs Monate. Noch an Ort und Stelle wurde es nach dem in der Nähe fließenden Bach Dima benannt. Alle weiteren ersten Untersuchungen ergaben: absolutes Alter 39 000 Jahre, Größe (bis zum Widerrist)

hundert Zentimeter, Gewicht 61 Kilogramm (was darauf schließen läßt, daß es zu Lebzeiten hundert bis 150 Kilogramm gewogen hat), das an Kopf, Rücken und Rumpf hier und da unversehrt gebliebene Fell gelblichbraun und mit einer Haarlänge von zwanzig bis 22 Zentimetern.
Natürlich erregte Dima sofort das Interesse der gesamten sowjetischen wie internationalen Fachwelt. Es wurde mit modernsten Methoden allseitig untersucht und in den USA, in Japan und anderen Ländern ausgestellt. Danach fand es im Kühlraum des Zoologischen Museums von Leningrad, heute Sankt-Petersburg, seine Ruhe wieder.
In Jakutsk arbeitet das „Permafrostinstitut", es ist die weltweit erste wissenschaftliche Einrichtung, die sich der Erforschung des Dauerfrostbodens widmet. Seine Mitarbeiter waren es, die Mammutkalb Dima ein Denkmal setzten. Da die Skulptur von Laien gefertigt wurde, schlich sich in die Dar-

Blick in ein unterirdisches Labor des weltweit einzigen Insituts zur Erforschung des Permafrostbodens in Jakutsk

stellung ein Fehler ein. Die Stoßzähne eines Mammuts weisen nach unten, denn sie dienten ihm vor allem dazu, den Schnee aufzuscharren, um an die begehrte Grasnarbe zu gelangen. Bei unserer Dima-Skulptur aber sind sie wie bei einem Elefanten aufwärts gebogen.
An der Kreuzung Petrowski- und Ordschonikidsestraße erhebt sich die Dreifaltigkeitskathedrale, sie wurde 1708 erbaut. Einer meiner Bekannten war als

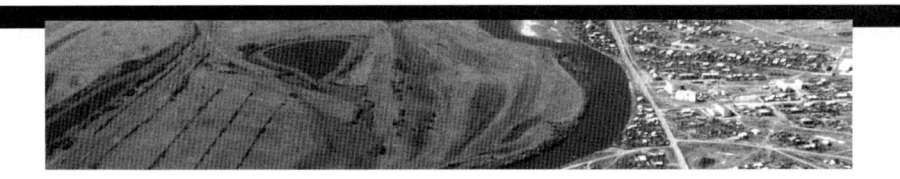

Restaurator in die Vergoldung ihres Kuppelkreuzes eingebunden. Er erzählte: Auf das Kreuz wurden 400 Gramm Gold, zu feinsten Blättchen gewalzt, aufgetragen. Jedes dieser Blättchen wiegt nur vier Gramm, wird aber als „schweres Gold" bezeichnet und nur bei Außenarbeiten verwendet. Trotz seiner Feinheit schützt es das Kreuz zuverlässig nicht nur vor Witterungseinflüssen, sondern auch vor den Krallen der Vögel, die für Gold offenbar eine Schwäche haben. So war über das auf der Kuppel installierte frisch vergoldete Kreuz für einige Zeit eine Schutzfolie gespannt worden, doch die Vögel, gelockt vom Gold, rissen Löcher in sie hinein und schlüpften darunter.

Die Goldblättchen wurden mit Fehhaarpinseln - feinsten Pinsel aus Eichhörnchenschweif - auf das mit verschiedenen Materialmischungen und Lack bestrichene Kreuz einzeln aufgetragen, eine Pusselarbeit, die einen ganzen Monat in Anspruch nahm. Danach mußte das Kreuz noch einen Monat ruhen. Mit der Zeit haftete das Blattgold immer fester an, verwuchs gleichsam mit der Oberfläche des Kreuzes. Restauratoren, die so arbeiten, können von ihrem Werk getrost ein halbes Jahrhundert Lebensdauer erwarten.

Von allen Nachrichten, die ich in jüngster Zeit über Jakutien hörte, hat mir eine besondere Freude bereitet: Am 18. Januar 2006, zum erstenmal in der Geschichte, wurde das Wasser der Lena von der Russischen Orthodoxen Kirche geweiht. Danach - und dies bei fünfzig Grad Kälte! - tauchten zahlreiche Gläubige in ein Eisloch ein, das der Priester „Lena-Taufbecken" nannte. Die Tradition der Wasserweihe geht auf Jesus Christus zurück, der bekanntlich von Johannes dem Täufer mit dem Wasser des Jordan getauft wurde. Die Russische Orthodoxe Kirche pflegt sie, indem sie am „Tage der Taufe des Herrn" verschiedene Flüsse und Seen weiht. Geweihtes Wasser darf getrunken, auch darf in ihm gebadet werden. Der Volksmund sagt, wer in geweihtem Wasser badet, wird nicht krank.

Wenden wir uns noch den beiden Theatern zu.

Als erstes wäre da das Staatliche Suorun-Omollon-Theater zu nennen - es ist das einzige Opern- und Ballettheater des Hohen Nordens. Am besten gefällt mir seine Inszenierung von Bizets „Carmen", mit der es 2006 seine 35. Spielzeit feierlich eröffnete. Auf dem Programm stand zudem „Schwanensee" und „Romeo und Julia". Zum 250. Geburtstag von Mozart wurde „Die Zauberflöte" aufgeführt.

Das Dramatische Theater hat schon jahrelang das Stück „Der rote Schamane" seines Namensgebers Platon Oiunski im Programm. Nach wie vor läuft es mit großem Erfolg. Eine seiner Hauptszenen ist mir in lebhafter Erinnerung geblieben: Zwei Schamanen in prächtigem Gewand treffen sich auf einem Felsen, um ihre Kräfte zu messen, und in den Donner des plötzlich ausbrechenden Gewitters mischen sich wie warnend die rasselnden Klänge einer Schellentrommel.

Auch hinsichtlich seines Exkursionsprogrammes kann Jakutsk sich vor der Welt sehen lassen - für jeden Geschmack ist etwas dabei. Angeboten wird seit neuestem sogar etwas ganz Extravagantes - eine Tour, bei der die Gäste Bären in ihrer natürlichen Umgebung beobachten können. Da dies kein ungefährliches Unterfangen ist, hat man natürlich bedacht, wie möglichen Zwischenfällen vorzubeugen ist. Auch wenn die Gäste die Bären von einem Boot oder einem Hochstand aus beobachten, stets werden sie von zwei Weidmännern begleitet, die für alle Fälle gerüstet sind - der eine mit einem Ballon Pfefferspray, der andere mit einer Leuchtpistole oder sogar einer scharfen Waffe.

Apropos Bären! Ist Ihnen bekannt, daß im Berliner Tierpark Nachkommen eines sibirischen Bären leben? 1959 haben die Journalisten Siegfried Messgeier und Günter Linde von einer Sibirienexpedition ein Bärenjunges nach Ostberlin mitgebracht. Über dieses nicht alltägliche Mitbringsel schrieben sie in ihrem Buch „Sibirien ohne Geheimnis", das 1960 im Leipziger Brockhaus Verlag erschienen ist und in der DDR ein Bestseller werden sollte.

Das Bärenjunge hatte mit knapp anderthalb Jahren seine Mutter verloren; sie war von einem unbedachten Jäger abgeschossen worden. Daraufhin nahm die Jägerschaft es in ihre Obhut. Als nun die beiden Journalisten in Sibirien waren und ihre Abreise heranrückte, eröffnete ihnen einer ihrer russischen Freunde:

„Ich habe ein schönes Geschenk für den Berliner Tierpark, einen Bären!' - ‚Einen richtigen Bären?' Wir setzten uns offenen Mundes auf den Stuhl und versuchten dann, die zweifellos gelungene Überraschung mit einem größeren Glas Wodka herunterzuspülen. Indessen hatten wir uns bald wieder gefaßt. Am nächsten Tag sollte unsere Heimreise mit Mischka um die halbe Welt beginnen. Die Chabarowsker Jäger wollten für ihn am Abend noch einen stabilen Holzkäfig bauen, in dem der Bär bis nach Berlin Quartier beziehen konnte. ... Bei strahlendem Sonnenschein kletterten wir mit Mischka in eine TU 104, nachdem uns die Chabarowsker Jäger und der Direktor der Jagdgesellschaft Boris Iwanowitsch Ostrourmow bis zum Abflug unentwegt begleitet hatten... ‚Schreiben Sie uns, was Mischka in Berlin macht!'

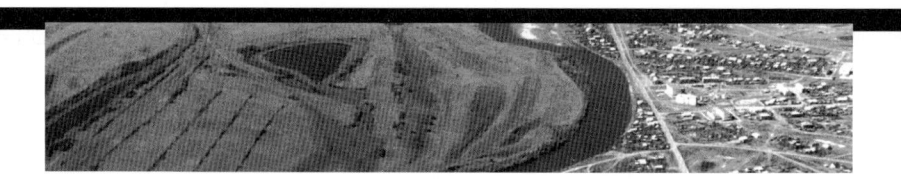

rief uns Boris noch zu, bevor sich die Tür des Flugzeuges hinter uns schloß. Ein Bär im Flugzeug, der erste Bär überhaupt, der in einer TU 104, der zu jener Zeit modernsten Düsenpassagiermaschine der Welt, und dazu noch nach Berlin flog - das war eine Sensation an Bord. Die Besuche aus der Passagierkabine bei Mischka, der direkt hinter der Kanzel des Flugzeuges in seinem Holzkäfig untergebracht war, rissen nicht ab.

Während der Bär sie mit der Würde entgegennahm, die seiner Rolle entsprach, und nur gelegentlich mit der Tatze nach einem Rock oder Hosenbein langte, die dem Käfig zu nahe gekommen waren, lösten wir einander darin ab, den Passagieren die Lebensgeschichte des Amur-Bären zu erzählen, der als Botschafter guter Freunde nach Berlin reiste, was auch hier im Flugzeug begrüßt und lebhaft kommentiert wurde.

Jede Freundschaft birgt Verpflichtungen in sich, und wenn man bedenkt, daß unsere TU 104 immerhin siebzig Passagiere beförderte, mögen sich vor allem die Berliner ausrechnen, wie oft wir die Geschichte Mischkas erzählen mußten. Hinzu kam, daß in Irkutsk und Nowosibirsk eine ganze Anzahl Fluggäste aus- und dafür neue einstiegen, die ebenfalls genau informiert sein wollten.

War Mischka schon für die Passagiere der TU 104 ein Ereignis, wurde er es für die Botschaft der Deutschen Demokratischen Republik in Moskau erst recht! Nur gut, daß der seinerzeitige Botschafter unserer Republik in Moskau, Hans König, ein Mann mit viel Humor ist. Da Mischka bei aller Liebe zu Berlin natürlich nicht mit ins Hotel ‚Ukraina' ziehen durfte, hatten wir ihn auf dem Hof der Botschaft untergebracht, wohin er ja, wenn man es genau nimmt, als ‚Gesandter' auch gehörte.

Indessen behagte unserem Mischka der jähe Wechsel zwischen dem vom Lärm der Düsen erfüllten Flugzeug und der nächtlichen Stille des Hofes der Botschaft ganz und gar nicht. Sein rebellisches Geschrei rief bald das Personal der Botschaft und den Botschafter selbst auf den Plan, der aus dem geöffneten Fenster hinunterfragte, was los sei. ‚Ein Bär!' lautete die lakonische Antwort. Der Botschafter war nicht zu erschüttern. ‚Beruhigen Sie ihn', meinte er, nachdem man ihm die Herkunft des lärmenden ‚Diplomaten' erklärt hatte, und schloß das Fenster.

So kam es, daß ein Oberreferent, der sich auch sonst in jeder Hinsicht als hilfsbereit erwies und ohne den wir Mischka gar nicht bis Berlin gebracht hätten, die ganze Nacht bei dem Bären auf dem Hof verbrachte und ihm

die Zeit mit Liedern und Geschichten vertrieb, was die Ruhe bald wiederherstellte. Da ein Oberreferent natürlich nicht tagelang einem Bären vorsingen und Geschichten erzählen kann, brachten wir Mischka, bevor wir die letzte Etappe unserer Reise antraten, in den Moskauer Zoo.
‚Ende gut, alles gut!' sagt das Sprichwort, und so landeten wir Ende November nach 12 000 Kilometern Flugreise wohlbehalten mit einer Maschine der Deutschen Lufthansa in Berlin-Schönefeld...
Der Zeitpunkt unserer Rückkehr hätte nicht glücklicher sein können. Am 30. November, es war ein Sonntag und der 10. Jahrestag des Demokratischen Magistrats von Berlin, überbrachte Mischka dem Oberbürgermeister Friedrich Ebert alle guten Wünschen aller unserer Freunde in Sibirien für den weiteren erfolgreichen Aufbau unserer sozialistischen Hauptstadt.
Im Roten Rathaus von Berlin gab es, als wir im Strom der Gratulanten mit Mischka erschienen, beträchtliches Aufsehen. Friedrich Ebert empfing den Sendboten der Freundschaft aus dem Fernen Osten persönlich im Foyer vor seinem Büro. ‚Das ist ein großartiges Geburtstagsgeschenk, wer hätte das erwartet!' meinte der Oberbürgermeister hocherfreut.
Und tatsächlich, bis auf die Chrysanthemen, die er sich in einem unbeobachteten Augenblick aus dem Strauß holte, den der Direktor des Tierparks Prof. Dr. Dathe, gerade an Friedrich Ebert überreichen wollte, benahm sich Mischka sogar ziemlich genau nach dem Protokoll."

Hinter Jakutsk, am rechten Ufer, dem Kangalasski-Kap fast genau gegenüber, befindet sich die kleine Siedlung Sottinzy, an der kein Tourist vorbeifahren sollte, so auch wir nicht. Hier befindet sich das Museum für Geschichte und Architektur „Druschba", ein Freilichtmuseum, in dem Nachbauten traditioneller jakutischer Sommer- und Winterbehausungen - „usara" genannt -, alte Häuser - Meisterwerke der Holzarchitektur des Hohen Nordens -, eine Kopie der Erlöserkirche und anderes mehr zu besichtigen sind. Auch kann man sich ein umfassendes Bild machen von der Alltagskultur der Ureinwohner Jakutiens - den Ewenen, Ewenken, Jukagiren, Dolganen und Tschuktschen.
Hinter dem Kangalasski-Kap beginnen die Sandterrassen - es sind sich über drei Kilometer erstreckende stufenförmige Gebilde aus vereistem Sand -, und dahinter zeichnen sich die Umrisse der Werchojansker Höhen ab.
Doch wollen wir wieder zum Schiff zurückkehren. Nicht weit hinter Sottinzy passieren wir die Aldan-Mündung. Schon davor ist die Lena eine Riesin von einem Fluß; nachdem sie aber den ungestümen Aldan, ihren größten Nebenfluß, aufgenommen hat, weitet sie sich auf eine Breite von 25 Kilo-

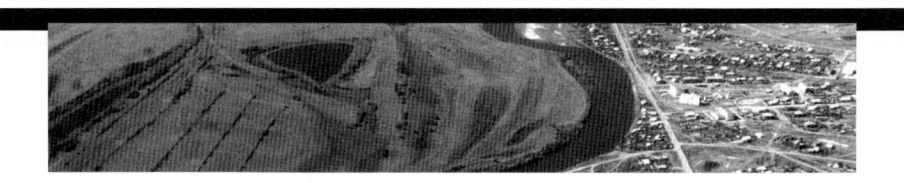

metern aus, bei Hochwasser im Frühjahr sind es sogar vierzig Kilometer. Auf dieser Wasserweite kommen manchmal so heftige Stürme auf, daß die Schiffe ihre Fahrt unterbrechen und am Ufer Schutz suchen.

Die Lena ist überhaupt ein Fluß „mit Charakter"! Als hätte sie sich standhaft gewehrt, sich von Staudämmen und Wasserkraftwerken verunstalten zu lassen, behielt sie überall ihr natürliches - jahrtausendealtes - Bett. Noch immer kann man ihr Wasser bedenkenlos trinken. Die ungewöhnliche Vielgestaltigkeit ihrer Ufer, die besondere Lebenskultur ihrer Anwohner, ihre selten reiche Flora und Fauna - all dies ist dazu angetan, selbst den abgeklärtesten Globetrotter zu begeistern.

Wir sind inzwischen weitergefahren und blicken zurück zur Aldan-Mündung, mit dem Gedanken beschäftigt, daß hier vor noch nicht allzu langer Zeit sagenhaft reiche Goldvorkommen entdeckt wurden. Die Eskimo der Halbinsel Tschukotka erzählen gern eine Legende, die auf poetische Weise erklärt, wie Ostsibirien zu seinem Goldreichtum kam.

„Vor ewigen Zeiten wohnte ein Riese auf Tschukotka, der von Kopf bis Fuß aus purem Gold bestand. Noch nie hatte die Welt einen Riesen von solcher Größe gesehen. Wenn er ging, bebte die Erde und war der Mond von seinem Kopf verdeckt. Der Mond empörte sich darüber. ‚Warum hindert mich der Goldene Riese, der Erde mein Licht zu spenden?' beschwerte er sich bei der Weltenherrscherin Purga.

Purga tadelte den Goldenen Riesen und wies ihn von Tschukotka fort, er aber ließ sich von ihr nicht einschüchtern und blieb. Zornig geworden, blies Purga ihm Schnee in die Augen und sandte einen so starken Sturm, daß er umfiel und nicht wieder aufstehen konnte. So blieb der Goldene Riese liegen, die Beine auf Tschukotka und Rumpf, Kopf und Arme auf Ostsibirien ausgestreckt. Die Erde nahm all sein Gold in ihren Schoß auf und hütete es Jahrmillionen lang als ihren Schatz."

Über diesen so unwirtlichen wie reichen Erdstrich schrieb ein Forschungsreisender 1914: „Weit jenseits jeglicher Zivilisation, umspült von den Wellen des Eismeeres und des Stillen Ozeans, mit einer Geschichte, die in ihrer Schlichtheit allenfalls den Namen des einfachen Kosaken Deschenew hergibt, vegetiert in Kälte, Dunkelheit und Ödnis ein Land von größtem Reichtum. Welche Bodenschätze dort auch zur Sprache kommen - es wird kein Wort fallen, das ihre Existenz bestätigte. Ungestört ist dort die Ruhe des Goldes."

Einmal in einer Sommernacht, als wir am Aldan zelteten, bot sich uns ein imposantes Schauspiel. Auf dem Fluß näherte sich ein gewaltiges Ungetüm - von Licht überflutet, groß wie ein mehrstöckiges Haus. Es war eine schwimmende Goldschürf- und Goldwaschanlage - eine „Draga". Sie ist so leistungsstark, daß sie die Arbeit von 9000 Goldschürfern und -wäschern ersetzt. Im Unterschied zum normalen Bagger hat sie eine fließbandähnlich umlaufende Kette mit Schaufeln, die nacheinander in den Fluß eintauchen. Jede Schau-

Groß wie ein mehrstöckiges Haus: eine Goldschürfanlage, „Draga" genannt

fel schöpft pro Umlauf 380 Liter mit goldhaltigem Sand und Gestein durchsetzten Wassers. Alles kommt in eine Trommel, in der das taube Gestein ausgesondert wird. Dann geht es weiter zur nächsten Bearbeitungsstufe.
Ein ganzes Jahr mußte ich mich gedulden, bis ich ein solches Goldgräberungetüm einmal besichtigen durfte. Es war der Schwimmbagger Nr. 41. Einer der achtzehn Techniker erklärte mir den Ablauf und führte mir alles vor. Zuletzt bat ich, einen Blick auf den „Goldhaufen" werfen zu dürfen, der in der letzten Schicht gewonnen wurde. Da ließ er sich merkwürdig viel Zeit. Als ich ungeduldig wurde, meinte er verschmitzt: „Auf diesen Anblick hast du ein ganzes Jahr gewartet. Jetzt kannst du dich auch noch fünf Minuten gedulden."
Von Wjatscheslaw Schischkow (1873 bis 1945), einem russischen Schriftsteller, der Sibirien und den Hohen Norden wie kein zweiter kannte, gibt es einen hochinteressanten Roman über die Goldförderung an der Lena. Er heißt „Der dunkle Strom" und gehörte in meiner Jugend zu meinen Lieblingsbüchern. Aber auch die Erzählungen von Schischkow habe ich gern gelesen;

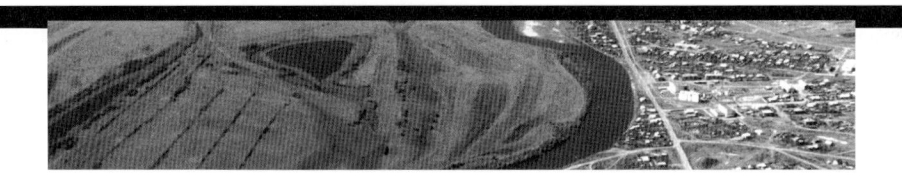

an manche erinnere ich mich noch heute bis in alle Einzelheiten. Eine mit dem Titel „Der schwarze Tag" spielt ebenfalls an der Lena, zu Beginn des 20. Jahrhunderts. Hier eine Schlüsselszene daraus:

„Lächelnd schlief Pilja ein, lächelnd wachte er wieder auf. Kaum hatte er jedoch die Augen geöffnet, erlosch sein Gesicht. Vor ihm, behäbig auf seinen Stab gestützt, stand der Jakute Talimon, ein widerwärtiger fettleibiger Alter, und griente breit.
‚Du hast aber einen festen Schlaf! Wie ein Bär in der Höhle', sagte der Jakute übertrieben freundlich.
Pilja fiel ein, daß er dem Alten viel Geld schuldete, es aber immer noch nicht zurückzahlen konnte.
‚Du bist verheiratet, wie ich sehe?' fragte der Jakute plötzlich barsch und setzte sich vor das erloschene Feuer.
‚Nein, nein. So ein armer Hund wie ich', stammelte Pilja.
‚Nein? Das hast du gut gesagt, sehr gut! Und warum schläfst du mit einer Frau in einem Sack?'
Pilja tastete neben sich, stupste Goilja, die eben erwachte, in die Seite und murmelte zerknirscht: ‚Ich bin verheiratet. Stimmt. Hatte ich ganz vergessen.'
‚Schon lange?'
‚Lange, lange.'
‚Seit wann?'
‚Gestern.'
Flink wie ein Ren schlüpfte Goilja aus dem Fellsack, stellte sich auf die Zehen, dehnte und streckte sich, ganz jugendliche Frische, und trippelte zur Feuerstelle. Dann lief sie hinaus, um Schnee zum Teekochen zu holen. Wo Goilja ging und stand, dorthin drehte der Alte seinen Kopf, der rund wie der eines Uhus war, und seine unsteten schwarzen Augen glitzerten lüstern.
Er schnalzte ein paarmal mit der Zunge und fragte Pilja, der inzwischen aus dem Schlafsack gekrochen und aufgestanden war: ‚Wo hast du sie her, wieviel Kalym hat sie gekostet? Das ist ein Frauchen! Auf die mußt du aufpassen.'
‚Sie ist eine gute Frau', antwortete Pilja, schüttelte den Sack aus, hielt inne und blickte den Jakuten furchtsam an. ‚Ein mageres Jahr, Boie. Zu wenige Eichhörnchen, kaum Beute', fuhr er mit weinerlicher Stimme fort. ‚Und ich habe Schulden bei dir, Boie, Schulden über Schulden. Was soll nur werden, was soll nur werden, Boie? Ich bin ein armer Hund!'

‚Meine Frau ist alt und krumm geworden, hat 'nen Hängebauch', erwiderte Talimon im selben Ton, und von seinen Augen zogen sich Lachfältchen übers ganze Gesicht.
Heiter und ungestüm kam Goilja zurück, drei Hunde drängten sich hinter ihr herein. ‚Kusch, kusch!' fuhr sie sie an. ‚Pilja! Was stehst du da wie ein verkohlter Baumstumpf? Warum ist noch kein Feuer? Warum sitzt unser Gast im Kalten? Los, los!'
Im Tschum war es eiskalt, doch bald prasselten die Flammen, der Frost wich, und es wurde so warm, daß Talimon seinen Fuchspelz auszog. Er trug ein Hemd aus rotem Tuch, und auf seiner Brust hingen zwei silberne Ketten, die eine mit einem großen Kreuz, wie bei einem Popen, die andere mit einer Uhr. Seinen Wanst umspannte ein silberbeschlagener Gürtel, und an seinen Fingern funkelten goldene Ringe mit oder ohne Stein.
Goilja warf dem Jakuten einen forschenden Blick zu und begann sich geflissentlich zu sputen: Der Gast ist reich, vielleicht gibt er Geld, vielleicht schenkt er ihr einen Ring. Eilig flocht sie ihr Haar zu dicken Zöpfen und streifte ihr perlenbesticktes Mieder, das Chalmi, über. Der Gast ist vornehm - mag er schauen und seine Freude haben.
Pilja saß mit gesenktem Kopf, die vollen Lippen zusammengepreßt, und wagte nicht, dem reichen Händler ins Gesicht zu sehen.
‚Meine Frau ist schon ganz klapprig', sagte der Gast und betrachtete wohlgefällig Goiljas runde Hüften. ‚Ich bin zwar selber nicht mehr der Jüngste, dafür aber noch stark wie drei Elche. Und ich habe Gold, viel Gold. Es liegt in der Taiga, in der Erde vergraben, mal hier, mal da.'
‚Wohin bist du unterwegs, Boie?' fragte Goilja.
‚Zum Jahrmarkt. Mit hundert Rentieren - eine ganze Karawane. Ich wollte hier rasten, da seh ich einen Tschum, höre Hunde. Aha, denke ich, hier wohnen welche. Na, und da bin ich.'
‚Bewirten können wir dich aber nicht, ich bin ein armer Hund', murmelte Pilja.
‚Hier', sagte der Jakute und öffnete seinen großen Quersack.
‚Oho!' Die beiden Tungusen sprangen auf. ‚Feuerwasser! Schnaps!'
‚Und das hier.' Der Jakute holte ein großes Stück Zucker, geräucherte Rentierzunge und ein Bund Kringel hervor.
‚Mmm, so große süße Sachen!' rief Goilja auf russisch.
‚Zucker ist süß', sagte der Alte mit kehliger Stimme, ‚wie eine Frau mit rosigen Wangen. Was sag ich: so eine Frau ist hundertmal süßer. Wenn sie küßt, oh, oh, dann...' Er kniff die Augen zusammen und küßte die Luft.

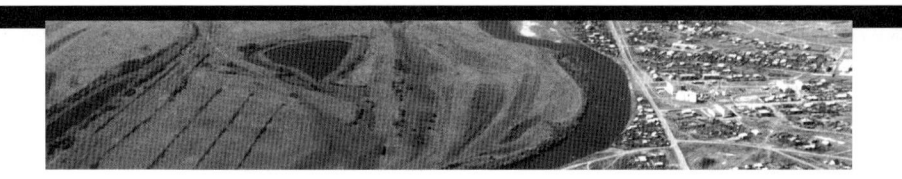

‚Warum sagst du so was?' warf Goilja ein, zerbiß mit ihren weißen Zähnen den Zucker und legte jedem ein Stück hin. ‚Du bist alt, hast eine Frau, und Kinder und Enkel hast du auch.'
Der Jakute lachte wegwerfend, stemmte die Hände in die Hüften und erklärte stolz: ‚Das Bäumchen biegt sich noch, aber der Baum nicht mehr, er ist hart wie Eisen.'
Schon brodelte der Kessel; das Essen war gar, und der Schnapsbecher machte die Runde. Pilja wurde immer lustiger, und immer lauter und übermütiger lachte seine Frau. Das dickwangige Gesicht des Jakuten rötete sich, begann wie eine Speckschwarte zu glänzen. Er stimmte in Goiljas Gelächter ein, zwinkerte den Tungusen zu und schenkte ihnen, vor sich hin trällernd, immer wieder nach.
‚Pilja!' rief er plötzlich und brüllte vor Lachen. ‚Ich schaue dich an und wundere mich. Schon viele Leute habe ich im Leben gesehen, aber einer wie du ist mir noch nicht vorgekommen. Du solltest dich mal im Wasser begucken, dir deine Fresse ansehn. Bäh! Du bist mir doch nicht etwa böse? Ich bin dein Freund, und du bist mein Freund. Wozu brauchst du überhaupt eine Frau?'
Pilja blieb das Lachen in der Kehle stecken. ‚Schon der Iltis weiß, wozu eine Frau gut ist', sagte er nach einer Weile und stülpte die Lippen vor.
‚Schon der Iltis, haha! Der Iltis hat ein Fell, aus dem der Beamte sich seinen Pelz näht. Aber dein Fell - so was kann höchstens der Schamane für seine Trommel gebrauchen!'
Pilja wandte sich ab und schlug die Hände vors Gesicht. ‚Das ist gemein von dir! Und du bist ein alter Dachs!' sagte er schnupfend. ‚Ja, ein Dachs bist du, ein uralter!'
‚Ich ein Dachs, hoho!' Der Jakute lachte erbost. ‚Und die Schulden? Hast du vergessen, wieviel du mir schuldest? Zahl es ab, sonst blüht dir das Kittchen.'
Goilja erschrak und hielt Talimon mit zitternder Hand ein Glas Schnaps an den Mund. ‚Trink, Boie, trink!'
Sie selbst trank auch; sie kippte einen Wodka herunter und schüttelte den Kopf, daß ihre Ohrringe klirrten.
‚Nimm's mir nicht übel, Freund, ich bin ein armer Hund', brummte Pilja beschwichtigend.
‚Und du mir auch nicht. Weißt du, ich mag dich, und ich werde dir alle Schulden erlassen - nur mußt du mir Goilja geben.'

‚Was hast du gesagt? Bist du verrückt geworden?' entfuhr es Pilja.
‚Gib sie mir. Da sollst du für immer mein Freund sein. Zwanzig Rentiere Kalym hast du für sie gegeben, von mir kriegst du vierzig. Nein - hundert!'
‚Scher dich zum Scheitan, schachere dem die Tochter ab! Kannst du nicht Weiber haben, soviel du willst? Such dir eine.'
‚Hab ja schon eine gefunden.'
‚Daß nur mein Messer dein Herz nicht findet!' brauste Pilja auf und schielte zur Feuerstelle, wo sein frischgewetztes Weidmesser lag. Seine Hand zuckte. Es wurde still im Tschum, wie in der Taiga vor einem Sturm.
‚Na schön, danke, mein Freund. So also achtest du mich.' Talimon seufzte bitter. ‚Hab ich denn Goilja für immer gefordert? Ich will sie ja nicht für immer, du Trottel!'
Pilja stutzte. ‚Nicht für immer?' fragte er. ‚Für wie lange denn?' Seine Stimme war unsicher geworden.
‚Für einen Monat!'
‚Einen Monat? Nein, das geht nicht.'
‚Was denn, nein, unmöglich, ganz unmöglich', pflichtete Goilja ihrem Mann bei. ‚Komm, Boie, trink noch einen.'
Talimon wälzte sich mit seinem massigen Körper an Pilja heran, hockte sich neben ihn und legte ihm den Arm um die Schulter.
‚Mein Vater hat deinen Vater geachtet, meine Großmutter hat deine Großmutter geachtet. Mich willst du nicht achten? Warum? He, warum? Pilja, mein liebster, bester Freund! Und wenn nur für eine Woche, was meinst du?'
‚Nein.'
‚Schön, und für einen Tag?'
‚Nein!'
‚Aber für eine Stunde vielleicht?'
‚Eine Stunde?' Pilja zögerte, er stemmte die Fersen gegen den Fußboden und rutschte von dem Jakuten ein kleines Stück weg.
Wieder trat Stille ein, eine so lähmende, daß alles im Tschum wie erstarrt war. Selbst das Elenfett in der kleinen Pfanne schien nicht mehr zu brutzeln, und das Feuer sank nieder.
‚Für eine Stunde. Das würde gehen", sagte Pilja leichthin. ‚Man ist ja kein Egoist. Eine Stunde - ja. Was macht eine Stunde schon aus.'
Hei, wie da wieder das Fett brutzelte, das Feuer loderte und alles lachte und sang! Pilja sprang auf und tanzte, auch Goilja tanzte, und der alte Talimon saß und lachte, daß sein dicker Bauch wackelte, und Schluchzen vermischte sich mit Hundegebell. Schnaps! Gebt ihm Feuerwasser, unserem Pilja!

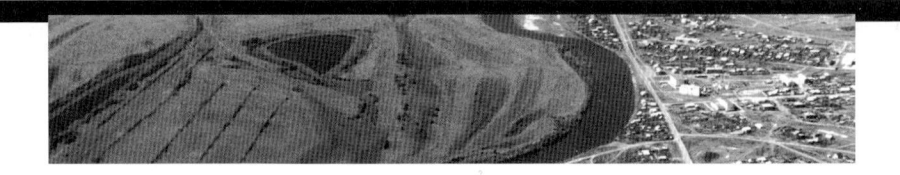

Mehr, mehr! Och!
Der Tschum tanzt, die Erde bebt, und unter den Füßen stiebt Schnee.
Dreh dich, drehe dich, wirble im Kreis! Schneller, immer schneller. Och!
Pilja fällt längelang hin und lacht. Er lacht und lacht. Umarmt einen Hund und küßt ihn ab. Kriecht zum Mörser und küßt ihn ab. Er weint und küßt, weint und küßt und bricht wieder in Lachen aus: Keiner ist so stark wie Pilja, keiner ist so reich wie Pilja, und keiner hat eine so schöne Frau! Zwei Hemden... drei Hemden... Hahaha-haa! Für eine Stunde, man ist ja kein Egoist. Wo ist Goilja? Wo Talimon? Halt, halt, bleibt stehen! Scheitan, ich stecke in der Schlinge!
„Agyk!"
Ein Poltern, als wäre ein Elch in die Fallgrube gestürzt. Dann schallt durch den Tschum Piljas trunkenes Schnarchen." (aus: „Die Meergeborene", Berlin 1963)

Junge Jakutinnen in ihrer Nationaltracht

Immer wenn ich Schischkow heute lese, denke ich, daß wir ihn damals dennoch nicht richtig wahrgenommen haben. Denn alles Bittere und Erschütternde, was er über das Leben an der Lena erzählt, führten wir auf das „verfluchte zaristische Regime", die „Ausbeutung der Arbeiter" und die „Trunksucht der Ureinwohner" zurück. Dabei war es etwas, was die ganze Nation betraf oder sogar mehr als die Nation, nämlich die ganze Welt - eine Tiefe, die weit über Ort und Zeit hinausweist. Das haben wir nicht erkannt, und erkennen wir wohl auch heute noch nicht.

Von der Aldan-Mündung nach Siktjach

Die Siedlung Sangar - die Wiljui-Mündung - der Nordpolarkreis -
die Siedlungen Schigansk und Siktjach

Für uns, meine Freunde und mich, die wir an der Lena lebten und nicht eigens gekommen waren, ihre „Sehenswürdigkeiten zu besichtigen", hatten die Fahrten auf diesem herrlichen Fluß stets etwas Spontanes und Improvisiertes. Man fühlte plötzlich, daß es einem gut täte, wieder einmal einfach draufloszufahren, das Wasser unter sich zu spüren, sich der Weite hinzugeben und so den Alltag mit seinen Widrigkeiten abzustreifen. Denn was unser Gemüt besänftigt und wieder ins Gleichgewicht bringt, sind ja weniger einzelne Kultur- und Naturdenkmäler, als vielmehr der Fluß als solcher, seine urzeitlichen Ufer mit den verstreut liegenden einsamen Dörfern, seine Sonnenauf- und Sonnenuntergänge und in seiner Nähe das Lagerfeuer, an dem man in Gespräche vertieft bis zum Morgengrauen sitzt. Überhaupt wird man wohl nur auf diese Weise die Lena wirklich erleben können.
Einmal sind wir mit mehreren Booten von Wiljuisk aus den Wiljui hinab bis zur Lena gefahren. Dort, an der Mündung, schlugen wir die Zelte auf.
Rast! Herrlich, sich im federnden Sommergras auszustrecken, die Wipfel über sich rascheln und ein nahes Bächlein murmeln zu hören!
„Eben habe ich eine Bärenfährte entdeckt", sagt mein Freund. „Möchtest du sie sehen? Ganz frisch! Durchaus möglich, daß der Gute hier noch herumstreunert oder uns sogar belauert."
Mit meiner lyrischen Stimmung ist es vorbei. Und am Feuer gibt es für uns nur noch ein Thema - der Bär in freier Wildbahn und als Geselle des Menschen. Eine Geschichte ist interessanter als die andere.
„Ein kluger Bursche - alles, was recht ist!" meint unser Biologe aus Jakutsk. „Die Menschen bilden sich ein, über ihn Bescheid zu wissen. Von wegen! Seiner Intelligenz nach steht er gleich hinter Delphin und Affe. Nicht zufällig sagen die jakutischen Jäger: ‚Der Bär ist genauso klug wie der Mensch. Er spricht nur deshalb nicht, weil er keine Lust dazu hat.' Er ist eines der lernfähigsten Tiere. Bedenkt, was er im Zirkus alles zuwege bringt - er spielt Fußball, fährt Rad und führt die geschicktesten Turnübungen vor. Früher auf den Jahrmärkten war er darauf dressiert, mit jedem, der wollte, zum Ringkampf anzutreten. Und er wußte genau, was in welchem Moment zu tun war, damit die Zuschauer bei der Stange blieben - mal zupacken, mal nachgeben und spielen. Denn nur zu spielen hätte das Publikum gelangweilt."

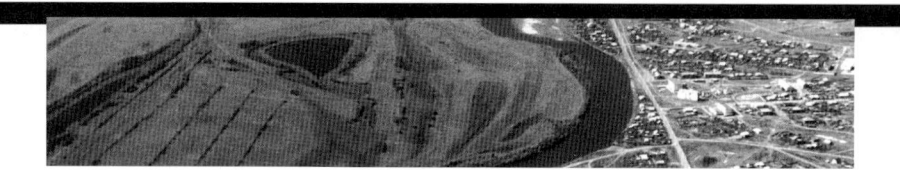

„Gleich hinter unserem Haferfeld", fährt ein anderer fort, „lebte jahrelang ein Bär, ohne daß wir es je bemerkt hätten. So vorsichtig ist er gewesen."
„Na, aber wenn er wütend wird, kann er seine ganze Vorsicht ratzbatz aufgeben", merkt der nächste an. „In unserem Dorf ist da zweimal was passiert, davon erzählen die Dörfler noch heute. Ein und derselbe Bär fiel erst ein Pferd und dann eine Kuh an. Beide Male hat er sein Opfer nicht gleich zur Strecke bringen können, da geriet er so in Rage, daß er gar nicht merkte, daß er auf dem Rücken seiner Beute durchs Dorf getragen wurde."
„Als Junge war ich mit einem Taiga-Jäger befreundet, ein Jakute. Der glaubte, Bären seien einst jakutische Recken gewesen und von einem bösen Jäger verzaubert worden. Und wenn ihm ein Bär vor die Flinte kam, bat er ihn um Verzeihung, bevor er schoß.

Manche jakutischen Jäger glauben, daß Bären einst jakutische Recken waren

Einmal stellten wir fest, daß sich ein Bär schon im Frühherbst eine Winterhöhle gebaut hatte. Wir ließen ihn in Ruhe, machten monatelang einen zehn Kilometer weiten Bogen um die Höhle, um ihn nicht zu warnen. Eines Tages im tiefen Winter kreisten wir sie ein, pirschten uns vorsichtig heran und trauten unseren Augen nicht - die Höhle leer und im Schnee davor seine Fährte, der man ansah, daß er vor zwei, drei Tagen abgezogen sein mußte. Hat-

te er die bevorstehende Jagd, hatte er die Gefahr gespürt, wäre das möglich?"
Unser Biologe wieder: „Ein Professor von mir hat lauter Bären bei sich zu Hause: an der Wand Bilder mit Bärenjagdszenen und überall Bärenfiguren aus Holz, eine ganze Kollektion. Bären waren sein Dissertationsthema. Sagenhaft, was er alles weiß! Etwa daß die Schatunenbären - das sind Bären, die, anstatt Winterschlaf zu halten, durch die Taiga streunen - sehr angriffslustig sind, denn sie sind permanent auf Nahrungssuche. Die für Bären gefährlichste Zeit ist der Herbst. Bis zum Winterschlaf müssen sie sich eine Fettschicht anfressen - der eine frißt Hafer, der andere Vogelbeeren, der dritte Zedernnüsse. Wenn aber der Ernteertrag schlecht ist, haben sie nichts zu lachen. Bären sind nämlich erzkonservative Fresser. Ein Bär, der immer Zedernnüsse frißt, nun aber keine findet, wird nie auf Hafer ausweichen. Bären bleiben konsequent bei ihrer gewohnten Nahrung."
„Und was ist mit den Schatunenbären?" frage ich.
„Bei denen geschieht ein psychischer Umschwung. Sie verlieren jede Furcht und Vorsicht, werden aggressiv und damit zu einer ernsten Gefahr auch für Haustiere und Menschen."
„Wir hielten eine Zeitlang einen jungen Bären", so die folgende Geschichte, „der kein offenes Feuer mochte. Ich nehme unseren Mischka in den Wald mit, mache ein Feuer, da kommt er schon angelaufen und trampelt es aus. Einmal hat er sich sogar das Fell versengt - er stürzte auf ein richtig großes Feuer los und gab nicht eher Ruhe, bis der letzte Funken verglimmt war. Das war schon komisch."
„Was ist aus ihm geworden?"
„Unmöglich natürlich, einen solchen Hausbären im Wald auszusetzen, er würde zugrunde gehen. Einen ausgewachsenen Bären im Hause zu halten geht aber genausowenig. Mit einiger Mühe und mit Hilfe eines Bekannten konnten wir ihn an einen Zoo vermitteln. Ich weiß aber - viele Bären, die als Junges zu Menschen kamen, mußten eingeschläfert werden. Meistens nach zwei, drei Jahren. Sie werden mit der Zeit zu gefährlich, das ist das Problem."

Die Lena führt von der Wiljui-Mündung geradewegs in Richtung Norden. Könnte man sie aus einem Flugzeug mit einem Blick erfassen, sie käme einem wie ein mächtiger Baum vor, dessen Wurzeln ins Eismeer greifen, während die Wipfelspitze fast den Baikal berührt. Sie ist ein starker und trotziger Fluß. Kilometer und Kilometer zwängt sie sich zwischen Felsen hindurch, um sich dann in unüberschaubare Weite auszudehnen. Über zwanzig Breitengrade führt ihr

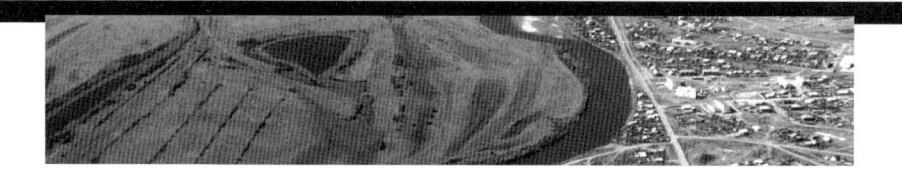

Weg. Und ein Schiff auf ihr ist einem regelrechten Wechselbad ausgesetzt - bald gleitet es sanft über himmlische Bläue, bald bebt und schwankt es im Eiswind des nahenden Nordens. „Und Herrscher Ozean sehnt die freie und schöne Lena ungeduldig herbei, um sie in seine kalten Arme zu schließen, treibt sie an aus der Ferne mit eisigem Wind", heißt es in einem jakutischen Volkslied.

Die Lena führt von der Wiljui-Mündung geradewegs in Richtung Norden. Könnte man sie aus einem Flugzeug mit einem Blick erfassen, sie käme einem wie ein mächtiger Baum vor, dessen Wurzeln ins Eismeer greifen

Im 19. Jahrhundert notierte der russische Forschungsreisende A. Bykow in seiner Beschreibung des nördlichen Lena-Abschnittes: „Unablässig, die ganze Strecke von Jakutsk bis zum Eismeer, erfreut die Lena unser Herz und Auge mit der abwechslungsreichen wilden Schönheit ihrer Ufer. Ist man hier im Frühling, bei höchstem Wasserstand, folglich in rascher Fahrt unterwegs,

Von der Aldan-Mündung nach Siktjach

wechseln vor einem die Bilder wie in einem Kaleidoskop. Wo gerade noch die Weite der Aldan- oder der Wiljui-Mündung war, starren einen plötzlich senkrechte Felswände an."
Unterhalb der Wiljui-Mündung liegt inmitten der Lena die Insel Agrafena, deren Konturen an eine liegende Frau erinnern. Der Sage nach war Agrafena eine russische Zarentochter, die sich mit ihren beiden Schwestern zerstritt, sich haßerfüllt auf diese Insel zurückzog und den Menschen sieben furchtbare Krankheiten sandte. Jedes Schiff, das von Süden kam, von dort, wo ihre Schwestern lebten, verfolgte sie mit ihrem Haß; sie sorgte dafür, daß es unterging oder auf eine Sandbank auflief. In alten Zeiten pflegten die Schiffer, sobald sie die Insel sichteten, Agrafena um Schonung zu bitten und einen Teil ihrer Fracht in den Fluß zu werfen, um sie zu beschwichtigen. Auch heute soll es noch Kapitäne geben, die dies tun.
Linker Hand folgt nun eine gebirgige Passage, deren Name das jakutische Wort „Timir" („Eisen") enthält: Timir-Bargy. Von den Bergen geht eine bedrückende Düsternis aus. Durch die Erosion teilweise zerstört, gaben die Felsen hier und da kostbarste Bodenschätze frei: Eisen, Zink, Bauxit, Gold, auch Uran und Diamanten.
Stellen Sie sich ein Gebirge vor, das in grauer Vorzeit überflutet worden ist. Aus dem Wasser ragen Reihen kleinerer Bergkuppen und Felsformationen, die der feuchte Wind schon gehörig „rundgeleckt" hat. Das sind die Schären der Lena - Klippen und Felsinseln, wie man sie auch an den Küsten Finnlands und Schwedens sieht. Zwischen diesen Klippen, Inseln und Inselchen lavieren sich die verschiedensten Wasserfahrzeuge hindurch. Jedem noch so kleinen vorbeikommenden Schiffchen winken die Passagiere der großen Kreuzfahrtschiffe mit fröhlichen Rufen zu.

Sollten Sie einmal ein Motorschiff auf der Lena sehen, an dessen Heck „Kapitän Bogatyrjow" steht, so denken Sie daran, daß es den Namen des ersten jakutischen Kapitäns in Rußland trägt - er war ein legendärer Mann, ein „Meerwolf" der Lena, und kannte den Fluß wie kein zweiter. Alle damaligen Lena-Forscher schätzten und befolgten seine Ratschläge.
Afanassi Bogatyrjow kam 1901 an Bord des Dampfschiffes „Lena" und bewarb sich als Matrose. Als er erklärte, er würde gern einmal Kapitän werden, löste dies große Heiterkeit aus: Dieser dunkelgesichtige Bengel in jakutischer Pelztracht, was für Rosinen hatte er im Kopf! Immerhin wurde er angeheuert. Zwanzig Jahre, alle Prügel und Demütigungen stoisch ertragend, übte er den schweren Matrosenberuf aus, ohne von seinem Ziel abzulassen. Schon

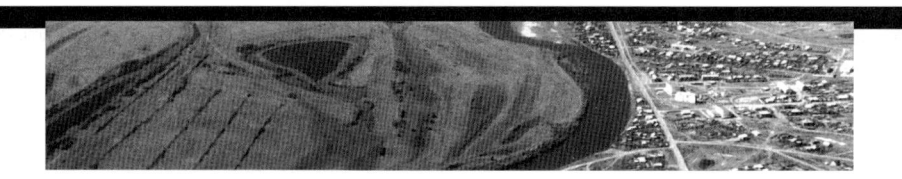

als Leichtmatrose wußte er mehr über die Lena als jeder andere an Bord. In den 30er Jahren wurde er schließlich zum Kapitän befördert. Er hat den Weg zum Olenjok eröffnet und fuhr als erster bis zur Mündung der Lena ins Eismeer. Heute herrscht auf der Lena reger Schiffsverkehr. Jakutien, das einst weltabgeschieden vor sich hin lebte, steht Gästen aus aller Welt offen.
Einmal fuhr ich die Lena mit dem Schleppdampfer „Jupiter" hinauf, den der berühmte jakutische Kapitän Michail Spiridonow steuerte. Ein Erlebnis! Der Dampfer, übrigens aus der Tschechoslowakei importiert, hatte mehrere Holzflöße im Schlepp, und ich bewunderte den Steuerbefehle gebenden Kapitän unendlich. 20 000 Kubikmeter Holz über 3 500 Kilometer an Sandbänken, Klippen und Inseln wohlbehalten vorbeizumanövrieren, das war kein Kinderspiel!
Er konnte sich rühmen, seit Beginn seiner Tätigkeit, also schon viele Jahre, noch keine Havarie verursacht zu haben, damit stellte er eine Ausnahme auf der Lena dar. In den 70er Jahren fuhr er den Tanker Wolgoneft-52, das größte Tankschiff, das die Lena bis dahin gesehen hatte.
Auch auf dem Tanker bin ich einmal eine Strecke mitgefahren. Ich wollte von Lensk nach Sangar, und Kapitän Spiridonow war so freundlich, mich ausnahmsweise, quasi als Anhalterin, mitzunehmen. Unterwegs herrschte furchtbarer Nebel - ganz plötzlich war er aufgekommen, und schwer lag er über dem Fluß. Wir fuhren und fuhren, die Fahrt schien kein Ende zu nehmen. So eine Nebelsuppe hat anscheinend ihre eigene Zeitrechnung. Ich ging an Deck, und mir war angst und bange. Mit weichen Knien wandte ich mich an den Kapitän. Der sagte seelenruhig: „Keine Sorge, wir bringen dich heil und gesund hin. Wer erwartet dich in Sangar? Der Bräutigam?"
Nein, mich erwartete kein Bräutigam, sondern ein ehemaliger Schüler, der nach Abschluß der Lensker Musikschule nach Sangar zurückgekehrt war, und seine Familie. Von dort hatte er mir geschrieben: „Kommen Sie uns besuchen, wir laden Sie ein. In unserer Nachbarschaft wohnt eine alte Jakutin, sie ist eine Kräuterkundige und vollbringt wahre Wunder. Ganz Sangar läßt sich von ihr behandeln. Weil Sie sich doch für alles Alte und Geheimnisvolle interessieren. Kommen Sie nach Sangar, sie ist eine hochinteressante Frau, wir machen Sie mit ihr bekannt."
Damit hatte er nicht zuviel versprochen. Die Alte stellte sich als hervorragende Kennerin der jakutischen Volksmedizin heraus. Von was für erstaunlichen, ja unfaßbaren Fällen konnte sie berichten!

Ein junger Jäger war von einem Schatunenbären angefallen und so schlimm zugerichtet worden, daß niemand glaubte, er würde überleben. Er lag schon im Sterben, als die kräuterkundige Alte zum Glück hinzugezogen wurde. Sie legte ihn in ihrem Tschum auf den Fußboden, flößte ihm ein starkes Schmerzmittel ein und bestrich die Wunden mit einer Salbe. Darauf verfiel er in ei-

In der Nähe der legendären Insel Agrafena kreuzt die Lena den Polarkreis

nen Zustand ähnlich der Leichenstarre. Während er regungs- und scheinbar atemlos dalag, häufelte sie seltsam riechende Kräuter um ihn herum und zündete sie an. Sie glimmten eine Woche lang. Dann schlug er plötzlich die Augen auf, blickte wie nach tiefem Schlaf um sich und bat um etwas zu essen. Nach zwei Monaten waren die Wunden verheilt, und er ging wieder zur Jagd. „Was ist das für ein Schmerzmittel, Großmutter? Wie bereiten Sie es zu?" fragte ich. „Möchtest du es probieren? Hier, nimm einen Schluck!" Die Alte lächelte und reichte mir eine hellgelbe Flüssigkeit in einem Glas. Ich trank, und ein eigenartiges Gefühl breitete sich in mir aus - eine Art Schwindel, als höbe ich vom Boden ab und flöge immer höher. Als sie das Geheimnis der Flüssigkeit lüftete, konnte ich mich lange nicht fassen. Ich hatte den Urin eines jungen Rentiers getrunken, das mit Fliegenpilzen gefüttert worden war. Baut sein Organismus das Gift ab, so sammelt es sich in seinem Urin, wodurch dieser eine stark betäubende Wirkung bekommt. „Und das Rentier stirbt daran nicht?" fragte ich. Sie winkte ab. „Ach wo. Einem Rentier macht das nicht viel aus, auch wenn es die Pilze nicht ganz freiwillig frißt; ein bißchen muß man schon nachhelfen. Aber es geschieht ja nicht alle Tage, daß solch ein Mittel gebraucht wird."
Wie ein Kleinod hüte ich das Heftchen, in dem ich damals Rezepturen der jakutischen Heilkunde notierte. Erfrierungen, wie sie im Hohen Norden häu-

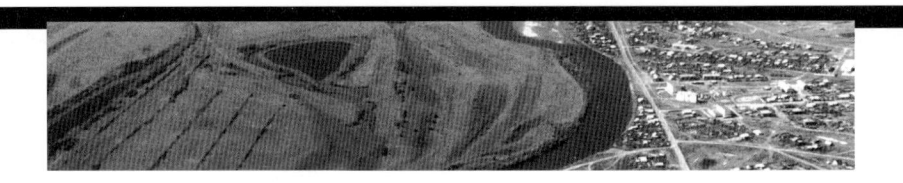

fig vorkommen, werden mit dem Gallensaft oder dem Fett eines Bären, nötigenfalls auch noch mit der Asche verbrannter Hundehaare eingerieben. Gegen rheumatische Beschwerden hilft eine heiße Kompresse aus nordsibirischem Moos. Gegen nicht zu heftige Schmerzen wird ein Sud aus Tundrabeeren, Preiselbeerblättern und Tannenzapfen verabreicht. Manche Krankheit legt sich, wenn man samt Schale gemahlene Zedernnüsse verzehrt.
Von Sangar kehrte ich nicht auf dem Fluß, sondern durch die Lüfte nach Hause zurück - mit einer Propellermaschine.

Mit solch einem Kleinflugzeug bin ich überhaupt des öfteren geflogen, und ich erinnere mich an ein ungewöhnliches Bild, das ich einmal, es muß im November gewesen sein, aus dem Fenster der tief fliegenden Maschine sah. Ich blickte auf ein sonderbares Waldgelände herab, das sich zwischen der Lena und den Höhenzügen erstreckte: zwergenhafte kahle Birken, überragt von riesigen, seltsamerweise ebenso kahlen Tannen, in deren schwarzem Geäst weiße Nebelschwaden hingen. Am Boden tauchten hier und da pummelige Knäuel jakutischer Pferde auf.
Als ich mich über die „kahlen Tannen" wunderte, erklärte mir meine Nachbarin, daß dies Lärchen seien, die ihre Nadeln wie üblich abgeworfen hätten. Auch sie, von Beruf Geographin, schaute gespannt nach unten. „Was für ein Paradies für Geographen!" meinte sie.
Ich blickte auf dieses Paradies mit eigenen Augen. Die einsamen Ufer, die schroffen Felsen, die öden Hochplateaus und abgrundtiefen Schluchten, der nackte Lärchenwald und die erstarrte Flußweite, all das war für mich ein Paradies, paradiesischer als jedes noch so liebliche Paradies.
Dann das Lena-Delta, auf das meine Nachbarin ebenso ungeduldig gewartet hatte wie ich. Es ist das größte Flußdelta der Erde und als solches im Guinness-Buch der Rekorde verzeichnet. Ich sah es damals zum erstenmal aus der Vogelperspektive. Zuvor hatte ich es schon dreimal vom Dampfer „Maschinist Kulibin" aus gesehen, der zwischen Jakutsk und Tiksi verkehrte. Gerade bei den Fahrten auf diesem Dampfer lernte ich jedesmal interessante Menschen kennen.
Einmal war es ein junges Mädchen aus der Tschukotka-Siedlung Enurmino. Wir kamen ins Gespräch, und ich stellte fest, daß sie ungemein viel über die Sprachen, Sitten und Bräuche auf Tschukotka wußte. Wir sprachen und sprachen. So erfuhr ich, daß die Tundrabewohner nichts von Kompaß und Kar-

te halten. Ein Kompaß weist im äußersten Norden ohnehin gravierende Abweichungen auf, und eine Karte kann leicht verloren gehen - und was dann? Wer sich in der Tundra nur mit Hilfe einer Karte bewegen kann und plötzlich ohne sie dasteht, ist dem sicheren Tod ausgeliefert. Später habe ich oft erlebt, wie vortrefflich sich die Bewohner des Hohen Nordens darauf verstehen, sich in der Tundra, auf dem Meer inmitten von Packeis oder in tiefer Polarnacht an der Sonne, den Sternen, den Strömungsverhältnissen oder der Anordnung von Lemminghöhlen zu orientieren.

Meine Gesprächspartnerin hieß mit Vornamen Garpani, das ist ein ewenkischer Name, und er bedeutet „Sonnenstrahl". Solch sinnträchtige Namen sind auf Tschukotka weit verbreitet und mir später noch des öfteren begegnet. Einmal lernte ich einen alten Ewenken kennen, dessen Vorname Äretkelerintän mir zum wiederholten Male bestätigte, welch besondere Art von Humor die Ewenken haben, denn er bedeutet „Einer, den der Teufel fallen- und liegenlassen hat".

Garpani stammte aus einer Ewenkenfamilie, die seit Generationen auf Tschukotka lebte und Schlittenhunde züchtete. „Wenn du wüßtest, was für einmalige Tiere das sind - klug, gewandt und kräftig, mit ganz blauen Augen!" schwärmte sie. Ihr Bruder und ihre Eltern besäßen jeweils ein ganzes Gespann. Mit so viel Liebe sprach sie über die Hunde, daß ich gleich das Verlangen hatte, alles mit eigenen Augen zu sehen. Dann verdüsterte sich ihr Gesicht, denn ihr war eine Geschichte zu den Hunden eingefallen, die sie noch immer schmerzte. Ein Hergereister, irgendwoher vom Süden gekommen, hatte fünf ihrer Hunde aus dem Gespann, das vor dem Haus angebunden war, gestohlen und getötet. Überführt wurde er anhand der Felle, die man auf seinem Dachboden fand - dort hatte er sie zum Gerben aufgespannt. Mützen wollte er daraus machen. Aber er kam mit einer lächerlichen Strafe davon - der Schutz von Schlittenhunden ist gesetzlich nach wie vor nicht geregelt.

In den Alaska-Katalogen werden die Schlittenhunde von Tschukotka unter dem Begriff „Sibirischer Husky" geführt. Zu Beginn des vorigen Jahrhunderts gab es sie noch in Mengen, und gern wurden sie von amerikanischen Unternehmern gekauft. Bei den großen Hunderennen von Alaska gewannen die sibirischen Schlittenführer regelmäßig erste Preise.

„Welche Strafe konnte man schon verlangen", Garpanis Stimme klang bitter, „wenn die Sowchosen einen Schlittenhund mit ganzen neun Rubeln veranschlagen. Von Wert ist er ja nur demjenigen, der ihn ernährt, ihn aufgezogen und erzogen hat."

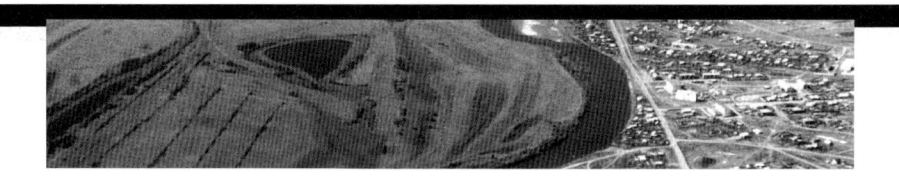

Beim Abschied in Tiksi tauschten wir die Adressen aus. Sie lud mich nach Enurmino ein, unbedingt würde sie mir schreiben.

Wenige Monate später, im Winter 1973, war ich tatsächlich bei ihrer Familie zu Gast. Dort nahm ich die Gelegenheit wahr, mit dem Hundeschlitten nach Netkan mitzufahren - Garpanis Bruder hatte mich dazu eingeladen. Garpani versuchte mich allerdings davon abzuhalten, aus gutem Grund, muß ich gestehen, doch darüber später. Ich tat alle ihre Bedenken ab: „Ach was, Garpani, es wird schon gut gehen. Auf eine solche Hundeschlittenfahrt habe ich mich so gefreut, bitte rede sie mir nicht aus, ich fahre mit!"
Garpanis Bruder hieß Wäämtschejwun - „Einer, der über den Fluß geht", der alte Vater hingegen Keutägin - „Einer, der bequem geht". Nicht nur die Bewohner von Tschukotka, sondern die meisten nordsibirischen Völker bevorzugen so bildhafte Vornamen, weil sie denken, ein Kind werde ein um so besseres Leben haben, je zutreffender die Bedeutung des Namens ist.
„Atj! Atj! Atj!" rief Wäämtschejwun. Die zehn Hunde, paarweise hintereinandergespannt, setzten sich in Bewegung, und im Nu glitt der Schlitten über den verkrusteten Schnee dahin. Enurmino liegt direkt an der Küste, inmitten von Hügeln und verwitterten Felsen. Seine Einwohner leben hauptsächlich vom Seehund- und Walroßfang. Rasch hatten wir die Siedlung hinter uns gelassen. Von allen Kommandos, die der Schlittenführer den Hunden gab, gefiel mir am besten „Kche! Kche! Kche!" - „Nach links, links, links!".
Aber das Wetter auf Tschukotka ist launisch. Gerade noch strahlte die Sonne am Himmel, auf einmal zogen Wolken und Nebel auf und stürzte die Temperatur ab. „Keine Angst!" rief mir Wäämtschejwun zu. „Bis der Schneesturm heran ist, sind wir im Warmen!" Er lebte mit seiner Familie in Netkan.
Sind Sie schon mal auf einem Hundeschlitten mitgefahren? Wenn nicht, stellen Sie es sich so vor: ein Holzschlitten ohne einen einzigen Nagel, seine Einzelteile sind fest mit Lederriemen verschnürt. Bei der Fahrt springt er wie ein Gummiball über alle Unebenheiten, schaukelt wie eine Wiege und legt sich zuweilen beängstigend schräg. Sie sitzen rittlings auf ihm, die Füße gegen die Kufen gestemmt, mit dem Rücken an den Schlittenführer gelehnt. Doch müssen Sie aufpassen, die Balance zu halten, sonst fallen Sie hinunter. Der „Kajur" hat es da bequemer. Er sitzt vorn und kann sich am Querbogen vor sich festhalten. Die Hunde dirigiert er mit einem spitz zulaufenden Stab. Will

Von der Aldan-Mündung nach Siktjach

er halten, steckt er den Stab durch ein Loch im Schlittenboden und stemmt sich mit seinem ganzen Gewicht dagegen.

Mit Zurufen lassen sich die Hunde nur im ruhigen Lauf lenken. Springt ein Hase (oder ein anderes Niederwild) vorbei, geschieht es nicht selten, daß sie ihm einfach nachsetzen. Dann gilt nur eines: sich mit der einen Hand weiter festhalten und mit der anderen den Hebel des Bremsklotzes hochreißen, dann den Lenkstab durch das Loch stoßen und ihn gegen den Untergrund stemmen. Ließe der „Kajur" den Querbogen los, würde er vom Schlitten fallen - die schönste Gelegenheit für die Hunde, mit dem Schlitten durchzu-

Hundeschlittenfahrten können so manche Überraschung bieten...

brennen, um den Hasen noch zu erhaschen. Und der „Kajur" wäre in der Verlegenheit, wie ein abgeworfener Reiter nach Hause laufen zu müssen, meistens viele Kilometer weit. Nach einigen Tagen würden auch die Hunde heimkehren, erschöpft und hungrig freilich, falls sie bei ihrem kecken Alleingang nicht umgekommen wären.

Doch unsere Fahrt ging wie geschmiert, dies auch im buchstäblichen Sinn. Von Zeit zu Zeit machte Wäämtschejwun halt und prüfte die Kufen. Sie sollten immer einen Eisfilm haben, erklärte er mir, da glitten sie besser und blieben vor Abrieb geschützt. Einige Male bei diesen Stopps holte er ein Fläschchen Wasser und ein Stück Rentierfell unter seinem Pelzhemd hervor und befeuchtete sie damit.

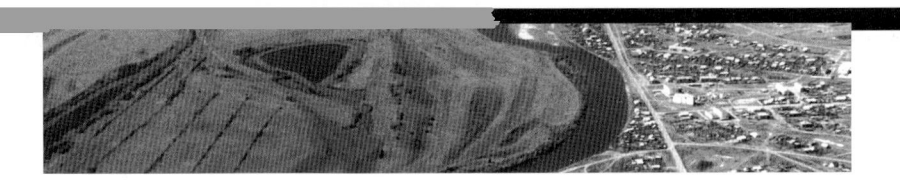

Wir kamen ruhig und zügig voran. Nur einmal gab es einen Stillstand. Uns kam von weitem ein anderes Hundegespann entgegen. Als Wäämtschejwun es sah, hielt er, rannte zu den Hunden vor, steckte eine der Vorderpfoten eines jeden in eine Riemenschlaufe und sprang wieder auf. Den Hunden mißfiel es sichtlich, auf drei Beinen weiterlaufen zu müssen. Natürlich fragte ich, was das zu bedeuten habe.

Schlittenhunde vertragen sich prächtig, so erfuhr ich, wenn sie im selben Gespann laufen, betrachten aber ihre Artgenossen in anderen Gespannen als Gegner. Passen die beiden „Kajury" nicht auf und treffen sie keine entsprechenden Vorkehrungen, können sich ihre Hunde dermaßen ineinander verbeißen und verknäueln, daß sie kaum wieder auseinanderzubringen sind. Um sie im Zaum zu halten, „amputiert" man ihnen vorübergehend ein Bein. Doch auch auf drei Beinen können sie noch ein erstaunliches Tempo vorlegen. In unserem Fall blieb den „Hundeparteien" nichts anderes übrig, als sich aus der Distanz anzufletschen und anzukläffen - die Schlittenführer hatten sie rechtzeitig außer Reichweite gelenkt.

Mit der Zeit ermüdeten die Hunde, ihr Lauf wurde langsamer. Auch mich überkam Müdigkeit. Gemütlich an Wäämtschejwun gelehnt, vom Schlitten gewiegt, machte ich ein Nickerchen.

Plötzlich gab es einen Ruck, und ich merkte im Erwachen, wie ich kopfüber in eine Schneewehe stürzte. Ich rappelte mich auf, klopfte den Schnee von den Kleidern, blickte mich um und rieb mir die Augen. Wo war das Gespann abgeblieben? Einsam und endlos lag der Weg... Doch war er mir eine Orientierungshilfe. Ich lief in Fahrtrichtung weiter nach Norden. Warum hat Wäämtschejwun nichts bemerkt, warum ist er nicht umgekehrt? fragte ich mich verwirrt. Ich lief einen Kilometer, zwei, inzwischen schweißgebadet unter meinem Pelzanzug. Da hörte ich fernes Hundegebell. Ich legte einen Schritt zu, und als ich um eine von Eisblöcken verstellte Biegung kam, sah ich die Hunde, den umgekippten Schlitten und meinen Schlittenführer.

Die Hunde lagen hechelnd im Schnee, und Wäämtschejwun stand vorgebeugt und klopfte sich Schnee aus dem Hemd. Was war geschehen? Etwas so Unverhofftes wie Übliches. Die Hunde hatten einen Hasen gewittert und waren losgestürmt. Kein Bremsklotz und kein Lenkstab konnten sie halten. Wäämtschejwun stürzte vom Schlitten, bekam dabei aber das untere Stück des Bogens zu fassen, hielt sich mit aller Kraft fest und wurde fast einen Kilometer weit mitgeschleift. Der Hase nahm Reißaus, schlug schließlich ei-

nen Haken und verschwand hinter einem Eiswall. Da gaben die Hunde die Hatz auf.
Mein „Kajur" schimpfte mit ihnen in seiner Sprache und blickte mich schuldbewußt an. Nach einigem Schweigen fragte er in bittendem Ton: „Rauchen wir eine Papirossa?"
Am späten Abend langten wir in Netkan an. Die Hunde hatten sich zuvor noch einmal richtig in die Sielen gelegt, sie kannten ihr Ziel und waren kaum noch zu bremsen: nach Hause, nach Hause, dort wartet das Futter! In der Tat, für jeden gab es ein Stück Seehundfleisch oder sogar einen ganzen Fisch. Bei längerer Fahrt wird der Tschukotka-Husky nur einmal am Tag gefüttert, notfalls sogar nur einmal in zwei Tagen.
Während wir durch die Siedlung fuhren, zählte ich die Hundegespanne vor den Häusern und kam auf insgesamt siebzehn. Schlitten verschiedener Art - Fracht-, Ausflugs- und Sportschlitten - waren auf den Dächern der vielen an die Häuser angebauten Schuppen abgestellt. Dieses kleine nördliche Nest scheint eine wahre Hochburg der Husky-Haltung zu sein, dachte ich.
Ich schlief bei der Familie von Wäämtschejwun. Nachts bekam ich Leibschmerzen und mußte mich übergeben. So hatte ich nichts Eiligeres zu tun, als am Morgen mit dem erstbesten Hubschrauber nach Lawrenti, dem Gebietszentrum, und von dort weiter nach Hause, meinem guten alten Lensk, zu fliegen. Denn ich hatte die Fahrt nach Tschukotka zu einem Zeitpunkt angetreten, als ich schon eine beträchtliche Weile schwanger war. Da es aber nach Berechnung des Arztes noch drei Monate bis zur Entbindung waren und ich mich pudelwohl fühlte, glaubte ich in meinem jugendlichen Leichtsinn, die Reise wagen zu können.
Nicht von ungefähr hatte mir Garpani zur Vorsicht geraten, als sie mich sah! Auf welch ein Risiko ich mich eingelassen hatte, begriff ich aber erst später. Meine Tochter wurde einen Monat zu früh geboren, Gott sei Dank - sie war ein kräftiges, gesundes Baby. Heute lebt sie als Malerin in Moskau, und einige meiner Bücher wurden von ihr bebildert.
Die Hundeschlitten-Geschichte geht übrigens noch ein kleines Stück weiter. Wissen Sie, wo ich später einen Nachkommen jener Huskies bewundern konnte, die ich im Vorbeifahren in Netkan gesehen hatte? In einem Aufnahmestudio von Mosfilm!
Kommt in irgendeinem Drehbuch ein „Wolf" vor, wird „Schneesturm" geordert, ein sibirischer Husky aus Netkan. „Schneesturm" ist ein echter Star, seine Brötchengeber halten ihn für das klügste Tier, das jemals vor einer Kamera stand. Er hat schon in einem Dutzend Filme mitgewirkt, darunter in

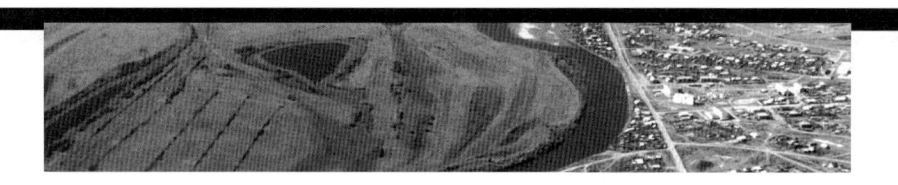

„Die Grenze. Ein Taigaroman", „Die Taiga" und „Dort, wo Wölfe sind". Bei Bedarf knurrt er und fletscht er die Zähne oder stürzt sich mit „wölfischem" Geheul auf einen Menschen oder verstummt und duckt sich. So hatten mich bei Mosfilm meine Erinnerungen wieder einmal eingeholt.

Ich wohne schon eine Ewigkeit nicht mehr in Lensk, doch ist noch keine Woche vergangen, daß ich nicht an Jakutien zurückgedacht habe.
Dieser Tage brachte mir eine jakutische Freundin aus alten Zeiten ein wunderbares Geschenk aus der Heimat mit - einen Dokumentarband mit dem Titel „Der Schamane: Leben und Unsterblichkeit", in dem die bekannte Chirurgin Alexandra Tschirkowa die Lebensgeschichte ihres Vaters, des Schamanen Konstantin Tschirkow, erzählt. Das Buch ist hochinteressant, und in Jakutien wurde es sofort zum Bestseller.

Im Winter ein wichtiges Transportmittel - der Rentierschlitten

Meine Freundin hatte Alexandra Tschirkowa nach Paris zu einer wissenschaftlichen Konferenz zur Kultur der Völker des Nordens begleitet und mich danach in Deutschland besucht.
Wir sahen uns alte Fotos an, unter ihnen waren manche, die die ganze Festlichkeit und Majestät unseres herrlichen Flusses einfingen. Dabei ging mir aber auch durch den Sinn, daß Freunde damals häufig darüber geklagt hatten, daß die Lena einem manchmal Gefühle einflöße, die „Melancholie" genannt werden könnten, wenn sie damit nicht nur unzureichend beschrieben wären - es ist Schwermut und Seelenpein bis zu körperlichem Schmerz. Ja, die Lena gibt uns solch schmerzhafte Sehnsucht, aber sie befreit uns auch immer wieder von ihr.

Von der Aldan-Mündung nach Siktjach

Aus dieser Erinnerung holte mich meine Freundin mit der Frage: „Erinnerst du dich noch an das Huhn?" „An was für ein Huhn?" „Na das unterm Schnee!" Ach richtig: Wir hatten uns im Haus der Kultur von Lensk getroffen und dort ein Konzert mit einem bekannten „Olonchossut" besucht. Nach der Vorstellung jagte ich ihr unversehens einen kleinen Schreck ein, als ob der der Jakutengesang der guten Tatjana auf den Geist geschlagen sei. Ich stürzte nämlich zur nächsten Schneewehe und begann darin wie ein Hund zu buddeln. Zu ihrer Erleichterung gab es dafür aber einen schlichteren Grund. Ich hatte auf dem Weg zum Konzert ein Huhn gekauft, mich jedoch geniert, es in den Saal mitzunehmen. So hatte ich es draußen im Schnee versteckt. Jetzt suchte und suchte ich, fand es aber nicht. Vielleicht liegt es heute noch dort.
So saßen wir Stunden zusammen und hingen unseren Erinnerungen nach. Und beim Abschied versprachen wir uns, im nächsten Jahr noch einmal gemeinsam auf dem Fluß von Jakutsk nach Lensk zu fahren - mit einem Schiff unserer Jugend in die Stadt unserer Jugend.

Es gibt eine alte Anekdote über Reisebuch-Autoren. Auf die Lena gemünzt, geht sie so: „Haben Sie das Buch über die Lena geschrieben?" „Ja." „Sind Sie mal dort gewesen?" „Selbstverständlich." „Davor oder danach?"
Lew Tolstoi verwendet in seinem Roman „Krieg und Frieden" oft die Wendung „Und zu damaligen Zeiten..." als Mittel der erzählerischen Assoziation. So möchte auch ich am liebsten fortwährend dazwischenrufen: „Und zu damaligen Zeiten...!" Denn während ich von meinen jakutischen Freunden erzähle, sind wir auf der Lena weitergefahren, haben den schwierigen Belogorsker Übergang genommen und uns dem Berg Sangar-Chaja und der Siedlung Sangar genähert.
Nach Sangar sind wir ab Jakutsk „zu damaligen Zeiten" manchmal mit dem schnellen kleinen Tragflügelboot vom Typ „Meteor" gefahren.
Sangar ist für seinen Steinkohleabbau bekannt. Unter einer Förderbrücke an seinem Pier liegt eine lange Schlange von Frachtkähnen, in die in einem ununterbrochenen schwarzen Strom Kohle hineinfließt. Diese wird in die Bucht von Tiksi gebracht und dort auf Hochseeschiffe verladen.
Unterhalb von Sangar nimmt die Lena den Wiljui, ihren letzten großen Nebenfluß, auf, der von den Jakuten besonders verehrt und „Segensreicher Wiljui" oder „Sohn der Lena" genannt wird.
Am Wiljui liegt der geographische Mittelpunkt Jakutiens, und irgendwann („zu damaligen Zeiten"!) bin ich mit Freunden ausgezogen, ihn zu suchen.

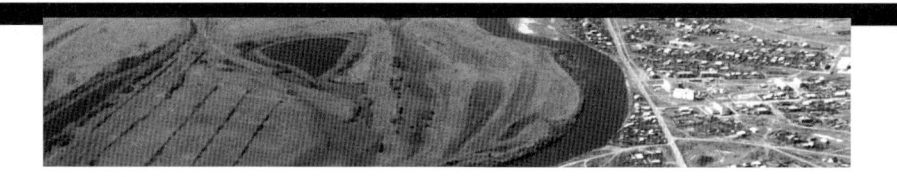

Wir erreichten ihn auf einem 1048 Meter hohen Berg in der Nähe des Flüßchens Njuäle.

Am Wiljui wurde ein mächtiges Wasserkraftwerk errichtet, und ein ebensolches sollte als „Projekt des Jahrhunderts" auf den Felsstufen der Werchojansker Höhen an der Lena gebaut werden. Zum Glück ist daraus nichts geworden, denn zweifellos hätte es unserem großen Fluß schweren ökologischen Schaden zugefügt.

Es gibt eine alte jakutische Legende, in der ein Verstorbener vor dem Allerhöchsten Geist Rechenschaft über sein Leben ablegt. Es ist durchaus von tieferer Bedeutung, wenn er beim Aufzählen seiner guten Taten die schöne Unterlassung nennt: „Ich habe keinem fließenden Wasser den Weg versperrt."

In der Enzyklopädie „Die Geographie Rußlands" von 1998 heißt es über die Natur dieses Landstriches unter anderem:

„Hier, auf den zum Werchojansker Höhenzug hinführenden Bergen, doch auch auf anderen, gedeiht eine besondere Zedernart. Sie ist mit der berühmten sibirischen Zeder, einem Nadelbaum des Nordens, eng verwandt und bringt wie diese wohlschmeckende und nahrhafte Nüsse hervor, auf die Eichhörnchen wie auch Bären, die Herren der Taiga, ganz begierig sind.

Sie wächst nicht senkrecht nach oben wie eine normale Zeder, sondern breitet sich flach über dem Boden aus wie ein Tischleindeckdich. Das ist ihre weise Kunst, sich vor dem eisigen Wind und dem Erfrieren zu schützen. Im Herbst legt sich der Schnee wie eine warme Decke über sie und drückt sie an den Boden. Unter dieser Hülle sinkt die Temperatur selbst bei stärkstem Frost nicht unter minus zehn bis fünfzehn Grad."

Ein Bär, durch irgendetwas gehindert, sich im Herbst eine Höhle zu bauen, kriecht unter diesen Zedernteppich und scharrt sich eine Grube („Olgui" genannt), in der er gut durch den Winter kommt. Aber es läßt sich denken, welch schreckliche Folgen es für denjenigen haben würde, der nichtsahnend über ihn hinwegstiefelte und ihn aus seinem süßen Schlaf weckte!

Auch andere Lebewesen des Hohen Nordens wissen die relative Wärme des Schnees zu nutzen, nicht zuletzt der Mensch. Jäger, die von einem Schneesturm überrascht werden oder sich verirrt haben, graben sich im Schnee ein. Auerhähne ebenso wie Hasel- und Birkhühner haben die Gewohnheit, sich am Abend, wenn der Frost strenger wird, unter den Schnee zu wühlen. Sobald die Sonne am Morgen etwas höher steht, stieben sie unter dem Schnee geräuschvoll hervor.

Von der Aldan-Mündung nach Siktjach

Am unteren Wiljui ist eines der sonderbarsten landschaftlichen Phänomene anzutreffen, das unser „Oloncho"-Land zu bieten hat - die „Tukulany". Das sind Sanddünen im Wald, die sich infolge des stetigen Nordwestwindes vorwärts bewegen, Wanderdünen also. Die Bäume und Sträucher werden mit Sand überhäuft und verdorren. Die „Tukulany" ersticken jeglichen Pflanzenwuchs. Vom Flugzeug aus sind sie leicht auszumachen: Aus dem grünen Taigameer blinkt plötzlich ein Stück Sandwüste! Man bedenke, Wüstensand im Hohen Norden, dicht am Polarkreis, auf Dauerfrostboden und bei grimmigster Kälte! Wenn Sie sich am 21. Juni und 21. Dezember in Höhe des Nördlichen Polarkreises aufhalten, werden Sie erleben, daß die Sonne am Tag der Sommersonnenwende nicht untergeht und am Tag der Wintersonnenwende nicht aufgeht. Je näher der Pol liegt, desto länger sind Polartag und Polarnacht. Das Leben hier ist nicht leicht. Wer den Hohen Norden aber liebengelernt hat, wird von ihm nicht wieder losgelassen. Ängstliche und Bequeme kann er nicht leiden, sie werden mit ihm nicht zurechtkommen und ihn möglichst rasch wieder verlassen. Wer aber freudig dableibt, den belohnt er mit einer Kraft, die alle Erschwernisse spielend zu meistern hilft.
In der Bucht von Tiksi an der Laptew-See bekommen die Menschen kaum hundert Tage im Jahr die Sonne zu sehen. Am Polarkreis ist ein Novembertag so kurz, daß er schon vorbei ist, bevor man ihn überhaupt wahrgenommen hat. Der Winter zieht sich über die längste Zeit des Jahres hin. Da sinken die Temperaturen auf minus fünfzig bis sechzig Grad Celsius. In Oimjakon wurden sogar schon etwas mehr als 71 Grad unter Null gemessen, hier liegt der kälteste Punkt der nördlichen Halbkugel.
Der Sommer in Jakutien dagegen ist heiß und trocken und kann im Juli plus dreißig bis 35 Grad erreichen. Die Niederschlagsmenge in Zentraljakutien entspricht der einer Halbwüste.
Doch blicken wir noch einmal in den Polarwinter zurück. Monatelang kein Sonnenlicht, und am Himmel herrschen nur der Mond und das Polarlicht. Aber was heißt „nur"! Das Polarlicht ist die atemberaubendste Sehenswürdigkeit an der Lena und schon für sich genommen eine Reise wert. Welch unvergleichliches Schauspiel: Lichterflammen am ganzen Himmel, in allen Farben und Formen, und manchmal geht sogar ein Knistern von ihnen aus! Der erste bewohnte Punkt hinter dem Nördlichen Polarkreis ist die Lena-Siedlung Schigansk. Sie wurde 1632 als Zollposten gegründet. Ihr Name kommt vom tungusischen Wort „Ädjigen" - „Flachländler".
Im Sommer ist es in Schigansk schön und sogar warm. In der Luft schweben silberne Spinngewebe. Die Hausrentiere ziehen zur Lena zum Trinken, beglei-

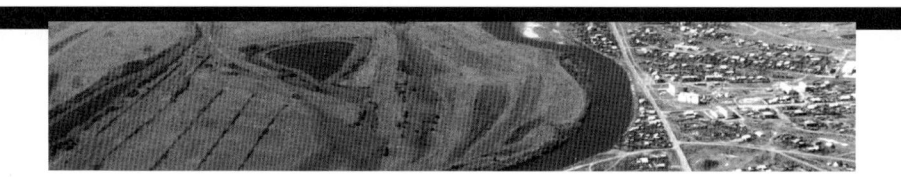

tet von ihren Kitzen, die das Samtmäulchen zärtlich an ihre Beine drücken. So geht es bis Anfang oder auch Mitte September - aber dann! Dieses „dann" läßt sich nur schwer beschreiben. Der Vorwinter in diesen Breiten ist tückisch. Der Tag ist klar und ruhig - und plötzlich, binnen Minuten, erhebt sich ein fürchterlicher Orkan, die Sonne verschwindet, und die Erde verwandelt sich in einen riesigen Schneekreisel. Ein Zustand, der Tage und Wochen anhalten kann. In einem Winter vor vielen Jahren fuhr ich einmal auf einem Lkw nach Schigansk mit, ich saß neben dem Fahrer. Von einer Sekunde zur anderen verwandelte sich die Tundra in einen Hexenkessel. Der Himmel wurde schwarz, der Wind heulte, und dichter Eisschnee peitschte gegen die Windschutzscheibe. Eine Viertelstunde später hatte sich alles wieder gelegt, als wäre ein Spuk verflogen.

Es herrschten fünfzig Grad Kälte. Der Fahrer klagte, er könne kaum noch das Lenkrad bewegen, weil das Schmieröl in der Lenkstange hart geworden sei. Dann begann der Wagen so fürchterlich zu holpern, daß wir mit dem Kopf ständig gegen das Metalldach stießen. Jedesmal scheppert es. Und was war der Grund? Das Gummi der Reifen war unter dem Wagengewicht durchgedrückt worden und in fast quadratischer Form steinhart gefroren. Ein Motorfahrzeug führt sich bei dieser Kälte überhaupt wunderlich auf: Wie sehr man auch Gas gibt, es wird keinen Deut schneller fahren. Und nimmt man das Gas weg, geht der Motor sofort aus.

So recht und schlecht nach Schigansk gelangt, machten wir in einer Gastwirtschaft Mittagsrast. Bei solcher Gelegenheit ist es im Hohen Norden angebracht, den Wagen mit laufendem Motor zu parken. So hielten wir es denn auch (schlimm, wieviel Sprit das im Winter frißt!). Als wir zurückkamen, trat der Fahrer gegen einen der Reifen, um den Luftdruck zu prüfen, da sprang ein Stück vom Radgummi ab und riß einen Teil des Schlauches heraus. Worauf man im Hohen Norden nicht alles gefaßt sein muß!

Besonders diese Episode ist mir in bezug auf Schigansk in Erinnerung geblieben. Doch es gibt noch eine andere bemerkenswerte. Schigansk gilt als Polarsiedlung, da der Polarkreis dicht unter dem Ort verläuft. Den Einwohnern dieser Siedlungen wurde der sogenannte Polarzuschlag zum Gehalt gezahlt, eine Erschwerniszulage gewissermaßen. Die Siedlungen Batynai und Bestjach liegen für sibirische Verhältnisse wenige Kilometer von Schigansk entfernt, doch noch unterhalb des Polarkreises, so daß ihre Einwohner keinen Polarzuschlag bekamen. Unter uns Lena-Anwohnern ging damals ein bissiger Scherz um: Unterhalb des Polarkreises ist es herrlich hell und warm, blüht das reinste Dolce vita, doch oberhalb, schon in Schigansk, ist das Leben schwer und hart und man erhält Erschwerniszulagen. Immerhin wurde das aber vor einigen Jahren geändert - dem gesunden Menschenverstand der Obrigkeit sei Dank! Die Gehälter in allen Lena-Siedlungen der Polarregion wurden einander angeglichen und gleichermaßen mit dem Zuschlag bedacht.

Eine jakutische Sommerbehausung bei Schigansk

Auf Schigansk folgen die Inseln Iossif (eine Wanderinsel, die im Laufe von 200 Jahren die Flußseite wechselte!), Chara-Syra und Synga und die Mündung des Siktjach.
An dieser Mündung wurde 1943 eine Ansiedlung aus uralten Zeiten entdeckt. Bei den Ausgrabungen stellten die Archäologen fest, daß ihre Bewohner bereits das Metallgießen beherrschten - sie schmolzen Rohmetall in feuerfesten Tontiegeln und gossen es in verschiedene, oft kunstvoll ziselierte Formen. Und dies bereits vor über tausend Jahren!
Von der Siedlung Siktjach führt unser Weg zu den Tschekurowka-Backen, wo die Lena den Höhenzug gleichsam durchschneidet. Hier erzeugt der flußauf wehende Wind einen solchen Wellengang, daß unser Motorschiff kräftig zu schaukeln beginnt. Mir machen solch kleine Fährnisse längst nichts mehr aus. Wären wir auf unseren Fahrten allen Unwägbarkeiten aus dem Weg gegangen, hätten wir nie etwas Neues in uns entdeckt. Und nie gelernt, auf die eigenen Kräfte zu bauen.

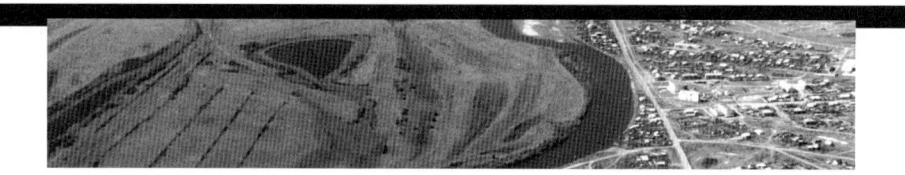

Und wieviel prächtige Freunde habe ich auf meinen Fahrten gefunden! Meist waren es „junge Menschen von gefährlich romantischem Aussehen". So drückte sich damals meine Mutter gern aus. Ich habe noch heute Briefe von ihr mit dem Postskriptum: „Nimm dich in acht und meide junge Menschen von gefährlich romantischem Aussehen!" Aber gerade sie, zumindest die allermeisten, sind am kameradschaftlichsten gewesen! Ihnen, die wie ich die Lena liebten, verdanke ich die Erfüllung vieler Wünsche, dank ihrer und mit ihnen habe ich die Lena-Quelle, die Insel Ratmanow mit den heiligen Steinen der Eskimos, das nordostjakutische Dorf Russkoje Ustje und vieles andere mehr mit eigenen Augen gesehen. Wie recht haben die Weisen des Altertums: „Glück ist das einzige, was sich verdoppelt, wenn man es teilt."

Und wieviele lustige und interessante Pläne haben wir gemeinsam geschmiedet! Zum Beispiel wollten wir ein Album zusammenstellen mit den witzigsten Denkmälern der Sowjetunion. Denn wo noch auf der Welt findet

Bereits in uralten Zeiten siedelten Menschen an der Mündung des Siktjach

man ein Denkmal für die saure Gurke (außer in Lugowizy), ein Denkmal für die Kartoffel (außer bei Nowgorod), eines für den Dackel (außer in Sankt-Petersburg) oder für „Ellotschka die Menschenfresserin", die Heldin eines satirischen Romans von Ilf und Petrow (außer in Charkiw).

Mit den besten derlei Denkmälern wartet jedoch Sibirien auf! In einer Straße von Krasnojarsk kann man einen sympathischen Kanalisationsarbeiter aus einem Gully kriechen sehen. Und in Perm gibt es die „Permer Salzohren". Das

Denkmal hat in der Mitte eine Öffnung, durch die man den Kopf stecken und sich mit „Salzohren" fotografieren lassen kann. „Salzohren" wurden die Permer früher wegen der Salzvorkommen in der Nähe ihrer Stadt genannt. In Nowosibirsk steht ein Denkmal für den Verkehrsmilizionär samt Ampel, und im Fußballstadion von Tomsk sitzt inmitten der Fans einer aus Stein (versteinert ob des Spielverlaufs, könnte man meinen). Während wir früher politischen Führern ein Denkmal setzten, neigen wir heute dazu, „Menschen aus dem Volk" mit einem Denkmal zu ehren. Seinem Ideenreichtum und Humor nach hat Sibirien darin allen den Rang abgelaufen.

Was mag aus ihnen geworden sein, jenen „jungen Menschen von gefährlich romantischem Aussehen", mit denen ich so viele Wandertouren auf und an der Lena gemacht habe? Der Name des einen findet sich in der Sowjetenzyklopädie, der eines zweiten im russischen „Wer ist wer", der dritte wurde Professor. Und von zwei weiteren ist zu sagen, daß der eine der Lena seine Dissertation und der andere ihr seine glückliche Ehe verdankt. Zunächst über ersteren.
Wissen Sie, was das Wort „Schuga" bedeutet? Im Herbst ist das Wasser der Lena milchweiß und eigenartig gerippelt sind und sieht gar nicht so recht nach Wasser aus. Dann führt es mächtige weiße Eisschollen an seiner Oberfläche, die von Millionen durchscheinender kleiner Eisschollen umgeben sind. Diese kleineren Eisschollen, in denen sich die großen verfangen haben, heißen – ebenso wie die Zeit, in der sie auftreten – „Schuga". Sie bilden sich nur auf Flüssen, die durch Permafrostgebiet fließen und geben Physikern, Hydrologen wie Kryologen bis heute Rätsel auf. Denn die „Schuga" ist ein Phänomen, das allen Naturgesetzen widerspricht.
Die weißen Eisschollen pflegen nämlich im Spätherbst vom Grund des Flusses aufzusteigen. Im Spätherbst und Winter liegt die Wassertemperatur am Grund bei vier Grad plus oder nur wenig darunter. Jedenfalls bei Temperaturen, die es nicht zulassen, daß sich Eis bildet. Woher kommen da die weißen Eisschollen?
Die einzige Erklärung dafür ist, daß es im Fluß in sehr kleinen Mengen anderes Wasser geben muß, mit physikalischen Eigenschaften, die es bei etwa vier Grad plus gefrieren lassen.
Einmal während einer „Schuga" ließ ich mich von meiner Neugier verlocken und kostete ein kleines Stück Eis, das von einer großen weißen Scholle abgeplatzt war. Nach einer Weile wurde mir schwindlig und übel, und ich mußte mich erbrechen. Kann es sein, daß das Wasser, aus dem dieses Eis ent-

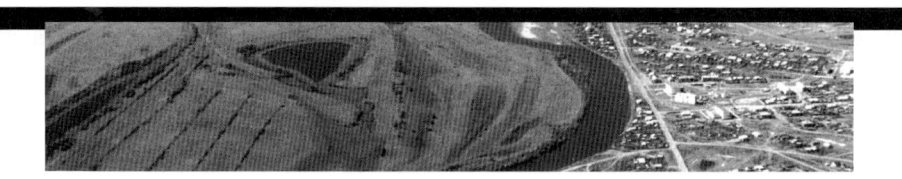

stand, schädlich ist? Dabei haben wir im Sommer das Wasser der Lena immer problemlos getrunken. So wie es war - wunderbar klar und sauber. Unser Freund, der damals angefangen hatte, sich wissenschaftlich mit diesem Phänomen zu beschäftigen, erklärte uns das so: „Im Herbst bilden sich kleine Eisschollen am Grund des Flusses, frieren aneinander und steigen auf. Am Grund hat das Wasser der Lena eine größere Dichte als normalerweise. Die großen weißen Eisschollen sind nichts anderes als gefrorene Ansammlungen des dichteren Wassers, die von noch dichterem Wasser nach oben verdrängt werden. Im Frühjahr schmelzen sie und werden ins Nördliche Eismeer gespült. Dort beginnt das Ganze von vorn. Das auf den Grund gesunkene dichtere Wasser friert bei rund vier Grad zu weißen Eisschollen. Diese wachsen, werden von dichterem Wasser verdrängt und steigen an die Oberfläche, wo sie wie die unendlich vielen normalen Eisschollen der Arktis aussehen."

Jetzt zu jenem Freund, dem die Liebe zur Lena eine liebevolle Frau bescherte. Er war schon 35 Jahre alt und lastete all seine Niederlagen an der Liebesfront seinem kleinen Wuchs an. Wir versuchten ihn damit zu trösten, daß auch Puschkin nur 1,61 Meter groß gewesen sei und Gogol mit seinen 1,60 Metern sogar noch kleiner. Vergeblich. Er stammte aus dem ukrainischen Städtchen Tysmeniza, das bekannt für seine herrlichen Nerze ist. Daß hier aber auch Sigmund Freud geboren ist, daran erinnert sich niemand. Einmal gab mir mein Freund einen Brief seiner Eltern von dort zu lesen, in dem seine Mutter vorwurfsvoll fragte, warum er noch immer keine Frau gefunden habe.

Unser Freund hatte aber eine Leidenschaft, über der er seinen ganzen Kummer vergaß: bei jeder Gelegenheit fotografierte er die Lena - am Tag und in der Nacht, bei Hochwasser, im Schneesturm oder Winternebel. Wundervolle Aufnahmen! Und oft sprach er davon, daß er sie gern in einem Fotoband herausgeben würde, leider fehle ihm „das nötige Kleingeld".

Eines Tages war es wieder einmal soweit, daß er seine Sammlung neuester Fotos Bekannten präsentierte. Unter ihnen war eine junge Frau, die er kaum kannte. Und was geschah? Sie bot ihm an, ihr Auto aus dem Nachlaß ihres Vaters zu verkaufen und aus dem Erlös den Fotoband zu finanzieren. Er war so überwältigt, daß er ihr sofort Herz und Hand antrug.

So hat unser Lena-Patriot doch noch die Frau seines Lebens gefunden. Die beiden sind von einer seltenen Gesinnungseintracht. Sie meinen, daß der Mittelpunkt der Welt die Lena sei. Und daß es nichts Schöneres auf Erden gebe als diesen Fluß. Wer wollte das bestreiten!

Von Siktjach nach Tiksi

Die Siedlungen Bulun, Kjusjur und Tschekurowka - die Inseln Tit-Ary und Stolb - das Lena-Delta - das Bykow-Kap - die Stadt Tiksi

Dort, wo die Lena den Werchojansker Höhenzug durchschneidet, bilden ihre Ufer eine Passage, die Tschekurowka-Backen heißt - ein Landschaftsausschnitt, der wie ein Bildwerk anmutet, gestaltet in den besten Traditionen der nordländischen Romantik: senkrechte, wie aufgebäumte Felsen, Granit, Moos und überhängende Gesteinsbrocken, darunter das saftige Grün der Täler und der Fluß.
Vor uns liegen die Siedlungen Bulun und Kjusjur. Bulun wurde einst von ehemaligen Schiganskern gegründet, die 1805 aus ihrem von einer Pockenepidemie heimgesuchten Dorf geflohen waren. Dank seiner günstigen Lage ist es rasch gewachsen und sogar ein Handelszentrum geworden, das Kaufleute aus ganz Sibirien anzog.
Bulun haben wir einmal besucht, um auf seinem alten Friedhof zu fotografieren; wir hatten gehört, daß es dort einige besondere Gräber gibt.
Auf dem Granitmal eines dieser Gräber entzifferten wir den Namen Jakow Sannikow. Jakow Sannikow (1844 bis 1908) war Sibirienforscher und ein gleichnamiger Nachkomme jenes legendären Kaufmannes und Forschungsreisenden, der 1811 eine als Sannikowland bezeichnete eisfreie Inselgruppe im Nördlichen Meer entdeckt haben wollte. Auch liegen hier zahlreiche namenlose Forschungsreisende begraben, die ausgezogen waren, um nach dem geheimnisvollen Sannikowland zu suchen und unterwegs umgekommen sind. Von ihnen konnten wir nur das Grab des Heizers Nossow identifizieren, der an der riskanten Schiffsexpedition des Arktisforschers Eduard Toll teilgenommen hatte.
Im Lena-Delta, da, wo der amerikanische Seefahrer George Washington De Long mit einem Teil seiner Mannschaft im Herbst 1891 umkam, erhebt sich heute ein Kreuz. Die Expedition hatte den Versuch unternommen, den Nordpol über die Beringstraße zu erreichen, ein Wagnis, das sich in einen Alptraum verwandelte und mit einer Katastrophe endete. Im September 1879 fror das Schiff in der Nähe der Herald-Insel ein und wurde nach Nordwesten abgetrieben, und im Juni 1881 wurde es etwa 800 Kilometer vor der Lena-Mündung vom Eis erdrückt und sank. Mit drei Booten schlugen sich die Schiffbrüchigen durch das Treibeis zur jakutischen Küste durch; ein Boot verschwand spurlos, die beiden anderen erreichten im September die Lena-

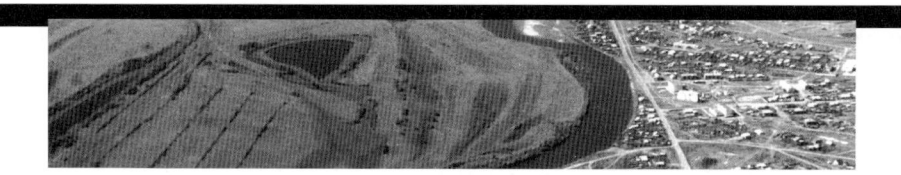

Mündung. Die Männer wanderten in zwei Gruppen landein in der Hoffnung, auf menschliche Behausungen zu stoßen. Die Gruppe von Kapitän De Long fand dabei den Hungertod, bis auf zwei Matrosen, die vorausgeschickt worden waren. Die Leichen der Männer wurden im März 1882 gefunden und geborgen. Die andere Gruppe konnte sich retten; sie gelangte mit letzter Kraft zu einer jakutischen Siedlung.

Das Kreuz trägt die Inschrift: „Zum Gedenken an zwölf Offiziere und Matrosen des amerikanischen Schiffes ‚Jeannette', die im Oktober 1881 im Lena-Delta den Hungertod starben." Ich selbst habe es nur einmal in natura gesehen, jedoch nur aus einiger Entfernung, nämlich aus dem Fenster eines Hubschraubers heraus. Dies trug sich so zu.

Mein Mann, der in Jakutien geboren wurde und dort den Großteil seines Lebens verbracht hat, war passionierter Jäger und mit vielen Hubschrauberpiloten befreundet. Schon seit langem wollten wir uns dieses Gedenkkreuz einmal ansehen, und so baten wir den Piloten Sergej Sikejew aus Tiksi, uns zu der Stelle im Delta zu fliegen.

Wir wußten vom Hörensagen, daß in der Nähe des Kreuzes ein kleiner freier Platz war, auf dem ein Hubschrauber landen konnte. Doch als wir uns dem Ziel näherten, hatte sich die Sicht so verschlechtert und war es so stürmisch geworden, daß sich unser Freund auf eine Landung nicht einlassen mochte. So kreisten wir nur ein paarmal über dem Kreuz und drehten ab.

Plötzlich sah ich wilde Rentiere am Boden, eine ganze Herde, sie bewegten sich nordwärts, und ich erfuhr vom Piloten, daß hier jedes Frühjahr solche Wanderherden zu sichten seien; sie zögen von der Waldtundra zwischen Lena und Olenjok zum Delta hinauf, um dort den Sommer über zu weiden. Oft breit über die Tundra verstreut, wandern sie nach Norden und kommen dabei immer wieder mit Hausrentieren in Berührung.

Für die Rentierzüchter ist das eine Zeit voller Plage, denn die wilden Rentiere ergreifen jede Gelegenheit, ihre domestizierten Artgenossen zu sich zu locken. Beide aber, die wilden wie die domestizierten, macht sich mit Vorliebe der Polarwolf zur Beute. Rentiere sind seine Hauptnahrung. Laut Statistik wurden allein von 1972 bis 1976 40 000 Rentiere von Wölfen gerissen (und, nebenbei gesagt, tausend Pferde).

Tatsächlich entdeckte auch ich beim Herabspähen aus dem Hubschrauber einen Wolf. Da wendete der Pilot, damit wir den grauen Räuber noch einmal genauer betrachten konnten - es war ein kräftiges Tier in den besten

Jahren. Es hatte sich schon an die Herde herangepirscht, zum Angriff geduckt.
Der Pilot erzählte, die Züchter seien über die starke Vermehrung der Wölfe ganz verzweifelt. Einmal habe ihn der Chef einer Rentiersowchose geradezu angefleht, zwei Jäger über die Tundra mitzunehmen, damit sie von Bord

Wilde wie domestizierte Rentiere sind häufig die Beute von Wölfen

aus Wölfe abschössen, möglichst ein Dutzend. Er tat es, aber es brachte nicht viel.
„Der Zeitpunkt war verkehrt", erklärte er. „Im Frühjahr sind die Weibchen trächtig und bleiben in ihren Höhlen, und die einsamen, auf die Aufzucht des Nachwuchses eingestimmten Männchen legen besonders viel Vorsicht an den Tag. Sowie sie einen Motor brummen hören, verschwinden sie von der Bildfläche. Nur ein einziger Wolf wurde geschossen."
Sie landeten und holten den Wolf, der reglos am Boden lag, in die Hubschrauberkabine. Bald bemerkten sie aber, daß er noch lebte. Plötzlich richtete er sich sogar auf und gab ein gefährliches Knurren von sich. Sie er-

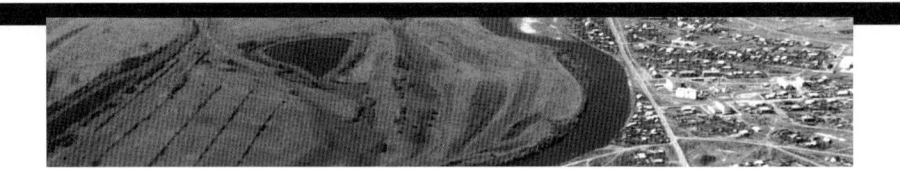

schraken - was, wenn er angreift? In einem Hubschrauber darf man nicht schießen, weil der Benzintank zu nahe ist. Da fiel dem einen Jäger ein, daß er sein Jagdmesser bei sich hatte...
Als ich die Geschichte damals hörte, tat mir der Wolf furchtbar leid, muß ich gestehen. Doch wenn man es recht bedenkt - was war den Männern anderes übriggeblieben? Auch um die Rentiere, die in solchen Mengen gerissen werden, tut es einem ja leid.
Ich erinnere mich aber an noch eine Wolfsgeschichte, die ganz anders, nämlich gut und freundlich, ja geradezu rührend ist.
In Bulun wohnte der Jäger Wolodja Danilow; wir waren mit ihm befreundet und trafen uns gern mit ihm, weil er immer so interessante Jagdgeschichten erzählte. Zu seiner Arbeit gehörte es, den Moskauer und andere Zoos mit Tieren zu beliefern. Er fing die Tiere und brachte sie selbst an ihren Bestimmungsort - erst eine Strecke mit dem Schiff, dann weiter per Eisenbahn. Dabei hat er manche verblüffende Beobachtung gemacht.
Seine Favoriten waren die Polarwölfe. Von ihrer Gewandtheit, Kraft und Ausdauer, der Grazie ihrer Bewegungen, ihrer Vorsicht und zugleich Unerschrockenheit konnte er nicht genug schwärmen. Die Weibchen sind auffallend gute Mütter; sie zögern keine Sekunde, ihr Leben für ihre Jungen einzusetzen. Die Männchen wiederum können mit ihrer Stimme zig Gefühlsnuancen ausdrücken - von Sehnsucht und Trauer über Groll und Wut bis hin zum Triumph.
Einmal hatte Wolodja drei weiße Wölfe zu befördern, stattliche, prächtige Tiere - zu Recht wird der Wolf der Polarregion „Herrscher" genannt.
Zunächst ging es die Lena hinauf. Jeder der drei Wölfe saß in einem Käfig für sich. Die Fütterungszeit kam. Wolodja hatte sich mit Fleisch eingedeckt, doch diesmal wollte er seine Schützlinge verwöhnen und setzte in jeden Käfig ein junges Kaninchen - Raubtiere lieben lebendige Kost. Zwei Wölfe hatten die Gabe im Nu getötet und verschlungen.
Im dritten Käfig aber spielte sich etwas Rätselhaftes ab. Der Wolf war nämlich kein Wolf, sondern eine junge Wölfin, und diese beschnupperte das Kaninchen, wandte sich ab und legte sich wieder in ihren Winkel. Als sich das Kaninchen von seinem Schock erholt hatte, begann es den Käfig zu untersuchen. Tage vergingen, ohne daß die Wölfin das Kaninchen beachtet hätte. Es hoppelte sorglos vor ihrer Schnauze herum, ja nahm sich sogar Frechheiten heraus. Als Wolodja aus einer langstieligen Kanne frisches Wasser in

den Trog goß, flitzte es heran und trank zuerst. Die Wölfin wartete, bis sie an der Reihe war, bleckte allerdings die Zähne und knurrte leise. Doch auch das konnte dem Kaninchen die Laune nicht verderben - knurre nur, meine Gute, wirst schon wieder aufhören!

Der Fleischvorrat ging zur Neige, und Wolodja entschloß sich, das „verschmähte" Kaninchen aus dem Käfig herauszuholen und den anderen Wölfen zukommen zu lassen. Es wäre doch schade um den Leckerbissen! Ohnehin sah der eine schon ganz verhärmt aus und heulte allen die Ohren voll. Wolodja schob eine Eisenstange mit Greifer zwischen den Gitterstäben hindurch und angelte damit nach dem Kaninchen. Aber nichts da! Die Wölfin fuhr dazwischen, schlug ihm die Stange aus der Hand und biß wild auf sie ein. Das Kaninchen flüchtete hinter ihren breiten Rücken, als hätte es die Lage erfaßt. Wolodja gab sich geschlagen.

Ja, das gibt es: ein Kaninchen findet Schutz bei einem blutrünstigen Raubtier!

Der Dampfer zog unterdessen weiter seine Bahn. Die sommerliche Mittagssonne knallte aufs Deck, die Wölfin saß hechelnd mit geöffnetem Rachen, und vor ihren Reißzähnen tummelte sich vergnügt das Kaninchen. Einmal kletterte es ihr sogar auf den Rücken. Sie bewegte nur träge den mächtigen Rumpf, so als streckte sie sich nach dem Schlaf, und es purzelte an ihrer Flanke wieder herunter.

Schließlich erreichten sie den Hafen Ossetrowo. Dort wurden die Käfige in einen Güterzug nach Moskau umgeladen. Erst hier entdeckte Wolodja, daß das Kaninchen nicht mehr lebte. Es lag, ein lebloses graues Bündel, am seitlichen Käfigrand. Wie war es zu Tode gekommen? Eines stand für Wolodja fest - keinesfalls durch die Wölfin. Als er den kleinen Kadaver aus dem Käfig ziehen wollte, knurrte sie drohend, so ließ er ihn liegen.

Im Zoo erklärte ihm ein Pfleger später, so verhielten sich Wölfinnen nicht selten, das liege an ihrem ausgeprägter Mutterinstinkt.

Doch zurück zu unserer Lena-Reise. Nach Bulun kommen wir an der Siedlung Kjusjur vorbei.

Hier habe ich die Lena einmal im Frühling erlebt - ein unvergeßliches Schauspiel! Ganze Berge von Eisschollen, anzusehen wie phantastische weiße Ungetüme, zogen dröhnend an mir vorbei. Diese Berge bilden sich, wenn sich das Treibeis staut und übereinander auftürmt. Wenn das Wasser nicht steigt und den Stau nicht sprengt, bildet sich in wenigen Tagen ein mächtiges gebirgiges Eisfeld, das sich langsam vorwärtsschiebt und alles auf seinem We-

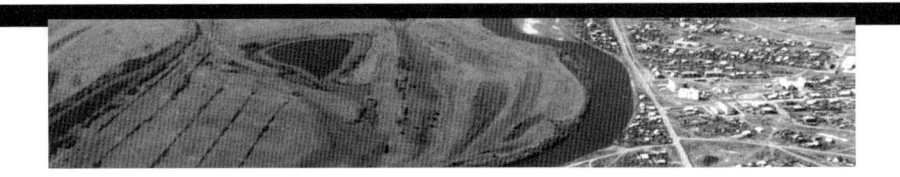

ge erfaßt und sich einverleibt. Es kann mehrere Kilometer lang werden. Manchmal schiebt es solche Wassermassen vor sich her, daß der Flußpegel im Vergleich zum Winter bis zu 27 Metern steigt.
Kjusjur habe ich deshalb immer als etwas Besonderes empfunden, weil sich seine Einwohnerschaft aus Menschen fast aller Völkerschaften Jakutiens zusammensetzt, es ist gleichsam das multinationale Jakutien en miniature. Dort nahmen wir stets bei einer Familie Quartier, die uns dafür ein Beispiel war.

In der Siedlung Kjusjur

Der Mann war Jakute und die Frau Jukagirin. Sie hatte einen Vornamen, der aus dem Jukagirischen übersetzt „Blaue Taube" bedeutet und sich für uns ungemein romantisch anhörte: Jarchadana. Von ihr haben wir auch eine ganze Reihe jukagirischer Ausdrücke gelernt.
Zum Beispiel die Begrüßung. Traten wir ins Haus ein, begrüßten wir Jarchadana mit: „Chodo modojok?", was wörtlich übersetzt „Wie hörst du?", in diesem Fall aber „Wie lebst du?" bedeutet. Sie antwortete mit „Omosch modojoch!" - „Ich lebe gut!" Und ihre Kinder riefen von allen Seiten „Modom! Modom! Modom!" - „Wir leben! Wir leben! Wir leben!" Alle ihre eigenen

Verwandten wohnten im Dorf Nelemnoje an der Jassatschnaja, einem Nebenfluß der Kolyma.
Es gibt nur noch wenige Jukagiren in Rußland und wohl überhaupt auf der Welt. Die Sowjetenzyklopädie von 1989 beziffert sie auf „etwas über 800 Personen". Im Jahre 1994 lebten in Jakutien 697 Jukagiren, rußlandweit waren es 1112.
Die Jukagiren gehen seit alters her der Jagd und dem Fischfang nach. Sie besitzen einen reichen Folkloreschatz - Märchen, Legenden, Lieder und Tänze. Besonders die Tänze und Gesänge sind von interessanter Eigenart. Sie

selbst nennen sich nicht Jukagiren, sondern „Odul" - „die vom Himmel Gefallenen".
Jarchadana erzählte uns eine lustige und aufschlußreiche Episode aus ihrem Heimatdorf Nelemnoje.
Ihre Großmutter war erkrankt, und der Großvater holte einen russischen Arzt. Dieser kam, stellte einen kleinen transportablen Spirituskocher auf und schickte sich, nachdem er sich die Hände gewaschen hatte, an, seine Instrumente zu sterilisieren. Der Großvater fragte aufgeregt, was der russische Arzt vorhabe. „Ich muß ein Geschwür aufschneiden", war die Antwort. Der Großvater rief entrüstet: „Sie haben nicht mal die Haut ihres Ohres untersucht, nicht

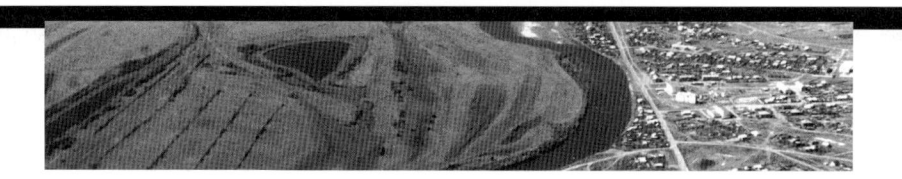

nach der Färbung ihrer Venen gesehen, nicht den Klang ihrer Stimme beurteilt! Wie können Sie Menschen behandeln, wenn Sie die elementarsten Dinge nicht wissen?" Der arme Doktor wurde mit Schimpf und Schande davongejagt, und statt seiner nahm sich ein Schamane der Erkrankten an. Er verabreichte ihr einen Sud aus Zedernnüssen und Bärenknochen, und im Nu kam sie wieder auf die Beine.

Viele Jahre war in Kjusjur ein junger Ewene als Tierarzt tätig. Die Ewenen Jakutiens sind fast alle Jäger und Rentierzüchter. Ihre Zahl ist deutlich größer als die der Jukagiren. 1994 zählte man 8 668 Ewenen in der Republik Sacha und 17 055 insgesamt in Rußland.

Einmal habe ich den Versuch unternommen, auf einem Rentier eines ewenischen Rentiersowchos zu reiten. Der Rentiersattel der Ewenen besteht aus zwei mit einem Bogen verbundenen kleinen Polsterrollen, die an die Schulterblätter des Rentiers geschnallt werden. Ich rutschte in ihm hin und her, daß mir der Schweiß ausbrach, glitt bald nach rechts, bald nach links, da half auch der dünne Stab nichts, mit dem man sich am Boden abstützen konnte. Als ich das zehnte Mal unfreiwillig „abgestiegen" war, beschloß ich, meine Balanceübungen in ewenischen Sätteln auf unbestimmte Zeit zu verschieben.

Im Kulturhaus von Kjusjur arbeitete eine gebürtige Ewenkin als Krankengymnastin. Die Ewenken hießen früher Tungusen. Zu ihnen zählen sich insgesamt 29 901 Personen. Im Ewenkischen Autonomen Bezirk (Gebiet Krasnojarsk) leben nur 3 480 von ihnen, in Jakutien hingegen 14 428. Ewenken gibt es zudem im Gebiet Krasnojarsk außerhalb des Autonomen Bezirks und im Gebiet Chabarowsk. Es gibt kaum einen ewenkischen Mann, der nicht passionierter Jäger wäre, auch wenn er die Jägerei nicht beruflich ausüben sollte. Tracht und Fußbekleidung der Ewenkinnen zählen zu den unbestreitbar schönsten der nördlichen Völker. Obwohl für das Ewenkische erst 1928 ein Alphabet geschaffen wurde, besitzen heute viele Ewenken eine höhere Bildung. Als wichtiges Moment ihrer Geschichte sei noch hervorgehoben, daß sie einen unschätzbaren Beitrag zur Erschließung Jakutiens leisteten. Von der Lena erzählte den sibirischen Kosaken zum erstenmal der ewenkische Fürst Iltik.

Die Nationalitätsbezeichnung Jakute wurde aller Wahrscheinlichkeit nach von den Ewenken geprägt. Die Jakuten selbst nennen sich von jeher Sacha, die Ewenken hingegen nannten sie Jako. Letzteres haben die Russen offenbar übernommen und in Jakuten abgewandelt.

Die Ewenken spielten in der Geschichte Jakutiens eine bedeutende Rolle. Denn wie G. Fainstein, Geologe und Leninpreisträger, in seinen Erinnerungen berichtet, wurden die ersten Karten mit den Diamantvorkommen Sibiriens von Ewenken erstellt. 1948 fuhren Fainstein und sein Suchtrupp den Wiljui hinab. Sie kenterten mit ihren Flößen auf der Stromschnelle Krest. Der ewenkische Schlittenführer W. Sytschegir und sein Sohn eilten ihnen zu Hilfe und brachten sie ins Dorf Tuoi-Chaja. Überhaupt gehörten allen geologischen Trupps, die sich auf Diamantsuche begaben, ewenkische Wegführer an.

In der Kindheit las ich, wie alle meiner Generation, die Bücher von Grigori Fedossejew, dem „russischen Karl May", mit wahrer Leidenschaft. Sie hießen „Auf mich wartet der Tod", „Der böse Geist von Jambui", „Auf dem Pfad der

Der Abbau der reichen Rohstoffvorkommen, wie der Diamantabbau bei Mirny, reißt tiefe Wunden in die Landschaft Sibiriens

Prüfungen" und „In den Fängen des Dschugdyr" und beruhten im Unterschied zu denen von Karl May auf realen Erlebnissen des Autors. Die Helden der Bücher unternehmen in Begleitung eines Ewenken abenteuerliche, gefahrvolle Reisen durch Nordsibirien. Den weisen ewenkischen Wegführer Ulukitkan hat es tatsächlich gegeben. Verbürgt ist, daß Ulukitkan Fedossejews Buch „Auf dem Pfad der Prüfungen" sein Leben lang aufbewahrte - denn es enthielt die Widmung: „Meinem unvergeßlichen Wegführer Ulukitkan (Semjon Trifonow), der sechs Jahre schwerer, erlebnisreicher Expeditionen mit mir teilte. Einem wunderbaren Menschen, einstigen Nomaden und unvergleichlichem Freund, dem Helden meiner Bücher, der heute nicht nur in der UdSSR, sondern auch im Ausland bekannt ist. Deine Gestalt, Ulukitkan, wird auf immer an meiner Seite sein. Kein anderer Mensch hat mir so nahe gestanden wie du." Auf das Grab Ulukitkans ließ der Schriftsteller einen Gedenkstein setzen, auf dem die Worte zu lesen sind: „Er hatte Zugang zu den Geheimnissen der Natur. Er war ein großer Fährtenleser, Ratgeber und Freund."

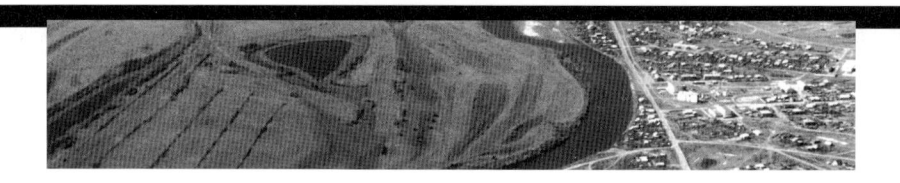

Ulukitkan ist auch ein Held meiner Kindheit gewesen. Genau wie Dersu Usala aus dem gleichnamigen Buch von Wladimir Arsenjew. Den Film „Dersu Usala", eine japanisch-sowjetische Koproduktion, bei der der Japaner Akira Kurosawa Regie führte, habe ich mir achtzehnmal angeschaut! Seine Prämierung mit dem Oscar als bester ausländischer Film empfinde ich als schöne Bestätigung meiner einstigen kindlichen Faszination.

Die heutige Jugend Nordsibiriens hat andere Buchhelden, die aber den unseren durchaus ähnlich sind, wie ihre Vorliebe für den tschuktschischen Schriftsteller Juri Rytchëu beweist.

Die Tschuktschen gehören zu jenen nationalen Minderheiten Sibiriens, die sowohl in Jakutien als auch auf Tschukotka beheimatet sind. Tschukotka, die Heimat Rytchëus, stand auf der Liste meiner „Bildungswünsche" (im Sinne des Goethe-Wortes „Reisen bildet") stets an oberster Stelle. Mein Aufenthalt in Enurmino und Netkan 1973 hatte ja leider ein überhastetes Ende genommen. Im April 1988 bot sich mir erneut die Gelegenheit, nach Enurmino zu reisen. Ich nahm sie wahr und lernte diesmal noch eine andere Facette der Halbinsel kennen.

Hinter Enurmino liegt eine auf mehrere Häuschen verteilte Polarstation, und diese besuchte ich. Ihr Leiter führte mich stolz durch sein kleines Reich und erzählte mir verschiedenes über die Fauna der Umgebung, zum Beispiel, daß sich im Sommer oft Grauwale in Ufernähe und Unmengen von Schwalben an den Küstenfelsen sammelten und daß sich hinter dem Strand ein Robbenliegeplatz und eine große Vogelkolonie befänden. Hier führten überdies mehrere Wanderwege von Braun- und Eisbären vorbei und gäbe es starke Populationen von Vielfraßen und Polarfüchsen, von Wildgänsen und Wildenten, und natürlich vielen hochwertigen Fischarten.

Enurmino gehört zu jenen selten gewordenen Erdenwinkeln, die von ihrer naturgegebenen Lebendigkeit nicht das mindeste eingebüßt haben. Damals dachte ich, könnte ich entscheiden, wo ich leben wollte, dann sollte es am Ufer der Lena oder in Enurmino auf Tschukotka sein.

Die Eskimos als Völkerschaft des Hohen Nordens habe ich bisher nur am Rande erwähnt, daher nun einiges auch über sie.
Auf dem Schreibtisch vor mir steht eine kleine Figur aus Mammutknochen. Wenn ich sie länger betrachte, fühle ich mich oft unversehens in die Welt der Eskimos versetzt. Sie wurde nämlich von einem Eskimo geschnitzt. Ich hatte sie einst von der Insel Ratmanow mitgebracht.
In welcher Ecke meines Zimmers sie auch stand, überall zog sie meine Blicke auf sich. Mit der Zeit bekam ich immer deutlicher das seltsame Gefühl, daß es mir widerstrebt, ihr den Rücken zuzukehren, und es besser wäre, sie im Blickfeld zu haben. So plazierte ich sie auf meinen Schreibtisch.
Die Figur stellt einen Schamanen dar, der die Schellentrommel hoch erhoben hält, wie im Begriff, sie kraftvoll zu schlagen. Immer wenn mir beim Schreiben der Mut sinkt und ich, deprimiert von der Unrealisierbarkeit meiner Vorstellungen, schon fast aufgeben will, schlägt der kleine Eskimo-Schamane lautlos die Trommel und bringt meine Gedanken und Erinnerungen wieder in Gang, so daß ich weiterschreiben kann.

Die Figur eines Schamanen, von einem Eskimo aus Mammutknochen geschnitzt

Aus Enzyklopädien und Reiseberichten ist zu erfahren, daß die Ratmanow-Insel der wildeste und unzugänglichste Flecken des Hohen Nordens ist. Nicht von ungefähr heißt es, wer nach Ratmanow gelangt, hat zwei Sprünge gleichzeitig getan - einen räumlichen und einen zeitlichen, ersteren nach vorn, letzteren zurück. Ihren Namen hatte ich zum erstenmal im Moskauer „Staatlichen Museum der Künste der Völker des Ostens" gelesen, als ich dort unter anderem die Eskimo-Abteilung besuchte; die Exponate - Gebrauchs-, Schmuck- und Kultgegenstände aus Holz, Walfisch- und Robbenknochen oder sogar Mammutzahn und -knochen - stammten alle von der Ratmanow-Insel.

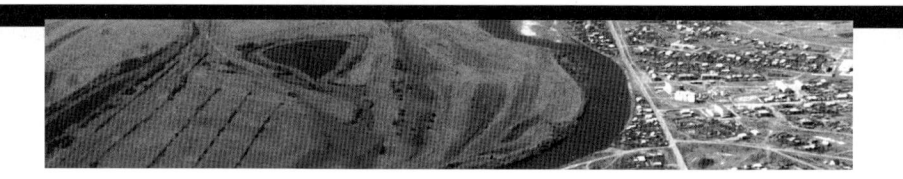

Auf Ratmanow gibt es ebenfalls eine Polarstation, und Freunde von mir, die dort tätig sind, schrieben mir geradezu beschwörend: „Du mußt herkommen! Du wirst es nicht bereuen. Unsere Archäologen fördern ständig neue einmalige Funde der Eskimokultur zu Tage. Überhaupt ist die ganze Insel einzigartig."

Tatsächlich schenkte mir das Schicksal bald wieder eine Reise nach Tschukotka, diesmal ging es zur Siedlung Sireniki. Von dort wollte ich mich (und ich dachte, es würde ein leichtes sein) irgendwie zur Ratmanow-Insel durchschlagen.

Sireniki wird seit undenklichen Zeiten von Eskimos - sie sind Wal- und Robbenjäger - bewohnt. Die Siedlung ist schon 2 000 Jahre alt! Die Eskimos lieben die Nähe zum offenen Meer. Sich an ruhigen Buchten, an Binnengewässern oder gar im Landesinneren niederzulassen, würde ihnen nicht einfallen. Sie siedeln stets an Küstenstreifen, an denen sich Wale und Robben aufhalten, und wo es Vogelkolonien gibt.

Übrigens glauben die Eskimos, daß jeder erlegte Meeressäuger wieder auferstehen und ins Meer zurückkehren kann, sofern seine Gebeine unversehrt geblieben sind. Im Meer könne sein Fleisch nachwachsen und sich von neuem ein Leib um das Skelett bilden. Daher zerlegen sie ihn nur nach seiner natürlichen Gliederung und vermeiden es, die Knochen zu zerbrechen oder zu zerhacken. Den Schädel aber legen sie mit anderen zu einem Haufen zusammen, der ihnen als heilig gilt.

Ich verbrachte fast den ganzen Sommer in Sireniki, doch ein Tag nach dem anderen verging, ohne daß sich eine Möglichkeit auftat, weiter nach Ratmanow zu reisen. Um die Zeit zu nutzen, überredete ich einen jungen Robbenjäger (was freilich einige Überredungskunst kostete - Frauen werden nie oder nur ganz ausnahmsweise mit aufs Meer genommen), mich ein Stück aufs Meer zu fahren und die Tschukotka-Küste von dort betrachten zu lassen. Von unserem kleinen Kutter aus sah ich dann zum erstenmal eine Vogelkolonie und mehrere Grauwale, wenn auch nur von weitem.

Aber die Ratmanow-Insel lockte weiter, zumal mir mein Begleiter verraten hatte, daß sich auf ihr der größte Robbenliegeplatz und die größte Seevogelkolonie der Welt befinden. Zudem wollte ich ja meine Freunde besuchen.

Sie hatten meine Unternehmungslust noch mit dem Versprechen angefacht, mir die geheimnisumwitterten heiligen Eskimosteine zu zeigen.

Die Insel liegt an der Grenze Asiens zu Nordamerika, an der Scheidelinie zweier Weltmeere - des Stillen Ozeans und des Nördlichen Eismeers. Zu ihr zu gelangen wuchs sich jedoch zu einem Problem aus. Unser Kutter war schon so weit von der Küste entfernt, daß wir nur noch auf die Beringstraße hätten einzubiegen brauchen, aber da kam uns mit leisem Rauschen ein Eisfeld entgegen und drängte uns nach Süden ab.

So dachte ich an einen Hubschrauber, um via Luftraum nach Ratmanow „durchzubrechen". Aber auch das schlug immer wieder fehl. Der Nebel liege schwer auf der Insel, hieß es ein ums andere Mal.

Erst gegen Ende des Sommers erbarmten sich meiner zwei Angehörige des Grenzschutzes, die ohnehin nach Ratmanow flogen, weil sie dort wohnten. So kam ich doch endlich ans Ziel.

Früher ist Ratmanow von Eskimos besiedelt gewesen. In den beiden verlassenen Siedlungen im Norden und Süden werden bis heute Hausrats- und Kultgegenstände aus alten Zeiten gefunden. Schade, ich selbst bin nicht fündig geworden, als wir dort herumwanderten.

Für diese Enttäuschung wurde ich jedoch trefflich entschädigt, als die Freunde mich zum alten Eskimo-Friedhof führten. Dieser lag ein Stück hinter der südlichen Siedlung - einst hieß sie Imaklik („Meeresbesitzer") - und war erstaunlich gut erhalten: die Pfade wie abgezirkelt und die Gräber sorgfältig mit Beinknochen und Schulterblättern von Walen umzäunt und abgedeckt. Was für ein Anblick!

„Und jetzt zu den Menhiren, die sind noch interessanter!" taten meine Freunde geheimnis- und verheißungsvoll.

Inzwischen hatte sich der Nieselregen in dicken Nebel verwandelt. Wir schlugen einen schmalen Pfad ein, der an einem Bach entlangführte und stellenweise von Geröll verschüttet war. Da aber an der einen Seite alle paar Meter eine leere Blechtonne den Weg markierte, brauchten wir nicht zu fürchten, uns zu verirren.

Plötzlich hob sich der Nebel wie ein Theatervorhang, und wir erblickten über uns den klaren Himmel, unter uns das Meer und längs seines Ufers, an einem langgestreckten Hang, ein riesiges Feld voller stelenartiger Steinquader. Nun klärten mich meine Freunde auf - das also waren die Menhire, die heiligen Steine der Eskimos!

Es sind mindestens 300, und sie stehen in einer bestimmten Anordnung zueinander und bilden in ihrer Gesamtheit ein geheimnisvolles Muster. Der Weg zum

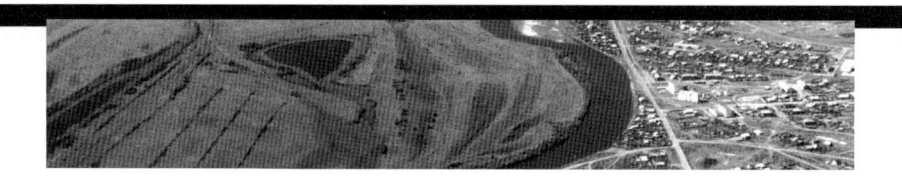

Stelenfeld war ziemlich beschwerlich, aber die heiligen Steine aus der Nähe zu sehen, war dann so eindrucksvoll, daß es mir um keine Schramme, die ich an Knien und Ellbogen davontrug, leid tat. Welch strenge Feierlichkeit und Erhabenheit! Ein besonderes Steinmal habe ich noch deutlich vor Augen: zwei Meter hoch und von einem flachen, waagerecht aufliegenden Stein gekrönt.

Die Kultur der zur See fahrenden Eskimos ist noch wenig erforscht, auch die Geschichte weist noch viel zu viele weiße Flecken auf.

Auf dem Weg zurück zur Polarstation kamen wir an den Kasernen der Grenztruppen vorbei. Hier machte ich die anderen auf auffallend große Vögel aufmerksam. Kraniche, seien es, die von Tschukotka nach Alaska fliegen, wurde mir erklärt. Interessant, wie sie sich bis dicht über die Wasseroberfläche sinken lassen, wenn sie die aufsteigenden Luftströmungen verloren haben, dort kreisen sie, bis sich ihnen ein neuer Aufwind bietet, mit dem sie in großen Spiralen wieder aufsteigen. Man konnte sich vorstellen, welche Anstrengung ihnen eine so weite Meeresstrecke bereitete.

Am Abend vor meiner Abreise gaben die Freunde ein Abschiedsessen. Bei dieser Gelegenheit überreichte mir die Funkerin Tonja jene kleine Schamanenfigur, die heute „über mein Schreiben wacht". Sie besteht aus Mammutknochen und wurde von einem jungen Eskimo aus Sireniki geschnitzt. Er komme manchmal mit seiner ganzen Familie nach Ratmanow, so Tonja damals, um die Gräber seiner Vorfahren zu besuchen, doch habe er vor, sie nach Sireniki umzubetten.

In Jakutien lebt eine kleine Zahl Russen, die sich von der übrigen russischen Bevölkerung unterscheidet. Man könnte sie vielleicht als Altrussen bezeichnen, das heißt Russen, deren Vorfahren sich vor fast 450 Jahren in Jakutien angesiedelt haben und für sich leben. Als ich mich in ihrem Dorf Russkoje Ustje an der Mündung der Indigirka ins Ostsibirische Meer aufhielt, war mir, als hätte mich eine Zeitmaschine in die Rus zurückversetzt - auf Schritt und Tritt altrussisches Wohn- und Haushaltsgegenstände und Beispiele der altrussischen Lebensweise.

Die Vorfahren der Altrussen waren im zweiten Drittel des 16. Jahrhunderts aus dem Herrschaftsbereich Zar Iwan Grosny geflohen. 1570 sammelten sie sich zu Tausenden in einem nördlichen Seehafen des damaligen Zarenreiches, bestiegen Schiffe, fuhren an der Küste des Eismeers entlang nach Osten und ließen sich an verschiedenen Meereszuflüssen im Norden nieder.

Hier machten sie Land nutzbar und gewannen ihre verlorene Freiheit wieder.
Auf diese Weise ist auch Russkoje Ustje entstanden. Im 17. Jahrhundert erhielt es Zuwachs durch Kosaken, die auf Geheiß des Zaren geschickt worden waren, um den Norden für das Zarenreich zu erschließen. Von allen nordostjakutischen russischen Siedlungen des 16. Jahrhunderts gibt es heute nur noch diese eine.
Jahre später habe ich diesen altehrwürdigen Ort mit seinen 193 Einwohnern noch einmal besucht, um eine Rundfunkreportage über ihn zu machen. Damals erfuhr ich über sein äußeres und inneres Gefüge noch manches mehr.

Die sogenannten Altrussen leben seit fast 450 Jahren in Jakutien und haben sich ihre ursprüngliche Lebensweise bewahrt

Die Russko-Ustjaner sehen es heute wie früher nur ungern, wenn ihre Töchter einen Jakuten oder Jukagiren heiraten. Wenn überhaupt, stimmen sie der Heirat nur zu, wenn der Bräutigam einwilligt, zum russisch-orthodoxen Glauben überzutreten und ins Elternhaus der Braut zu ziehen. So kommt es, daß in dem urrussischen Russkoje Ustje dennoch mancher Einwohner mit leicht abgeflachter Nase und schmaler Lidspalte anzutreffen ist.
Das höchste Gebäude von Russkoje Ustje ist die fünf Meter hohe Holzkirche. Das niedrigste ist das sogenannte Eishaus aus dem 16. Jahrhundert, ein in den Frostboden gehauenes Kellergewölbe, in dem Hunderte Tonnen Fisch Platz haben, kurzum, ein Lagerraum für die Fischvorräte der Gemeinde, von denen ein Teil (vorwiegend Omul) in den Handel geht und regelmäßig von Kähnen abgeholt wird.

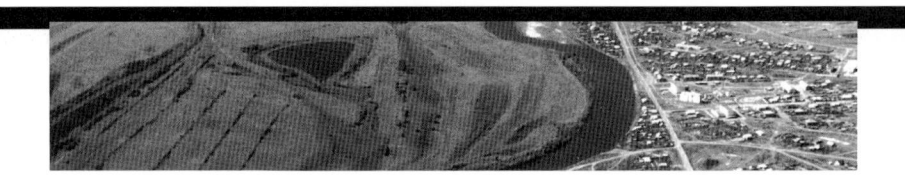

Geradezu verblüfft hat mich der Umstand, daß im ganzen Ort kein Alkohol aufzutreiben war, auch kein Selbstgebrannter (wie denn das - ein Russe ohne Wodka?). Der Russko-Ustjaner Sergej Susdalow (hier kommen übrigens nur die fünf Familiennamen Susdalow, Kissiljow, Schachow, Schkuljow und Tschikatschow vor), von Beruf Jäger, erklärte mir das so: „Wir hier dürfen nicht trinken, das wäre unser sicherer Tod. Die Natur duldet es nicht - wir Jäger und Fischer müssen scharfe Augen, kräftige Arme und einen klaren Kopf haben."

Dann gefiel mir hier noch die besondere Verbindung, die Christentum und Heidentum eingegangen waren. Darüber forschte ich den alten Schachow, den Dorfältesten, aus. Er sprach ein so altes Russisch, daß ich Mühe hatte, ihn zu verstehen. Als er mir auseinandersetzte, wie die Welt erschaffen wurde, meinte ich fast, einen jakutischen Mythenerzähler sprechen zu hören.

„Das war so. Der Heilige Geist schuf den Menschen", begann er. „Das war zu einer Zeit, als es noch keine Erde, sondern überall nur Wasser gab. Der Mensch muß eine Art Heiliger gewesen sein, denn er lebte im Himmel. Von dort spähte er fortwährend herab: Ist da unten nicht irgendwo Erde? Nein und immer wieder nein. Schon tauchten Vögel auf, aber von Erde war keine Spur. Der Mensch sah einen Seetaucher auf den Wellen schaukeln und fragte: ‚Hast du nicht irgendwo Land gesehen?' Der Seetaucher antwortete: ‚Ja, auf dem Meeresgrund, bis dorthin ist es aber sehr weit.' Der Mensch bat den Vogel: ‚Tauche, hole sie mir herauf!' Aber dazu war der Vogel nicht stark genug. So sprang der Heilige Geist für ihn ein - er holte eine Handvoll Erde vom Meeresgrund herauf und blies sie in die Lüfte, und sie verteilte sich über die ganze Welt. Wo mehr Erde hinfiel, blieben Berge, wo weniger - blieben Täler zurück."

Wir saßen am Ufer, und mir ging durch den Sinn: Nähme man das Motorboot dort weg, würden die alten Holzhäuser hinter dem Steg, die Kähne auf dem Wasser und die Fischernetze vor dem Wall mit den Netzbeschwerern aus Mammutknochen, dann würde alles hier noch genauso wie vor 400 Jahren aussehen.

Mir haben diese Menschen imponiert; sie sind heiter, freimütig, unerschrocken und unverstellt. Und voller Demut. Demütig nehmen sie die Schwierigkeiten ihres Daseins auf sich, gelassen sind sie bereit, mit wenigem, dem Lebensnotwendigen, auszukommen. Aber gerade aus dieser Haltung schöpfen sie ihre Empfänglichkeit für große Erlebnisse und Freuden.

Im Museum der Weltkulturen in Frankfurt am Main lernte ich vor einigen Jahren die chantische Dichterin Maria Wagatowa kennen, die zur Eröffnung einer Ausstellung zum sibirischen Schamanentum eingeladen worden war. Sie stammt aus einem alten Schamanengeschlecht und gilt als Mitbegründerin der chantischen Literatur. Während unseres Gesprächs sagte sie lächelnd: „Ich bin Chantin. Aber Sie, Tatjana, sind es auf Ihre Weise auch. Warum? Weil Chante ‚Mensch' bedeutet!"
Die Chanten, Mansen und Nenzen gehören zu den ugro-finnischen Völkern, die Jakuten hingegen zu den Turkvölkern (zu deren uigurischem Teil). Auf dem Territorium der Russischen Föderation leben 45 kleine Völker als Ur-

Angehörige von vierzig kleinen Völkern leben in Nordsibirien und dem Fernen Osten

einwohner, vierzig davon in Nordsibirien und im Fernen Osten. Sie zählen insgesamt 250 000 Menschen, was 0,16 Prozent der Gesamtbevölkerung ausmacht. Aber achtzig Prozent seiner wertvollsten Rohstoffe gewinnt Rußland in ihrem Lebensraum: Erdöl, Erdgas, Kohle, Gold, Nickel und vieles andere mehr. Das Einkommen der Mehrheit der sibirischen Ureinwohner liegt jedoch weit unter dem Existenzminimum. Siebzig Prozent sterben vor dem 60. Lebensjahr. Die russischen Öl- und Gasgesellschaften nehmen bei der Förderung und dem Transport keinerlei Rücksicht auf die angestammten Weide- und Jagdgründe. Entlang den Pipelines gibt es Hunderte Flüsse und Bäche, die Laich- und Lebensraum edelster Fischarten sind. Infolge von Havarien geschieht es nur allzu oft, daß Erdöl im Boden versickert. Einer Statistik nach laufen alljährlich fast zwei Millionen Tonnen Erdöl aus lecken Pipelines aus! Besonders gelitten hat in dieser Hinsicht der Ob, in dessen unteren Strömungsschichten eine Ölkonzentration gemessen wurde, die alle Grenzwerte überschreitet!

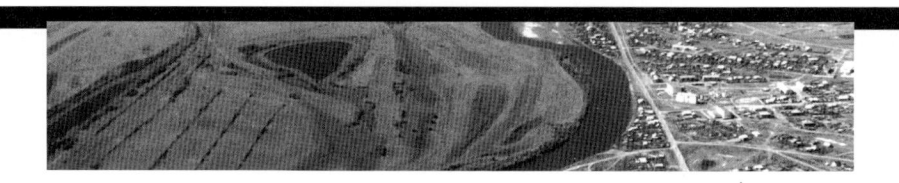

Mit Sorge und Angst betrachten die kleinen Völker Sibiriens das Vorhaben, zwei transkontinentale Ölpipelines von Sibirien in den Fernen Osten zu legen, und das Megaprojekt „Polar-Ural - Industrie-Ural". Steht uns etwa wieder eine „Epoche der Jahrhundertprojekte" ins Haus?! „Wir werden noch alles Leben zugrunde richten!" hörte ich einmal einen Chanten voller Bitterkeit sagen. „Da kaufe ich Rentierfleisch und merke, daß es nach Erdöl riecht. Ungenießbar! Und überall gehen die Fische ein. Tag und Nacht lodern hinter unserem Wohnlager drei Gasfackeln. Der Schnee ist schwarz vor Ruß. Wenn er schmilzt, setzt sich der Ruß auf den Rentierflechten ab und wird nach und nach in den See gespült, wo die Fische ohnehin schon wie die Fliegen sterben. Fisch und Wild sind aber unsere einzige Existenzgrundlage."

Rußland hat zwar ein föderales Gesetz verabschiedet, das gebietet, „Territorien mit traditioneller Naturnutzung" zu schonen, Mechanismen zur Umsetzung dieses Gesetzes wurden jedoch nicht geschaffen. Gewiß, hier und da stecken die Behörden ein Stück zurück, indem sie die Ureinwohner für die Zerstörung von Weideland entschädigen. Doch was ist das für eine Entschädigung! Dem einen oder anderen finanzieren sie den Bau eines Hauses, na schön - aber die Mehrheit der Entschädigungsfordernden wird mit Gummistiefeln oder einem elektrischen Wasserkocher abgespeist.

Aber lassen wir uns nicht die Freude verderben - kehren wir an unseren schönen Fluß zurück, setzen wir die Reise fort!

Unterhalb der Siedlung Kjusjur zieht die Lena mehrere scharfe Kurven und zwängt sich in einen schmalen Felskorridor. Hier treten von links die Ausläufer der Tschekanow-Gebirgskette und von rechts das Chara-Ulach-Gebirge an ihre Ufer heran.

So sehen wir uns nun von düsteren Granitwänden umragt, von denen Bäche stürzen und in der Lena verschwinden, oder von regenbogenüberwölbten Marmorklippen, an denen Wasserfälle glitzern. Dazwischen aber lugen immer wieder Taleinschnitte hervor und schmeicheln dem Auge mit sattem Grün.

An einem dieser Einschnitte erstreckt sich die Fischersiedlung Tschekurowka. Sie ist dadurch bekannt, daß auf einem Felsen direkt am ihr gegenüber-

liegenden Lena-Ufer und weithin sichtbar das Wrack eines abgestürzten Flugzeuges liegt.
Hier nehmen die Kumach-Surt-Dünen ihren Anfang, in denen 1806 ein vollständiges Mammutskelett gefunden wurde.
Hinter dem Felskorridor passieren wir die Insel Tit-Ary (ein jakutischer Name, der „Lärcheninsel" bedeutet) und sehen, daß sie über und über mit Lärchenwald bedeckt ist. Das sollte uns eigentlich wundern, denn in der Tundra wachsen sonst nur Moos, Porst und Strauchwerk. Mit Tit-Ary hat die Natur der Arktis also wieder eine ihrer geheimnisvollen Ausnahmen gemacht: Bäume auf Tundraboden!

Im Fischerdorf Tschekurowka

Oder nur mit der Lärche, diesem wundersamen Gewächs? In Jakutien gedeiht die Lärche trotz des rauhen Klimas aufs beste. Hier kann sie ein wahrer Weltmeister in Langlebigkeit werden. Botaniker untersuchten einmal die Lärchen an der Kolyma - eine hatte beispielsweise nur einen Umfang von zwanzig Zentimetern und war 8,7 Meter hoch, dabei aber 511 Jahre alt!
Doch solche Wunder gibt es im Hohen Norden jede Menge. Eines Winters machten wir einen Hubschrauberausflug zum Nationalpark Ust-Lensk. Wir landeten gegenüber der Insel Tas-Ary. Hier fließen zwei Flüsse zusammen, der eine von Norden kommend, der andere von Süden. Sie bilden die Grenze zum Biosphärenreservat Ust-Lensk, auf dessen fast 1,5 Millionen Hektar

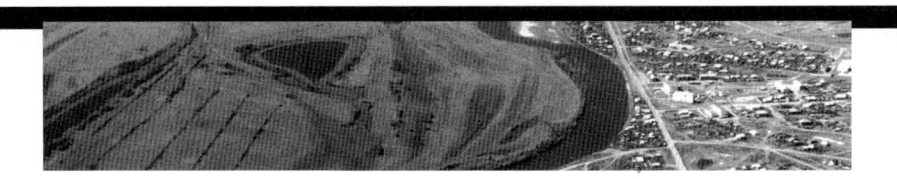

großem Areal eine überreiche Flora und Fauna beheimatet ist: seltenste Pflanzen, Vögel, Wildrentiere, Polarwölfe und -füchse, Braun- und Eisbären.
Am Abend unserer Ankunft sah ich zum erstenmal im Leben ein Polarlicht. Es stand in ungewöhnlicher Intensität über Tas-Ary und dem Park. Dieses atmosphärische Phänomen gehört für mich zu den schönsten Naturschauspielen dieser Erde.
Meine Tochter wurde am 7. Januar 1974 geboren, zu einer Stunde, als Polarlicht über der Lena leuchtete. Die Jakuten sagen, denjenigen, der bei Polarlicht zur Welt kommt, erwarte ein besonderes Schicksal; ihm sei beschieden, „Liebe und Trennung zu erfahren, in Lebensgefahr zu geraten und daraus gerettet zu werden". Im übrigen mögen die Jakuten das Polarlicht nicht, ja, sie fürchten es sogar. Aus wissenschaftlicher Sicht scheint das aber durchaus seine Berechtigung zu haben: Bei Polarlicht werden oft Ausfälle bei Radioapparaten, Computern und Stromversorgungssystemen registriert und häufen sich Flugzeugkatastrophen.
Das nördliche Polarlicht, wissenschaftlich „Aurora borealis", ist manchmal, wenngleich nur selten, auch in klimatisch gemäßigteren Zonen zu beobachten, sogar in Deutschland. Wie der Chefarchitekt und spätere Rüstungsminister im nationalsozialistischen Deutschland Albert Speer überlieferte, habe Adolf Hitler, der bekanntlich für Mystisches empfänglich war, am 21. August 1939 um 2.45 Uhr ein rotes Polarlicht über den Alpen beobachtet und dazu geäußert: „Das sieht nach viel Blut aus." Am 1. September begann er den Krieg.
Den meteorologischen Daten nach ist in Nordeuropa (Finnland und Norwegen) und im Norden des amerikanischen Kontinents das Polarlicht viel seltener zu beobachten als in Jakutien. Es ist nur nachts zu sehen. Russische Kosmonauten haben es aus dem All allerdings auch am Tage beobachtet. Wir auf der Erde können es nur bei starkem Frost, klarem Himmel, Mondlosigkeit und während eines Hochs wahrnehmen.
Wie die Wissenschaft lehrt, entsteht das Polarlicht in achtzig bis tausend Kilometern Höhe über der Erde. Es ist ein elektrisches Flimmern der stark luftverdünnten oberen Schichten der Erdatmosphäre. Offenkundig hängt es mit der Sonnenaktivität zusammen, denn es tritt in der Regel zwei bis drei Tage nach einer Sonnenprotuberanz auf. Es erscheint als weiß oder farbig leuchtende Strahlen, Bögen oder Vorhänge und jedesmal in ungeahnt neuer Konstellation. Kein Polarlicht gleicht einem anderen.

Am häufigsten zeigt es sich in Form von Bändern oder wolkenähnlichen Flecken. Selten sieht man eine sogenannte Krone - eine Gruppierung von Strahlen, die in einem in großer Höhe befindlichen Punkt zusammenlaufen. Die Bänder erstrecken sich meist horizontal über Tausende Kilometer und bilden in ihrer Gesamtheit einen gigantischen Vorhang, dessen Höhe mehrere hundert Kilometer erreichen kann. Seine Tiefe hingegen übersteigt nur selten wenige hundert Meter, so daß er durchscheinend ist und hinter ihm Sterne zu erkennen sind. Das gewöhnliche Polarlicht wird von den Jakuten „Wehender Vorhang" und das mit Krone - „Kriegerseelen" genannt. Bei Tas-Ary haben wir eine Krone gesehen, über die dünne Pfeile (in der Vorstellung der Jakuten die Seelen verstorbener Krieger) hinwegflogen, umgeben von einem rot-, grün-, gelb- und schwarzgeflammten Himmel.

So weit meine Abschweifung nach Tas-Ary. Wir jedoch haben unterdessen die Lena-Insel Tit-Ary hinter uns gelassen und nähern uns der Insel Stolb, einem in der Flußmitte bei normalem Wasserstand 118 Meter aufragenden Granitfelsen. Einsam und leblos erhebt er sich aus dem Wasser, wie eine nach einer Überschwemmung verlassene alte Burg.
Vor Millionen von Jahren hat ihn die Lena vom Gebirgsmassiv abgespalten, weil er ihr den Weg zum Meer versperrte. Die alten Jakuten nannten ihn „Labyach" - „Schwimmer".
Die Insel Stolb ist Gegenstand mancher Mutmaßung und Legendenbildung geworden. Zum Beispiel sollen über ihr Fata Morganen erscheinen, die dadurch entständen, daß die Kaltluft des Nordens und die vom aus dem Süden kommenden Fluß aufsteigende Warmluft aufeinandertreffen; auf ihrem Gipfel gebe es ein altes „Museum" (gemeint ist eine Stelle, an der Wanderer kleine Gaben hinterlegen, der eine eine Münze, der andere eine Gewehrpatrone, der nächste einen Kugelschreiber); und von ihr gingen unerklärliche Naturerscheinungen aus, so sei es beispielsweise noch nie vorgekommen, daß sich ein Gewitter über Stolb entladen hätte. Und manches andere mehr.
Auf dem Gipfel der Insel liegen mehrere viereckige Steinplatten. Einer Legende nach gehören sie zum Grab einer Schamanentochter, die von einem Widersacher ihres Vaters getötet wurde.
Einmal haben wir dort gehalten. Über der Lena lag Nebel, und aus seinen weißen Schwaden ragte die Kuppe der Insel auf, anzusehen wie ein letzter Stützpfeiler des herabsinkenden Himmels. Uns kam sie vor wie ein wuchtiger Akkord, mit dem der Fluß seinen Weg beschließt. Denn hier verzweigt sich die Lena zum Delta.

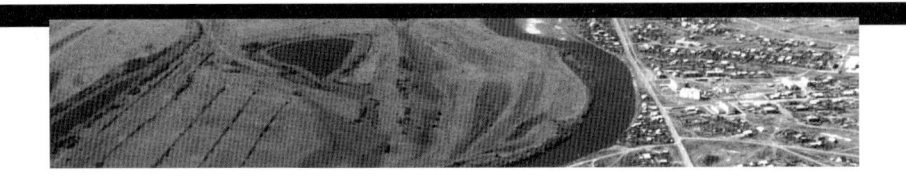

Das Delta - das sind 1 500 größere und kleinere Inseln und, neben den zahlreichen Lena-Armen, 30 000 Seen. Es ist Lebensraum von 36 Fischarten. Ornithologen haben 105 Vogelarten gezählt, von denen 68 hier nisten und brüten. Selbst die Rosa Möwe ist hier im Sommer anzutreffen, ganz zu schweigen von Schwänen sowie verschiedenen Arten von wilden Gänsen und Enten. In seinem Wasser und an den Ufern tummeln sich arktische Meeressäuger, wie man sie allenfalls von Film und Fernsehen her kennt: Zahn- und Weißwa-

Hinter der Insel Stolb verzweigt sich die Lena zum Delta

le, Ringelrobben und Bartrobben. Der arktische Zahnwal ist eine so große zoologische Rarität, daß ihn mancher Leser nicht einmal in unserer sonst so unerschöpflichen virtuellen Welt zu Gesicht bekommen haben wird. Hier kann man ihn urplötzlich aus den Fluten auftauchen sehen: ein delphinähnlich

rundlicher, geschmeidiger „Brocken" von sechs Metern Länge, mit anliegendem dünnem Fell; an der Nase ein langes, schmales Horn, das wie ein Speer aussieht, von der Wissenschaft aber „Zahn" oder „Hauer" genannt wird.
Dicht hinter der „Säule" gehen drei Hauptarme der Lena auseinander - Bykowskaja, Olenjowskaja und Trofimowskaja. Ersterer wird von der Schiffahrt am meisten genutzt.
Wir biegen in den rechten Arm ein und dann in einen nächsten. Nach hundert Kilometern Fahrt erreichen wir die Nejelow-Bucht, die die Bykow-Halbinsel von der Laptew-See abschneidet. Diese Halbinsel, schmal und langgestreckt, stellenweise nur wenige hundert Meter breit, ist ein Sammelplatz der Rosa Möwe, meines Lieblingsvogels.
Die Jakuten sagen, wer eine Rosa Möwe sieht, wird glücklich werden; er wird im Einklang mit sich und anderen Menschen und der Natur leben. Ich habe sie im Lena-Delta sogar schon zweimal beobachten können! Ein selten schö-

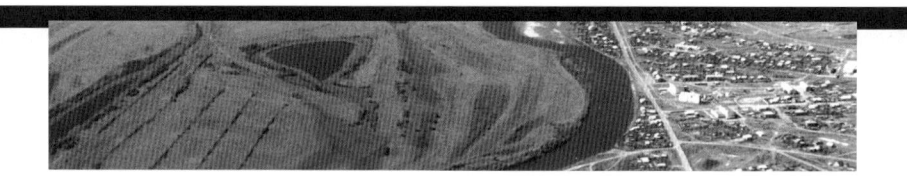

ner Vogel! Von der Größe einer Taube, aber mit dieser in keiner Weise zu verwechseln: die Brust zartrosa, wie ein Sonnenaufgang bei klarem Himmel, die Augen rot gerändert, die Füße klein und zierlich und ebenfalls rosa gefärbt, am Hinterkopf wie ein elegantes Tuch ein schwarzer Streifen, der in den Nacken führt und sich um den Hals windet. Sie ist in Nordjakutien, vor allem an der nördlichen Lena, verbreitet. Hierher kommt sie im Frühjahr aus irgendeiner noch nördlicheren Ferne.

Bis heute können sich die Ornithologen nicht erklären, was der Rosa Möwe die Fähigkeit verleiht, im Eismeer unbeschadet zu überwintern, den Frost, die Schneeorkane und die Polarnächte der Arktis zu überstehen. Sie wartet noch auf ihre Erforschung.

Der Lieblingsvogel meiner in Lensk geborenen Tochter ist der Weiße Kranich. Zum Sommer hin finden sich fast alle Weißen Kraniche der Welt in Jakutien ein. Dieser Vogel hat lange, dünne Beine, einen kräftigen roten Schnabel und bis auf die Flügelspitzen, die schwarz sind, ein schneeweißes Gefieder. An seinem Tanz konnte sich meine kleine Tochter einstmals nicht satt sehen. Und er tanzte bei jeder Gelegenheit - beim Anblick eines Sees, beim Balzen, beim Nestbauen oder einfach so, aus guter Laune. Auch die Jakuten haben für den Weißen Kranich eine besondere Vorliebe.

In Lensk sind meine Tochter und ich gern in aller Herrgottsfrühe zu einem Waldsee gelaufen, an dem die Kraniche auf dem Weg nach Norden zu rasten pflegten. Wie freuten wir uns immer darauf, sie beim Tanzen - wir nannten es „Begrüßung der Morgensonne" - zu beobachten!

Beide, die Rosa Möwe und der Weiße Kranich, sind im Roten Buch Rußlands aufgeführt, weil sie vom Aussterben bedroht sind.

Nun das Bykowsche Kap. Von seiner Höhe blickt man auf eine atemberaubende weiße Meeresweite hinaus. Vor ihm schwimmt das dicke Polareis, doch auch die Nejelow-Bucht auf der anderen Seite ist, obgleich wir schon Ende Juli haben, mit Eisschollen übersät. An diesem Kap toben manchmal derart heftige Stürme, daß man meinen könnte, der Weltuntergang sei gekommen. Ich selbst habe hier einmal einen solchen Sturm erlebt - vor meinen Augen wurden die vor der Fischfabrik liegenden mächtigen Kutter aus ihrer Verankerung gerissen und wie Holzscheite ans Ufer geschleudert.

Jetzt geht es noch mehrere Stunden durch das Treibeis der offenen See, dann werden wir in die Bucht von Tiksi einlaufen.

Von Siktjach nach Tiksi

Die Stadt Tiksi und unsere Lena verbindet ein historisches Ereignis, das den Namen „Erste Lena-Expedition" trägt. Noch Anfang des 20. Jahrhunderts hat es kaum jemand für möglich gehalten, daß über den Seeweg eine Schiffspassage zur Lena-Mündung erschlossen werden könnte. Selbst ein so unverdrossener Arktiseroberer wie Fridtjof Nansen bezweifelte, daß jemals „eine Handelsroute von Bedeutung" durch das Eis führen würde.

Im Sommer 1932 aber schaffte man es. In Begleitung des Eisbrechers „Krassin" brachen die Dampfschiffe „Stalin" und „Wolodarski" in Archangelsk am Weißen Meer auf, um an der Küste entlang zur Lena-Mündung vorzudringen, ein Unternehmen, das als „Erste Lena-Expedition" in die Geschichte eingegangen ist.

Das erste Mißgeschick bei dieser schwierigen Fahrt traf den Eisbrecher - in der Kara-See wurde eine seiner drei Schiffsschrauben von einer Eisscholle zertrümmert. Dann brach seine Schraubenwelle. So gerieten die beiden Dampfschiffe in eine Anballung von Treibeis. Glücklicherweise schlug der Wind um, so daß der Druck des Eises nachließ. Auch kam noch rechtzeitig ein Flugzeug zu Hilfe, das vom Kap Tscheljuskin zu einem Erkundungsflug aufgestiegen war. Sein Pilot namens Alexejew lotste die drei Schiffe in gefahrlose Gewässer. Für diese und andere Leistungen wurde er später mit dem Titel „Held der Sowjetunion" geehrt.

Vor Kap Tscheljuskin geriet auch die „Stalin" in Not - die Kohle in ihrem Rumpf hatte sich entzündet. In aller Eile lud man die wichtigsten Güter auf den Eisbrecher um und löschte den Brand. Drei Tage später geschah das nächste Malheur - eine Sturmwoge riß den verbliebenen Teil der Fracht von Deck, wobei das Ruder beschädigt wurde.

Als die Matrosen den Kohlenraum öffneten, schlug ihnen dicker Qualm entgegen; der Brand hatte sich von neuem entfacht. Im Kohlenraum aber lagerten auch Sauerstofflaschen. Unter Todesverachtung stürmten die Männer hinein und wandten in letzter Minute die drohende Explosion ab. Erst in Tiksi konnten sie das Feuer vollends löschen, indem sie den Kohlenraum mit Wasser vollpumpten.

Ein Expeditionsteilnehmer beschrieb die Ankunft in Tiksi so:
„Die Nacht ist rabenschwarz. Unser Pionierschiff, die ‚Wolodarski', läßt immer wieder anhaltend das Horn ertönen, und der Wind trägt seine Begrüßungsrufe ans unsichtbare Ufer. Dort blinken plötzlich Lichter. Eine Funkstation antwortet mit Lichtsignalen. Unser Funker steigt an Deck, späht hinüber und übersetzt sie uns. Es sind ‚Kampfesgrüße an die Seeleute aus Archangelsk, die den Weg zur Lena-Mündung gebahnt' haben.

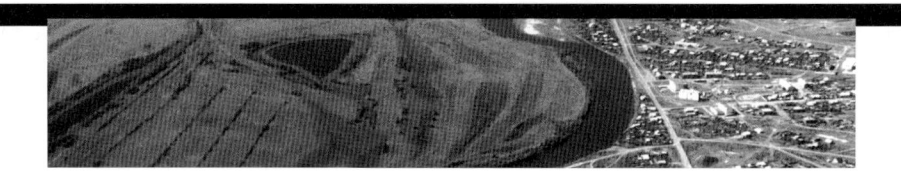

Auf gewalztem Schotterboden stehen Zelte für uns bereit, flackern Lagerfeuer und rauchen Feldküchen.
Die ‚Gäste aus dem Westen' bringen reiche Geschenke für den Norden mit. Tausende Tonnen Güter - ganze Berge von Säcken und Kisten voller Lebensmittel, Dutzende Schwerlaster und alle möglichen Fabrikausrüstungen werden abgeladen. Somit hat die ‚Erste Lena-Expedition' ihr Ziel erreicht - die Fahrt von Westen nach Jakutien ist gelungen."
Nicht lange nach den Expeditionsschiffen traf in Tiksi der mächtige Schleppdampfer „Erster Fünfjahresplan" ein, zu Recht nimmt er in der Lena-Schiff-

Die Bucht von Tiksi - Jakutiens Tor zum Nördlichen Eismeer

fahrt den Rang eines „Flaggschiffs" ein. Binnen fünf Tagen hatte er die 595 Meilen von Kap Tscheljuskin nach Tiksi, die über weite Strecken durch Treibeis führten, zurückgelegt.

Der Hochseehafen Tiksi liegt in der gleichnamigen Bucht der Laptew-See. Er ist gewissermaßen ein Kind jener „Ersten Lena-Expedition".
Das jakutische Wort Tiksi bedeutet soviel wie „Hafen der Fischschwärme". In den 30er Jahren war Tiksi noch eine winzige Siedlung und hieß Ust-Lensker Hafen. Der Bau des Seehafens wurde 1932 in Angriff genommen; in diesem

Jahr setzte das Dampfschiff „Lena" die erste Fuhre Bauingenieure und -arbeiter an den öden Gestaden der Bucht ab. Deren erste Leistung war der Bau einer Wetterstation.

Im Norden Jakutiens spricht man von Tiksi als „Jakutiens Tor zum Meer", und im Süden gilt als das „Jakutische Tor zum Meer" der Hafen Ossetrowo.

Die Sowjetenzyklopädie berichtet über Tiksi unter anderem: „Die Schifffahrtsperiode dauert hier lediglich zweieinhalb Monate, ist also extrem kurz; neun bis zehn Monate lang bleibt die Laptew-See von anderthalb bis zwei Meter dickem Eis bedeckt. Die Häuser sind ein- bis vierstöckig und stehen auf Pfählen; einen privaten Sektor gibt es in der Stadt nicht."

Eigentlich besteht Tiksi aus zwei Städten, die - außer daß sie durch eine sechs Kilometer lange Schnellstraße verbunden sind - nichts miteinander zu tun haben: In Tiksi-1 lebt vornehmlich Zivilbevölkerung, Tiksi-2 ist Militärstützpunkt und Wohnstätte ausschließlich von Militärangehörigen.

Hinter Tiksi-2 liegen der Flughafen und (an der Nejelow-Bucht) die Anlegestelle für Passagierschiffe.

Von seinen kommunalen Einrichtungen und Institutionen wären zu nennen: drei Hotels (Hotel „Morjak" und Gästehaus „Polarstation" sowie ein Hotel beziehungsweise Wohnheim für Militärpiloten), drei allgemeinbildende Mittelschulen, eine Fachschule, eine Musikschule, eine Schule für bildende Künste, zwei Bibliotheken (darunter eine für Kinder), ein Postamt, die Verwaltung des Nationalparks Ust-Lensk und die Verwaltung für Jagdwirtschaft, das Zentrum für Hydrometeorologie und Umweltschutz sowie die Hydrographische Station.

Gesondert erwähnt sei das „Museum für bildende Kunst und Kultur der Arktis". Es ist an das Heimatkundemuseum angegliedert und vermittelt mit seinen vielfältigen Exponaten einen anschaulichen Eindruck von Geschichte und Alltag der Region. Seine Schwerpunkte liegen auf der Erschließung der Arktis, den ersten Polarexpeditionen sowie der Errichtung und dem Ausbau der Stadt. Doch widmet sich das Museum auch der Natur sowie den Sitten und Bräuchen der ansässigen Bevölkerung.

Bis vor kurzem war Tiksi eine „geschlossene Stadt", was auch heißt, daß seine Einwohner nur mit behördlicher Genehmigung verreisen oder wegziehen durften und ein Besuch von auswärts so gut wie unmöglich war.

Ein entfernter Verwandter meines Mannes, Militärhubschrauberpilot in Tiksi, scherzte einmal: „Die Welt ist ein Buch, und wer nicht reist, wird nur eine Seite davon lesen. Tatjana hat in bezug auf die Lena nur eine Seite nicht gelesen, das ist Tiksi."

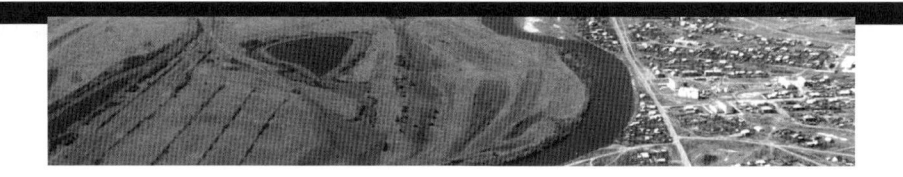

Immer wenn ich nach Tiksi komme, schreibe ich als erstes jede Menge Postkarten und gebe sie im Postamt auf. Eine Briefmarke mit dem Poststempel von Tiksi hat für russische Philatelisten - und wohl nicht nur für diese - einen überaus hohen Seltenheitswert.
Heute ist nur noch Tiksi-2 Sperrgebiet; seine Parabolantennen und Sendeanlagen zählen zu den am strengsten bewachten Militärobjekten Rußlands. Seit Tiksi-1 „offene Stadt" ist, sind rund 5 000 seiner Einwohner, das ist fast die Hälfte, weggezogen.

Ähnliches trifft auf ganz Sibirien zu. Was geht hier nur vor sich? Seit 1990 haben fünf Millionen Menschen Sibirien verlassen, und der Exodus hält weiter an. Woher das kommt? Zweifellos daher, daß die sibirische Provinz hinsichtlich der Versorgung im 19. Jahrhundert stehengeblieben ist. Noch am besten versorgt sind Orte, an denen Gas und Öl gefördert oder Uran, Diamanten und Gold abgebaut wird. Sie prosperieren. Die Aufteilung Sibiriens in reiche und arme Regionen hat schon Wjatscheslaw Schischkow in seinem Roman „Der dunkle Strom" beklagt. Die Sibirier hatten es stets schwerer als ihre Zeitgenossen im europäischen Teil Rußlands. Das liegt an verschiedenen Faktoren, darunter die klimatischen Verhältnisse, die Ferne zum Landeszentrum, der hohe zeitliche und finanzielle Aufwand für den Personen- und Warentransport, die lange Heizperiode sowie der erheblich höhere Bedarf an warmer Kleidung. Unsere heutigen Ökonomen aber, die über den Wirtschaftskurs des Landes entscheiden, gehen an Sibirien nicht anders heran als an alle anderen Regionen. Und das ist ein großer Fehler. Sibirien braucht eine Sonderbehandlung. Vor allem darf man nicht allein die rasche Ausbeutung seiner Ressourcen im Blick haben, sondern es muß auch um die Belange der Bevölkerung und die Steigerung des Lebensniveaus gehen. Es ist allgemein bekannt, daß die soziale Versorgung der Sibirier gegenüber der der Bevölkerung der zentralen Landesteile deutlich abgefallen ist.

Pjotr Stolypin, Rußlands letzter großer Reformer vor der Revolution, nahm einst an, daß Rußlands Bevölkerung bis Mitte des 20. Jahrhunderts auf 300 Millionen Menschen ansteigen werde und sich ein Großteil von ihr in Sibirien ansiedeln würde. Hauptsächlich auf ihn ist es zurückzuführen, daß in den letzten beiden Jahrzehnten der Zarendynastie die Transsibirische Eisenbahn gebaut und ein umfassendes wirtschaftliches Reformprogramm, das insbesondere der Landwirtschaft und dem sibirischen Dorf Rechnung trug, erarbeitet und begonnen wurde. So kam es beispielsweise, daß die berühmte sibirische Butter im Zedernholzfäßchen, die als Handelsprodukt auch in Europa großen Anklang fand, Rußland im Jahre 1912 mehr Gold einbrachte als die ganze Goldgewinnung in Sibirien. Die Presse schrieb damals, wenn Frankreich keine Maßnahmen ergreife, werden die Molkereierzeugnisse aus Sibirien die seinen vom Weltmarkt verdrängen. Daß es dazu doch nicht gekommen ist, geht freilich nicht auf Maßnahmen Frankreichs zurück.

Von der Stolypinschen Bevölkerungsprognose sind wir weit entfernt. Die Einwohnerzahl Rußlands sinkt dramatisch. Und Sibirien droht unter den Folgen

Die Profite aus den Rohstoffen Sibiriens fließen nicht in die Region zurück

einer viel zu weitgehend den Vorgaben des „Big Business" verpflichteten Wirtschaftspolitik fast zusammenzubrechen. Hier ist eine Kurskorrektur dringend geboten. Ein Teil des aus seinen Rohstoffen gewonnenen Profits muß in die allgemeine Entwicklung Sibiriens fließen, anstatt in die Taschen der neurussischen Milliardäre. Heute heißt es in Sibirien: „Rußland, das sind drei Länder für sich: ein asiatisches Land, nämlich Sibirien, ein europäisches Land und Moskau. Wir sprechen alle dieselbe Sprache, können uns aber allzu oft nicht mehr verständigen."

Und ein Klassenkamerad von mir, ein Erdölarbeiter in Sibirien, der zwei Wochen auf der Ölplattform arbeitet, dann zwei Wochen zu Hause in Moskau ist, äußerte sich auch skeptisch: „Weißt du immer hin und her. Und Privatflugzeuge kreuzen am Himmel über Jakutien, darin sitzen die Glückspilze,

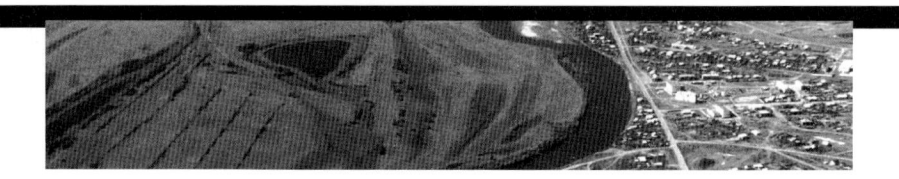

planen die Erschließung neuer Öl- und Gaslager. Die unsichtbare Linie, die Moskau immer von der Provinz trennte, ist bis heute geblieben. In Moskau zählt man heute 33 Dollar-Milliardäre und 30 000 Millionäre. Aber was produziert Moskau selbst? Nichts, außer Gesetzen und Fernsehprogrammen."
Ich blättere in meinen Aufzeichnungen „Gespräche mit Jakuten". Was meint eine Lehrerin aus Lensk? „Das Gas in unserer Erde sollte uns alle reich machen, aber wird sind arm wie in der Zeit vor der Öl- und Gasförderung. Unsere Regierung wiederholt unermüdlich, daß die Rohstofförderung im Interesse Ja-

kutiens ist. Lebenslang arbeiten wir für die Interessen des Staates. Natürlich, einiges hat sich geändert. Aber bei uns ist es doch immer so: dem kurzen europäischen Tauwetter folgt der lange jakutische Frost. Jeder Revolution folgt die Restauration. Der Kreml sucht nach einer nationalen Idee, die den Millionär in Moskau mit dem Jäger in Jakutien und dem Bauern an der Wolga verbindet. Dann würde alles stabil sein. Aber wann?"
Noch ein abschließender Blick auf Tiksi, der Endstation unserer Reise. Es ist ein Ort der Arktis wie jeder andere auch, ohne größere Besonderheiten. Dadurch aber, daß hier die Lena ihren 4 400 Kilometer langen beschwerlichen

Von Siktjach nach Tiksi

Weg beschließt und im Eismeer versinkt, nahm es in meinem Bewußtsein von jeher einen wichtigen Platz ein. Hier habe ich zum erstenmal ein Weltmeer erblickt!
Wann immer ich auch in Tiksi war, immer sah ich ganze Reihen von Ozeanriesen in seiner Bucht liegen. Wie oft wünschte ich mir da, von meinem kleinen Flußdampfer einfach auf eines dieser Hochseeschiffe umzusteigen und weiter, immer weiter und weiter zu fahren.
Und zugleich mit diesem Fernweh ergriff mich die Sehnsucht nach einer Zeit, da Menschen aus aller Herren Länder nach Jakutien kommen, um die Lena, diesen reinsten und schönsten Fluß der Welt, zu sehen, auf ihr von Ossetro-

wo bis Tiksi zu fahren und von dort weiter übers Meer: nach Osten über die Laptew-See und die Ostsibirische See bis Wladiwostok oder nach Westen über die Laptew-See, die Kara-See und die Barentssee bis Archangelsk, jenen nordwestlichsten Punkt Rußlands, von dem aus es bis Europa nur noch ein Katzensprung ist.
Einmal vor mehreren Jahren, als ich in Lensk eben ein Boot bestiegen hatte, winkte mir eine gute Bekannte von früher, ein altes jakutisches Mütterchen, vom Ufer aus zu und rief: „Ach Gottchen, Tanjuscha! Noch immer nicht unter die Leute gekommen? Du schipperst ja immer noch auf der Lena herum!

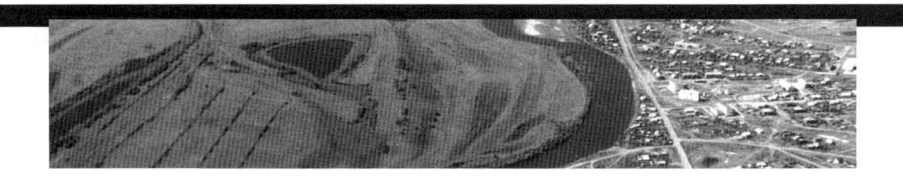

Andere sind inzwischen nach Jakutsk gezogen und haben sich ein Haus gekauft. Ich sag's ja, Gedichte schreiben bringt nichts!"
Aber das Boot hatte bereits abgelegt, so daß ich ihr nicht mehr antworten konnte. Wie hätte ich ihr auch erklären können, wo auf unserem schönen Planeten ich schon alles gewesen bin, seit wir uns das letzte Mal sahen. Ich war am Nil, am Tiber, an der Seine, der Themse und der Donau, am Rhein und am Amur, an der Wolga und am Jenissej. Im Golf von Biscaya erlebte ich einen Orkan, und ich tauchte ins Wasser des Stillen Ozeans.
Ich habe den Ausspruch von Jean Paul: „Nur Reisen ist Leben wie umgekehrt das Leben Reisen ist" geprüft und für richtig befunden.
Doch nach all meinen Reisen zog mich die Lena wie magisch zu sich zurück. Mir war mit den Jahren klargeworden, daß ihr nichts auf der Welt „das Wasser reichen" kann.
Oft sind mir gerade, wenn ich auf der Lena dahinfuhr, ganz unerwartete Gedanken gekommen. Einmal fragte ich mich, warum das Beste, was über die Lena geschrieben wurde, ganze Seiten, ja Kapitel der Begeisterung und Huldigung, aus der Feder Hergereister stammt. Und kam zu folgendem Schluß: Man muß die Lena als Städter und Ästhet, aus einer südlicheren Region kommend, kennenlernen, muß jahrelang an ihren Ufern leben, dann sich von ihr entfernen, durch die Welt reisen und wieder zu ihr zurückkehren - erst so wird man sie richtig wertschätzen und besingen können.
Wie fasse ich meine Sehnsucht nach ihr nur in Worte?
Nirgends so wie an der Lena kann ich den Strom und Pulsschlag des Lebens spüren, nirgends Menschen in so großer Zahl begegnen, die die Natur als ihren innersten Lebensquell empfinden und eine von allzu festem Reglement freie Daseinsform lieben - und die mir darin nahe sind.
Aus der Kälte und dem Pragmatismus der sogenannten kultivierten Welt auszubrechen und Nahrung für die Seele zu finden - das ist es, was mich immer wieder an die Lena zieht.
Nur die Lena vermag Raum und Zeit so durcheinanderzuwirbeln, daß die Jahrtausende zu einem einzigen „gestern, heute und morgen" verschmelzen. Sie ist ein Fluß, der der ganzen Menschheit gehört, denn sie verkörpert den Reichtum der Erde und des Menschen. Das macht den ungeheuren Zauber aus, den sie auf jeden Besucher ausübt. Ja, es stimmt, was die Jakuten sagen: „Nur an der Lena wirst du ganz du selbst."
„Kärssjochche di äri!" - Auf Wiedersehen!

Begriffe aus dem jakutischen Schamanismus*

Der Schamanismus - eine der ältesten religiösen, heilkundlichen und psychologischen Disziplinen - erwacht in unserem technisierten Zeitalter zu neuem Leben. Wer das Wirken und die Erfahrungen der Schamanen kennen- und verstehenlernen möchte, muß sich mit ihrer Terminologie vertraut machen.

Aal Luuk Mas (oder Aar Kuduk Mas): „Großer heiliger Baum"; Baum im Himmel, auf dem die Seelen der künftigen Schamanen reifen (siehe auch Schamanenbaum).

Aan Alachčyn: „Muttergeist der Erde"; für ihn wird bei bestimmten Ritualen die Salama (siehe dort) aufgehängt.

Abaahylar (Singular: Abaahy): böse Geister, die sich in allen drei Welten aufhalten. Verursachen Krankheit und Unglück. Gegen sie kämpft der weiße Schamane.

Abaahy ojuuna: schwarzer Schamane; steht mit den bösen Geistern in Verbindung.

Ajyylar (Singular: Ajyy): lichte Himmelsgottheiten, Schutzgeister eines Stammes. Ihre Verehrung ist mit der Pferdezucht verbunden. Beim Yhyach (auch Kumysfest genannt), wird ihnen durch einen weißen Schamanen das Kumysopfer dargebracht. Sie heißen: Ürüng Ajyy Tojon, Čyngys-chaan, Odun-chaan, Djylgha Tojon, Uottaach Dzhöhögöj, Süng-Dzhaahyn Tojon, Iäjiächsit, Ajyyhyt und Chotoj Chomporuun Tojon.

Ajyy ojuuna: Opferpriester beziehungsweise weißer Schamane, ursprünglich Diener des Ajyy-Kultes. Bittet die Stammesschutzgeister, Ajyylar, um das Wohl von Mensch und Tier, indem er ihnen das Kumysopfer darbringt. Er trägt einen Mantel aus weißem Fohlenfell und besaß ursprünglich keine Schamanentrommel (siehe auch Algysčyt).

Ajyyhyt: Göttin der Fruchtbarkeit und Fortpflanzung. Lebt im östlichen Himmel, dort, wo die Sonne aufgeht. Das von einem weißen Schamanen geleitete Fest ihr zu Ehren wird im Frühsommer gefeiert. Sie beschenkt die Frauen mit der Kinderseele und erscheint während des Gebärens in Gestalt einer weißen Stute. Drei Tage nach der Geburt des Kindes wird sie mit einer Zeremonie verabschiedet, an der nur Frauen teilnehmen.

Ala Buuraj: Gattin des Herrschers der Unterwelt Arsan Duolaj.

Algys: Anrufungsformeln zur Beschwörung von Geistern und Gottheiten.

Algysčyt (oder Algaaččy): Vertrauensperson des Oberpriesters beziehungsweise weißen Schamanen, die mit Hilfe von Anrufungsformeln, Algys, Geister und Gottheiten beschwört.

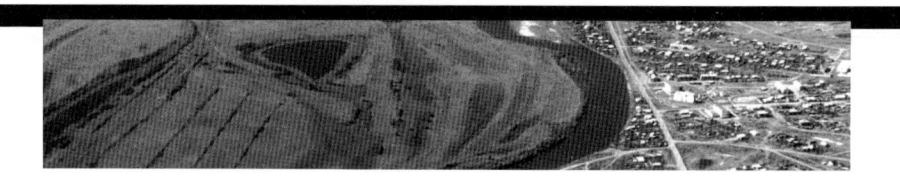

Arangas: Baumsarg. Berühmte Schamanen werden nicht in der Erde bestattet, sondern in einem Arangas beigesetzt, einem Sarg, der im Geäst einer Lärche befestigt wird. Stirbt die Lärche und fällt der Sarg herunter, wird ein anderer großer Schamane gebeten, das Ritual des „Aufhebens" zu vollziehen, worauf dieser den Sarg mit den Überresten des verstorbenen Schamanen auf einer anderen Lärche anbringt. Auch besonders verehrte Tiere wie Bären oder Adler können in einem Arangas beigesetzt werden (siehe auch Bärenkult).
Arsan Duolaj (beziehungsweise Kudaj Bachsy): Herrscher der Unterwelt, Schutzgottheit der Schmiede. Lebt mit seiner Gattin Ala Buuraj in einem Haus aus Eisen, das mit Eisendornen umzäunt ist. Wirkt gelegentlich auch bei der Initiation des Schamanen mit, bei der er dessen Seele im Feuer härtet (siehe auch Schmied).
Ämägät: Ahnengeist, Seele eines verstorbenen Schamanen. Schutzgeist und Helfer des Schamanen. Von besonderer Bedeutung bei der Initiation eines Schamanen.
Bajanaj: Geist des Waldes (der Taiga) und der Jagd. Von ihm hängt das Jagdglück ab.
Bärenkult: Besonders verehrte Tiere wie Bären und Adler werden in einem Baumsarg beigesetzt. Dadurch behält das Tier nach dem Tode seine magische Ganzheit und Reinheit und kann wiedergeboren werden, vorausgesetzt, jeder einzelne Knochen seines Skelettes wurde in den Sarg gelegt. Der Bär wird nicht bei seinem Namen, sondern „der Alte" oder „der im Wald Lebende" genannt.
Berufung des Schamanen: Ein Mensch kann nur von der Seele eines verstorbenen Schamanen, Ämägät, zum Schamanen berufen werden. Meist geschieht dies gegen seinen Willen. Wenn er sich weigert, droht ihm der Tod (siehe auch Initiation des Schamanen und Weihe des Schamanen).
Buor kut: eine der drei Seelen des Menschen (siehe auch Kut).
Chotun Kuochtuja: Gattin des Schöpfers der Lebenskraft Uluu Tojon.
Däjbiir: Kultgegenstand aus weißem Pferdehaar, mit Holzgriff. Wird von einem weißen Schamanen oder einer Vertrauensperson des Schamanen bei der Beschwörung von Geistern und Gottheiten oder auch bei der rituellen Reinigung verwendet.
Düngür: Schamanentrommel. Magisches Instrument, mit dem sich der Schamane in Trance und Ekstase versetzt. Wird aus dem Holz eines Schamanenbaumes geschnitzt. Ist rund oder oval und häufig mit Zeichen bemalt, die die verschiedenen Welten symbolisieren. Während der Séance verwandelt sich die Trom-

mel in ein dem Menschen unsichtbares Tier, in ein Pferd oder einen Vogel, auf dem sich der Schamane auf seine Himmelsreise begibt. Ihr mit Kalbsleder bezogener Schlegel kann dem Schamanen auch zur Weissagung dienen. Vor Beginn der Séance wird die Trommel am Feuer erwärmt; dadurch strafft sich ihre Bespannung, so daß ihr Klang voller wird.

Iččі: Herrengeist/er. Jedes Gewässer, jeder Wald, jeder Berg, jedes Weideland wie auch jeder Haushaltsgegenstand besitzt einen Herrengeist, dessen Rechte zu wahren sind. Die Mißachtung eines Iččі kann schwere Folgen haben. Der wichtigste Iččі ist der Geist des Kaminfeuers, Chatyan Temierije, den man sich als bärtigen Greis mit silbernem Haar vorstellt. Er beschützt das Haus und seine Bewohner. Ihm wird das Kumys-, in neuerer Zeit auch das Wodkaopfer dargebracht. Es gibt auch böse Iččі, die den Menschen Schaden zufügen; gegen sie kämpft der Schamane während seiner rituellen Reise.

Ije kut: eine der drei Seelen des Menschen. Stammt von dem Weißen Schöpferherrn, Ürüng Ajyy Tojon, ab und kehrt nach dem Tod des Menschen zu ihm in den Himmel zurück (siehe auch Kut).

Ije kyyl: „Muttertier". Doppelgänger oder Alter ego des Schamanen in Gestalt eines Vogels oder anderen Tieres. Schutzgeist, der den Schamanen auf seinen spirituellen Reisen vor bösen Mächten schützt. Mit ihm ist das Schicksal des Schamanen aufs engste verbunden. Er erscheint dem Schamanen dreimal im Leben: bei der Geburt, bei der Initiation und kurz vor dem Tod. Wenn der Schamane ihn erblickt, weiß er, daß der Tod nahe ist. Ije kyyl kann in Gestalt eines Adlers, Stiers, Bären, Elchs oder Rentiers auftreten, manchmal auch eines Hundes, was jedoch auf die Schwäche des Schamanen verweist. Wenn zwei Schamanen miteinander rivalisieren, bekämpfen sich ihre Ije kyyl. Derjenige, dessen Ije kyyl unterliegt und stirbt, wird alsbald selber sterben. Den Aufenthaltsort seines Ije kyyl hält der Schamane geheim.

Initiation des Schamanen: langwierige und leidvolle Entwicklung zum Schamanen. Den zum Schamanen Erwählten wirft es eines Tages aufs Lager nieder, wo er mehrere Tage leblos liegt und von Visionen heimgesucht wird. Währenddessen fallen die bösen Geister, Abaahy, oder die eigenen Vorfahren über ihn her, zerstückeln und verzehren seinen Leib und verstreuen seine Knochen in verschiedene Richtungen. Danach sammeln sie die Knochen wieder ein und fügen sie neu zusammen. Dabei darf kein einziger Knochen verlorengehen, denn für jeden fehlenden Knochen müßte ein Verwandter des Betreffenden sterben. Davon, welche Vorfahren oder bösen Geister von seinem Fleisch gegessen haben, hängt ab, welche Krankheiten er als Schamane heilen kann (siehe auch Berufung des Schamanen und Weihe des Schamanen).

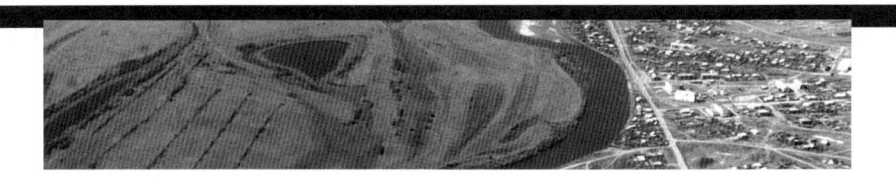

Körbüöččü: Seher; Person mit der Gabe der Hellsicht, wie sie auch Schamanen zugeschrieben wird.
Kosmologie: Der Kosmos besteht aus drei kosmologischen Zonen: Ober-, Mittel- und Unterwelt.
Kudaj Bachsy: siehe Arsan Duolaj und Schmied.
Kumys: leicht gegorene Stutenmilch. Beliebtes Erfrischungsgetränk. Wird beim Kumysfest, Yhyach, den Schutzgeistern beziehungsweise Himmelsgottheiten durch einen weißen Schamanen als Opfertrank dargebracht.
Kut: die drei Seelen des Menschen. Der Mensch besitzt drei Seelen, die durch die Lebenskraft, Sür, zusammengehalten werden und ein Ganzes bilden: die Erdseele, Buor kut, die seine äußere Gestalt bestimmt und nach seinem Tod in die Erde zurückkehrt; die Mutterseele, Ije kut, die die von Generation zu Generation weitergegebene Erbinformation trägt („verwaltet") und nach dem Tod des Menschen zum Schöpferherrn, Ürüng Ajyy Tojon, zurückkehrt, sowie die Luftseele, Salgyn kut, die die Gedanken- und Geisteswelt verkörpert und die Verbindung zur Außenwelt schafft. Sie wiederum verstreut sich nach dem Tod in der Luft. Auch Sür kehrt in den Himmel zurück, doch zum Schöpfer der Lebenskraft, Uluu Tojon. Solange der Mensch lebt, sind alle drei Seelen bei ihm; nur im Schlaf oder Trancezustand kann es geschehen, daß Salgyn kut sich vorübergehend entfernt, um durch die Welt zu schweifen. Das Erlöschen oder die Zerstörung von Sür bedeutet den Tod von Buor kut. Kinderlose gelten als zutiefst unglückliche Menschen, denn man glaubt, daß die Götter sie bestraft und die Kette ihres Ije kut bewußt abgebrochen haben. Ije kut ist bei allen Familienangehörigen gleich, was bedeutet, daß die Schuld des einzelnen die Bestrafung der ganzen Familie nach sich zieht.
Kuturuksut: Gehilfe des Schamanen bei der Séance. Muß den Schamanen an den Zügeln seines Gewandes halten, während dieser mit den bösen Geistern, die ihm auf seiner rituellen Reise begegnet sind, kämpft. Ließe er die Zügel los, würde die Seele des Schamanen nicht mehr zurückkehren können, was dessen irdischen Tod bedeutete.
Küöch Bolloch: Herrengeist oder auch Schutzgeist eines Gewässers.
Kyys Tangara: „Mädchengöttin". Wenn ein Mädchen gestorben ist, verbannt es der Schamane auf Wunsch der Eltern in eine Puppe. Diese wird in der Jurte aufgestellt und mit verschiedenen Opfergaben bedacht, etwa indem man ihr Speisen und Getränke hinstellt und ihren Mund mit Butter oder Fett bestreicht. Die Puppe wird an die nächste Generation weitergegeben.

Mänärik: auch „arktische Hysterie" genannt. Psychisches Leiden, besonders bei Frauen, das durch einen Schreck oder Schock ausgelöst wurde. Äußert sich in Angstzuständen, Weinkrämpfen, Imitationszwang, zuweilen auch pseudoepileptischen Anfällen. Die oder der Betroffene tanzt und singt ekstatisch, wie ein Schamane bei einer Séance. Man glaubt, daß dieser Mensch von bösen Geistern besessen ist.

Mittelwelt: eine der drei kosmologischen Zonen, in der die Menschen mit ihren Pferden und Rindern leben, sich jedoch auch die Herrengeister aufhalten.

Oberwelt: entspricht dem Begriff „Himmel". Eine der drei kosmologischen Zonen. Besteht aus sieben Himmelsschichten. Hier residieren vorwiegend die guten Gottheiten; in ihrem südlichen Teil halten sich auch böse Gottheiten auf.

Ojuun: jakutische Bezeichnung für Schamane. Das Wort Schamane kommt aus dem Ewenkischen (saman). Der Schamane besitzt die Gabe, zu den Geistmächten der verschiedenen Welten (der Ober-, Mittel- und Unterwelt) im Dienste seiner Mitmenschen Verbindung aufzunehmen. Auch betätigt er sich in seiner Gemeinschaft als Heiler, Wahrsager und Seelenführer. Als Vermittler zwischen den Welten stellt er während der Séance die gestörte Harmonie zwischen den Menschen und den Geistern (Gottheiten) wieder her.

Pferdekult: beruht auf der Vorstellung, daß das Pferd ein Urahne des Menschen ist, daß die Gottheiten erst das Pferd, dann das Halbpferd und schließlich den Menschen schufen. Das Pferd gilt als heiliges, reines Tier. In den Überlieferungen pflegen die guten Helden auf einem Pferd, die bösen auf einem Stier zu reiten. Bei der Séance sitzt der Schamane auf dem Fell einer Schimmelstute, hängen Zügel an seinem Gewand und kann sich seine Trommel in ein Pferd verwandeln. Den guten Geistern bringt er das Pferdeopfer, den bösen das Stieropfer dar. Die guten Geister ruft er herbei, indem er wie ein Pferd wiehert, die bösen hingegen mit Lauten, die dem Stier nachgeahmt sind (siehe Uottaach Djöhögöj).

Räuchern: Handlung, mit der der Schamane seine Séance vorbereitet. Er verbrennt Baumrinde, um mit ihrem Rauch den Ort der Séance zu reinigen. Auch pflegt er eine neue Behausung vor deren Bezug auszuräuchern, um eventuelle böse Geister zu vertreiben.

Salama: Auf einen aus gezwirntem (hellem und dunklem) Pferdehaar bestehenden Gurt aufgereihte Kumysgefäße und Stoffetzen. Wird beim Kumysfest, Yhyach, an ausgewählte Bäume gehängt. Diesem Ritual liegt der Glaube zugrunde, daß sich die örtlichen Geister bestimmte Bäume als Wohnsitz ausgesucht haben. Mit der Salama soll vor allem die Gottheit Aan Alachčyn beschworen werden.

Salgyn kut: eine der drei Seelen des Menschen (siehe auch Kut).

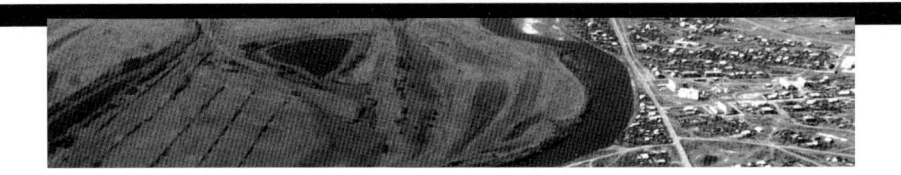

Särgä: Pfahl zum Anbinden von Pferden. Besteht aus einem geschälten dicken Lärchenstamm. Symbolisiert den Weltenbaum, der die drei kosmologische Zonen Ober-, Mittel- und Unterwelt miteinander verbindet. Ist mit drei waagerecht eingeschnitzten Rillen versehen; an der obersten pflegen die Himmelsbewohner, an der mittleren die Menschen der Mittelwelt und an der untersten die Geister der Unterwelt ihre Pferde anzubinden. Wird errichtet, wenn sich im Leben eines männlichen Stammesangehörigen ein bedeutendes Ereignis, wie Heirat oder ein Todesfall, zugetragen hat. Darf weder zerstört noch beseitigt werden. Seine Dauer wird den Naturkräften wie der Verwitterung anheimgestellt.

Schamane: siehe Ojuun.

Schamanenbaum: Turuu genannter Baum (meist eine Lärche) mit Nestern, in denen die Seelen künftiger Schamanen liegen und von einem Adler oder Raben ernährt und aufgezogen werden. Die Nester mit den Seelen großer Schamanen befinden sich in den oberen und die schwacher in den unteren Zweigen. Symbolisiert die Verbindung zwischen Ober-, Mittel- und Unterwelt (siehe auch Düngür und Aal Luuk Mas).

Schamanen-Séance: Wichtigste Handlung des Schamanen. Auftritt vor Zuschauern mit dem Ziel, einen Menschen oder ein Tier von einer Krankheit zu heilen. Der Schamane bereitet sich sorgfältig auf die Séance vor. Er legt ein besonderes Gewand an und versetzt sich mit rhythmischem Trommeln, magischen Sprüchen, Gesang und Tanz in Trance und Ekstase. Dann begibt sich seine Seele in andere Welten, sucht die Geister auf, die die Erkrankung verursacht haben, verhandelt oder kämpft mit ihnen. Dann führt er die Seele des Erkrankten auf die Erde zurück. Die Zuschauer nehmen regen emotionalen Anteil an seinen Handlungen und fallen ebenfalls in einen tranceähnlichen Zustand (siehe auch Düngür).

Schmied: Aufgrund seiner Macht über das Feuer und seiner Kunst, Metall zu formen, genießt der Schmied ein ebenso hohes Ansehen wie der Schamane. Ein jakutisches Sprichwort sagt: „Schmiede und Schamanen kommen aus demselben Nest." Wie der Schamane kann der Schmied heilen und die Zukunft voraussehen. Seine Schutzgottheit ist Arsan Duolaj (beziehungsweise Kudaj Bachsy); von ihm hat er sein Handwerk erlernt.

Sür: Lebenskraft, die die drei Seelen des Menschen vereint. Stammt vom Schöpfer der Lebenskraft, Uluu Tojon, ab, zu dem sie nach dem Tod ihres Trägers zurückkehrt (siehe auch Kut).

Tühülgä: runde Wiese, auf die die Himmelsgottheiten, Ajyylar, herniedergestiegen sind. Auf ihr wird das Yhyach gefeiert.

Udaghan: Jakutische Bezeichnung für Schamanin; manche Udaghan ist mächtiger als ihr männliches Pendant.

Uluu Tojon (auch Uluutujar Uluu Tojon oder Uluu Suorun Tojon): „Großer Herr"; „Sich rühmender Großer Herr"; „Großer Rabe-Herr". Gottheit im südlichen Himmel, Schöpfer der Lebenskraft, Sür, im Menschen und im Feuer, von dem die Schamanen abstammen. In späterer Zeit auch als böse Gottheit, die Krankheiten verursacht, gefürchtet, an die sich der schwarze Schamane während seiner Séance wendet. Gatte der Chotun Kuochtuja.

Unterwelt: unterirdischer Wohnort der bösen Geister. Wird von einer Halbsonne und einem abnehmenden Mond matt beleuchtet, so daß seine Atmosphäre einer trüben Fischsuppe gleicht. Den jakutischen Märchen nach wachsen dort wilde Pflanzen aus Eisen und ist überall Sumpf, „in dem selbst Spinnen versinken". Die Schamanen steigen auf ihrer Trommel in die Unterwelt hinab und überqueren in Gestalt eines Tauchvogels den See der Krankheiten, in dem zahlreiche Leichen an ihnen vorbeitreiben.

Uottaach Dzhöhögöj: Himmelsgottheit, Ajyy, die die Pferde erschaffen hat. Diese werden als ihre Kinder betrachtet (siehe auch Pferdekult).

Üör: Seele eines Verstorbenen, in die böse Geister gedrungen sind und mit ihr auf der Erde umherwandern. Verbreitet jene Krankheit, an der der Betreffende gestorben ist. Auch wer Selbstmord begangen hat, verwandelt sich in eine auf diese Weise umgetriebene Seele, die ihre Hinterbliebenen in Angst und Schrecken versetzt. Nur der Schamane kann Üör in das Reich der Toten verweisen.

Ürüng Ajyy Tojon: „Weißer Schöpferherr". Oberste Himmelsgottheit, der der weiße Schamane als Opferpriester dient. Sorgt für das Wohl der Menschen, verleiht dem Menschen die Mutterseele, Ije kut.

Weihe des Schamanen: Nach seiner Berufung und Initiation wird der angehende Schamane von einem erfahrenen Schamanen geweiht. Dieser bereist mit ihm in einer gemeinsamen Séance die verschiedenen Welten und zeigt ihm die Bahnen der Krankheiten und die Wege zu deren Heilung. Dann legt er ihm das Schamanengewand an und überreicht ihm die Trommel.

Weltenbaum: siehe Schamanenbaum.

Yhyach: Wenn die Stuten im Frühsommer gefohlt haben und Milch geben, wird das Kumysfest, Yhyach, gefeiert. Sein Hauptpart sind die Beschwörung der Göttin der Fruchtbarkeit und Fortpflanzung, Ajyyhyt, und die Darbringung des Kumysopfers, die von einem weißen Schamanen ausgeführt werden. Die Wiese, auf der das Kumysfest stattfindet, Tühülgä genannt, wird mit dem Grün junger Birken und Salama (siehe dort) geschmückt.

* Umschrift der Originalbezeichnungen nach Arial Unicode MS

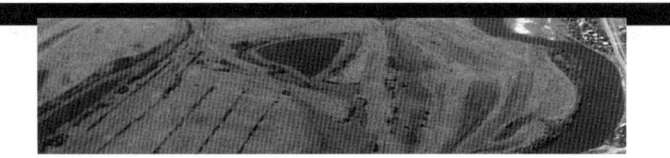

Informationen – einiges für Reisende

Formalitäten des Reisens
Für die Einreise in die Russische Föderation braucht man ein gültiges Einreisevisum, das für einen bestimmten Zeitraum ausgestellt wird. Jeder Besucher benötigt ein eigenes Visum. Für die Visabearbeitung müssen folgende Unterlagen eingereicht werden:
• ein gültiger Reisepaß (keine Paßkopie, da das Visum in den Paß eingeklebt wird). Der Paß muß mindestens drei Monate über das Ende der geplanten Reise hinaus gültig sein und mindestens eine leere Doppelseite aufweisen;
• ein Paßbild;
• das ausgefüllte und unterschriebene Antragsformular für die Visaerteilung (erhältlich bei den Konsulaten oder auf den Internetseiten der Botschaften);
• der Zahlungsbeleg über die Visagebühren (Bareinzahlungen oder Scheckeinreichungen sind in den Konsulaten nicht möglich, es kann dort nur mit EC- oder Kreditkarte bezahlt werden);
• der Nachweis über eine Auslandsreisekrankenversicherung bei einem von Rußland anerkannten Versicherungsunternehmen (die Liste der Versicherungen ist auf der Internetseite der Botschaften einzusehen);
• im Falle der postalischen Visabeantragung ein ausreichend frankierter Einschreiberückumschlag (bitte beachten Sie, daß im Konsulat in Berlin seit dem 1. August 2005 keine postalischen Visaanträge mehr bearbeitet werden);
• Touristen (auch Individualreisende) müssen eine förmliche Reisebestätigung eines russischen Reiseveranstalters sowie einen Voucher des deutschen oder des russischen Reiseveranstalters einreichen;
• für Geschäfts- und Dienstreisen, Studienaufenthalte sowie den Kultur- und Schüleraustausch muß die offizielle Einladung im Original des russischen Innen- oder Außenministeriums beigelegt werden (bei Aufenthalten von mehr als drei Monaten ist eine HIV-Testbescheinigung vorzulegen);
• bei Beantragung eines Mehrfachvisums muß eine offizielle Einladung des Außenministeriums eingereicht werden;
• bei Beantragung eines Transitvisums (bis zu 72 Stunden) ist das Ticket oder das Visum des Ziellandes vorzulegen;
• für Privatreisen muß eine förmliche Einladung eines russischen Staatsbürgers eingereicht werden. Diese muß bei der zuständigen Paß- und Visabehörde des russischen Innenministeriums (PVS, früher OWIR) beantragt werden.

Gebühren
Die Gebühren sind abzufragen über die Internetseiten der Botschaften. Sie richten sich nach der Art des Visums (Einfach- oder Mehrfachvisum, Geschäfts-, Privat-, Touristen- oder Tran-

sitvisum), der Aufenthaltsdauer und der gewünschten Bearbeitungszeit.
Die Visagebühren sind auf das Konto desjenigen Konsulats einzuzahlen, bei dem das Visum beantragt wird.
Ein Visumsantrag kann in den Konsularabteilungen und Generalkonsulaten gestellt werden:

In Deutschland
Botschaft der Russischen Föderation, Unter den Linden 63-65, 10117 Berlin, Tel.: 030/2291110, 2291129, Fax: 0190/2299397, e-mail: posolstvo@russische-botschaft.de, Internet: www.russische-botschaft.de
Konsulat der Botschaft der Russischen Föderation, Behrenstr. 66, 10117 Berlin, Tel.: 030/22651184 (kostenpflichtige Beratung), Fax: 0190/773313 (kostenpflichtige Faxverbindung für schriftliche Anfragen), Öffnungszeiten: Annahme der Unterlagen: Mo bis Fr 9.00 bis 12.00 Uhr, Ausgabe der Unterlagen: Mo bis Fr 12.00 bis 13.00 Uhr. Das Konsulat ist zuständig für Berlin, Brandenburg, Sachsen-Anhalt und Mecklenburg-Vorpommern.
Generalkonsulat Bonn, Waldstr. 42, 53177 Bonn, Tel.: 0228/6196076, 9319069, 3867930 (Fragen zu Visaangelegenheiten in deutscher Sprache), Fax: 0228/311563, 312164, e-mail: info@ruskonsulatbonn.de, Öffnungszeiten: Mo bis Fr 9.00 bis 12.00 Uhr. Das Konsulat ist zuständig für Baden-Württemberg, Hessen, Nordrhein-Westfalen, Rheinland-Pfalz und das Saarland.

Generalkonsulat Hamburg, Am Feenteich 20, 22085 Hamburg, Tel.: 040/2295201, 2295301, Fax: 040/2297727, e-mail: general.konsulat-hamburg@debi.tel.net, Öffnungszeiten: Mo bis Fr 9.00 bis 12.00 Uhr. Das Konsulat ist zuständig für Hamburg, Bremen, Niedersachsen und Schleswig-Holstein.
Generalkonsulat München, Seidlstr. 28, 80335 München, Tel.: 089/592528, 592503, Fax: 089/5503828, e-mail: ruskons mchn@t-online.de, Öffnungszeiten: Mo bis Fr 9.00 bis 13.00 Uhr. Das Konsulat ist zuständig für Bayern
Generalkonsulat Leipzig, Turmgutstr. 1, 04155 Leipzig, Tel.: 0341/5902923, Fax: 0341/5649589, e-mail: rusgenkon_leipzig@t-online.de, Öffnungszeiten: Mo, Mi und Fr 8.00 bis 12.00 Uhr. Das Konsulat ist zuständig für Sachsen und Thüringen

In Österreich
Botschaft der Russischen Föderation, Reisnerstr. 45-47, 1030 Wien, Tel.: 01/7121229, 7138622, Konsularabteilung, Reisnerstr. 45-47, 1030 Wien, Tel.: 01/7138622, 7121229, Fax: 7123388, e-mail: rusemb@chello.at
Generalkonsulat, Burgelsteinstr. 2, 5020 Salzburg, Tel.: 06626/624184, Fax: 06626/621743, e-mail: rusgencons@salzburg.telekom.at

In der Schweiz
Botschaft der Russischen Föderation, Brunnadernrain 37, 3006 Bern, Tel.:

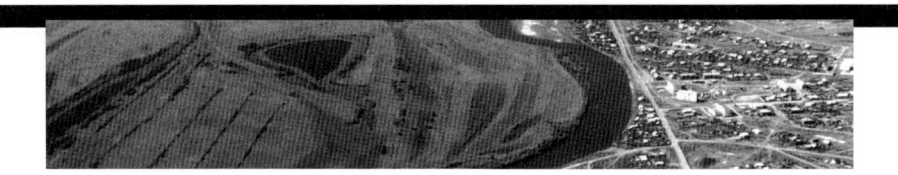

031/3520566, 3528517,
Fax: 031/3525595, e-mail: rusbotschaft
@bluewin.ch, Konsularabteilung,
Tel.: 031/3520567, 3520425,
Fax: 031/3526460
Generalkonsulat, Rue Schaub 24, 1202
Genf, Tel.: 022/7347955, 7349083,
Fax: 022/7344044,
e-mail: consulat.russie@bluewin.ch

Beachten Sie, daß Sie sich bei der örtlichen Paß- und Visastelle des russischen Innenministeriums innerhalb von drei Tagen nach Ihrer Ankunft anmelden müssen. Dafür ist ein Paßbild nötig. Übernachten Sie in einem Hotel, kümmert sich dieses um Ihre Anmeldung. Zu beachten ist zudem, daß für Ausländer in folgenden Verwaltungsbezirken der Republik Sacha (Jakutien) eine Sonderregelung hinsichtlich Einreise, Registrierung und Aufenthalt besteht: Anabarski, Allaichowski, Aldanski, Bulunski, Mirninski, Nischekolymski, Oimjakonski, Tomponski, Ust-Maiski und Ust-Janski. Dies gilt auch für die Stadt Nerjungri. In der Grenzzone an der jakutischen Küste - dies betrifft die Bezirke Nischnekolymski, Allaichowski, Ust-Janski, Bulunski und Anabarski sowie die Inseln des arktischen Sektors der Russischen Föderation - gelten besondere Bestimmungen. Hier müssen sich Ausländer innerhalb von 24 Stunden bei den Grenzschutztruppen beziehungsweise der kommunalen Behörde

anmelden. Diese sind auch über einen Ortswechsel und Ausflüge, die zu Orten, die weiter als fünfzig Kilometer vom Aufenthaltsort entfernt liegen, führen, zu unterrichten.

Geographie
Die Republik Sacha (Jakutien) liegt im nordöstlichen Teil des asiatischen Kontinents, im Einzugsbereich von Lena, Jana, Indigirka und des Unterlaufs der Kolyma. Sie grenzt im Süden an das Amurgebiet, im Südosten an das Gebiet Chabarowsk, im Osten an das Gebiet Magadan und den Autonomen Bezirk Tschukotka, im Westen an den zur Region Krasnojarsk gehörenden Ewenkischen Autonomen Bezirk, im Südwesten an das Gebiet Irkutsk, im Norden (über eine Strecke von über 4 000 Kilometer) an die Laptew-See und die Nordsibirische See. Jakutien umfaßt ein Gebiet von 3,1 Millionen Quadratkilometern, das sind 18,17 Prozent der Russischen Föderation oder Belgien, Dänemark, Deutschland, Finnland, Frankreich Griechenland, Großbritannien, Italien, die Niederlande, Norwegen, Schweden und die Schweiz zusammengenommen. Rund vierzig Prozent seines Gebietes liegen jenseits des Nordpolarkreises. Die Hauptstadt Jakutsk liegt 8 468 Kilometer von Moskau und 1 814 Kilometer von Wladiwostok entfernt. Sie hat rund 200 000 Einwohner. Die Landschaft ist vielfältig: Fluß- und

Seenlandschaften, Taiga und Tundra, Berge und Gletscher.

Klima

Jakutien ist reich an Kontrasten. Die Lufttemperaturen schwanken im Laufe des Jahres um hundert Grad Celsius - von plus vierzig Grad Celsius im Sommer bis minus sechzig Grad Celsius im Winter. In Oimjakon befindet sich der Kältepol der nördlichen Halbkugel; hier wurde schon eine Tiefsttemperatur von minus 71,2 Grad Celsius gemessen. Die Winter in Jakutien sind lang und sehr kalt, die Sommer hingegen kurz, meistens trocken und verhältnismäßig warm. Die Luft ist außerordentlich sauber.

Administrative Gliederung

Die Republik Sacha (Jakutien) ist administrativ in 33 Verwaltungsbezirke und zwei Städte gegliedert: Abyiski, Aldanski, Allaichowski, Amginski, Anabarski, Bulunski, Werchnewiljuiski, Werchnekolymski, Werchojanski, Wiljuiski, Gorny, Schiganski, Kobjaiski, Lenski, Megino-Kangalasski, Mirninski, Momski, Namski, Nerjungrinski, Nischnekolymski, Njurbinski, Oimjakonski, Oljokminski, Olenjokski, Srednekolymski, Suntarski, Tattinski, Tomponski, Ust-Aldanski, Ust-Maiski, Ust-Janski, Changalasski, Tschuraptschinski und Eweno-Bytantaiski sowie die Städte Jakutsk und Nerjungri. Insgesamt gibt es in Jakutien dreizehn Städte. Die wichtigsten sind neben der Hauptstadt Jakutsk die Stadt Mirny, Verwaltungszentrum der Diamantregion Mirny, und Nerjungri, Industrie-, Verkehrs- und kulturelles Zentrum im Süden der Republik.

Zeit

Jakutien erstreckt sich über drei Zeitzonen - der Zeitunterschied zu Moskau beträgt sechs, sieben beziehungsweise acht Stunden, zu Deutschland sind es entsprechend acht, neun und zehn Stunden.

Bevölkerung

Die Republik Sacha (Jakutien) hat eine durchschnittliche Bevölkerungsdichte von 0,3 Menschen pro Quadratkilometer und insgesamt 982 400 Einwohner, von denen 633 500 Städter sind. Das Durchschnittsalter beträgt 30,9 Jahre. Die Bevölkerung setzt sich aus über 120 Nationalitäten zusammen. In der Republik leben 382 000 Jakuten (39,6 Prozent). Den größten Anteil stellen die Russen mit fünfzig Prozent. Zudem leben dort unter anderen Ukrainer (4,4 Prozent), Ewenken (3,5 Prozent), Ewenen (1,3 Prozent), Tataren (1,3 Prozent), Burjaten (0,6 Prozent), Belarussen (0,5 Prozent), Baschkiren, Moldawier, Tschuwaschen (je 0,3 Prozent), Deutsche (0,2 Prozent), Mordwinen (0,2 Prozent) und Jukagiren (0,1 Prozent). Wurde in Jakutien über Jahrzehnte eine hohe Zuwanderung verzeichnet, so ist heute eine starke Abwanderung zu beobachten. 2002 haben innerhalb von fünf Monaten 1956 Menschen die Republik verlassen.

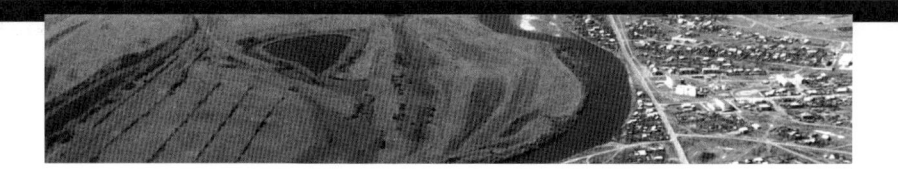

Sprache
Offizielle Sprachen sind Russisch und Jakutisch. Reist man als Individualtourist über Land kommt man ohne Russischkenntnisse in der Regel nicht sehr weit.

Staatssymbole
Als Teilrepublik der Russischen Föderation besitzt Jakutien eine eigene Staatsflagge und ein eigenes Staatswappen. Die Entwürfe dazu wurden am 14. Oktober beziehungsweise 26. Dezember 1992 vom Obersten Sowjet Jakutiens angenommen.
Das Wappenemblem stellt einen Reiter mit Banner dar. Die Abbildung wurde unverändert von den Schischkino-Felszeichnungen im Gebiet Irkutsk übernommen, das heißt so, wie die Vorfahren der Jakuten sie vor Tausenden Jahren hinterlassen haben. Umrahmt ist die Figur von einem rhombenförmigen Ornament, das bei allen Nationalitäten des Hohen Nordens zu finden ist. Veränderungen wurden nur insofern vorgenommen, als es gleichzeitig an einen Diamantkristall erinnern soll. Es besteht aus sieben Figuren, was der Anzahl der wichtigsten in Jakutien lebenden Nationalitäten entspricht: Jakuten, Russen, Ewenken, Ewenen, Tschuktschen, Dolganen und Jukagiren.

Die Farben der Flagge symbolisieren die geographischen und klimatischen Besonderheiten sowie die geschichtlichen und kulturellen Traditionen des Landes. Ihrer Mythologie nach halten sich die Jakuten für „Kinder der weißen Sonne". In der Mitte der jakutischen Flagge erscheint eine im Zenit stehende weiße Sonne auf blauem Grund, der den Himmel symbolisiert. Darunter verlaufen waagerecht schmale weiße, rote und grüne Streifen. Der weiße Streifen und die Sonne verweisen auf die rauhe Schönheit Jakutiens und die Herzens- und Gesinnungsreinheit seiner Bewohner. Das Grün steht für Fruchtbarkeit und Fortpflanzung sowie Freundschaft und Brüderlichkeit und das Rot in erster Linie für Lebenskraft, doch auch für Schönheit und Heimatverbundenheit. Die Kombination von Rot, Weiß und Grün ist auch für die Volkskunst Jakutiens charakteristisch.

Feiertage
1. und 2. Januar - Neujahr
7. Januar - orthodoxe Weihnachten
23. Februar - Tag der Streitkräfte
8. März - Internationaler Frauentag
1. Mai - Internationaler Tag der Arbeit
9. Mai - Tag des Sieges über den Faschismus
12. Juni - Tag Rußlands
4. November - Tag der Einheit des Volkes
12. Dezember - Tag der Verfassung

Informationen - einiges für Reisende

Neben diesen offiziellen russischen Feiertagen wird am **21. Juni** - „Yhyach" (Kumysfest) gefeiert. Es ist das Fest zur Sommersonnenwende und zum Neujahr nach altem jakutischen Kalender.

Telefonieren
Vorwahl nach Rußland: Tel.: 007
Vorwahl von Jakutsk: 4112 (innerhalb Rußlands: 411)
Vorwahl von Pokrowsk: 41144 (innerhalb Rußlands: 244)
Vorwahl von Srednekolymsk: 41156 (innerhalb Rußlands: 256)
Vorwahl von Oljokminsk: 41138 (innerhalb Rußlands: 238)
Vorwahl von Mirny: 41136 (innerhalb Rußlands: 236)
Vorwahl von Lensk: 41137 (innerhalb Rußlands: 237)
Vorwahl von Wiljuisk: 41132 (innerhalb Rußlands: 232)
Vorwahl von Aldan: 41145 (innerhalb Rußlands: 245)

Nach Deutschland: Tel.: 8-10-49
Nach Österreich: Tel.: 8-10-43
In die Schweiz: Tel.: 8-10-41

Elektrizität
In Rußland beträgt die Netzspannung 220 Volt, 50 Hertz. Mit einem Steckeradapter lassen sich alle mitgebrachten elektronischen Geräte nutzen, oft paßt auch der Euro-Stecker.

Geld
Die russische Währung ist der Rubel, er ist das einzige Zahlungsmittel im Lande. Der Umtauschkurs von Rubel zu Euro betrug im Februar 2007 34,54 Rubel für einen Euro. Im Umlauf sind Banknoten im Wert von 10, 50, 100, 200, 500, 1 000 und 5 000 Rubel. Geld kann in Banken, Wechselstuben und Hotels getauscht und an Geldautomaten (diese finden sich in fast allen Banken) abgehoben werden. Es empfiehlt sich, die Kurse zu vergleichen und immer nur kleine Summen zu wechseln. Achten Sie darauf, daß Sie für den täglichen Bedarf genügend Bargeld bei sich haben. Kreditkarten werden in einigen Hotels, darunter „Tygyn Dachan" und „Polarnaja Swesda", akzeptiert.

Kriminalität und Sicherheit
Natürlich gilt es in Jakutien, die üblichen Sicherheitsvorkehrungen zu beachten. Man sollte Geld nur in den offiziellen Wechselstuben tauschen, Geld, Paß und Tickets stets getrennt aufbewahren, Geld, Wertsachen und Dokumente nicht im Hotelzimmer lassen, an öffentlichen Plätzen und in den Verkehrsmitteln auf Gepäck und Handtasche achten und nachts nicht allein durch die Straßen laufen. Insgesamt sind es Sicherheitsvorkehrungen, die weltweit zu beachten sind.

Fotografieren und Filmen
Im Prinzip sind das Fotografieren und das Filmen überall erlaubt. Die Museen handhaben die Erlaubnis zum Fotografieren und Filmen unterschiedlich. Das

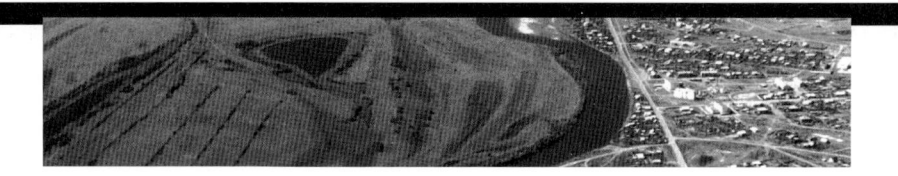

Museumspersonal gibt Ihnen darüber gerne Auskunft. Streng verboten ist das Fotografieren und Filmen von Militär- und strategischen Objekten (zu letzteren zählen auch Häfen, Flughäfen und die Grenzstellen). Besondere Regelungen sind in den Grenzregionen zu beachten.

Nützliche Telefonnummern
Miliz: Tel.: 01
Feuerwehr: Tel.: 02
Schnelle Medizinische Hilfe: Tel.: 03
Taxi in Jakutsk (in der Regel privat): Tel.: 553, 580, 1477
Flughafen Jakutsk, Ul. Gagarina 10, Tel.: 244512, Flughafeninformation: Tel.: 006
Flußhafen Jakutsk, Ul. Nowoportowskaja 1, Tel.: 243416, Information: Tel.: 349613
Lenaschiffahrt, Jakutsk, Ul. Dserschinskogo 2, Tel.: 424324, Tel./Fax: 425151, e-mail: ltf.lorp@mail.ru, Internet: www.lentourflot.ru

Übernachtung
Polarnaja Swesda, Jakutsk, Lenin Prospekt 24, Tel.: 341215, 366906, Fax: 341221
Tygyn Dachan, Jakutsk, Ul. Ammosowa 9, Tel.: 435309, 435509, Fax: 435354
Lena, Jakutsk, Lenin Prospekt 8, Tel.: 424811, 421194, 342707
Kolos, Jakutsk, Ul. Kuraschowa 28/1, Tel.: 3656124, 370595

Artyk, Jakutsk, Ul. Korolenko 6/1, Tel.: 425644
Ontario, Jakutsk, Wiljuiski Trakt 6, Tel.: 365058, 422066
Sterch, Jakutsk, Lenin Prospekt 8, Tel.: 342805, 424209
Parus, Jakutsk, Lenin Prospekt 7, Tel.: 423727, Fax: 422762

Bed & Breakfast gibt es in Jakutsk in der Ul. Petrwoskogo 19/1 (Zimmer mit eigenem Bad und WC), in der Ul. Tschernytschewskogo 2/1, in der Ul. Alexejewa 5/1 und in der Ul. Popowa 16/2, zudem in Oimjakon, Ust-Nera, Tiksi, Oljokminsk, Werchojansk, Batagai, Nerjungri, Mirny und Suntar.

Museen
Vereinigtes Jakutisches Staatliches Jaroslawski-Museum für Geschichte und Kultur der Völker des Nordens, Jakutsk, Lenin Prospket 5/2, Tel.: 425260. Das Museum ist eines der ältesten und reichsten Museen Sibiriens und des Fernen Ostens. Es wurde 1891 gegründet und hat 140 000 Exponate in seinem Bestand. Thematisch ist es unter anderem gegliedert in die Abteilungen: Natur, Geschichte, Ethnographie, Völker des Nordens, Wirtschaft und Industrie, Bodenschätze, Kunst. Das Museum hat vier Filialen:
Tscherkechsker Museum für politische Verbannte, Tscherkech, Ul. Troschtschanskogo 2

Jaroslawski-Hausmuseum, Jakutsk, Lenin Prospekt 5/2 (hier lebte Emelgan Jaroslawski mit seiner Familie während seiner Verbannung).
Hausmuseum „Geschichte der politischen Verbannung", Jakutsk, Ul. Jaroslawskogo 5. 1951 unter dem Namen „Bolschewiken in der jakutischen Verbannung" gegründet, erhielt es in der Perestroikazeit seinen heutigen Name.
Ammasow-Hausmuseum, Jakutsk, Ul. Ammosowa 3/4, Tel.: 234077. Das Museum wurde 1987 zum Gedenken an Leben und Tätigkeit Maxim Ammosows gegründet. Gezeigt werden seine persönlichen Dinge, Dokumente und Fotografien.
Nationales Kunstmuseum, Jakutsk, Ul. Chabarowa 27, Tel./Fax: 457536. Das Museum wurde im Jahre 1928 gegründet und besaß damals 106 Exponate. Heute finden sich in seinem Bestand mehr als 10 000 Kunstwerke. Die Sammlung umfaßt Graphiken und nationale Kunst Jakutiens, russische Kunst des 18. bis ins frühe 20. Jahrhundert, ausländische Kunst des 19. und 20. Jahrhunderts und russische Kunst des 20. Jahrhunderts. Das Museum hat außerhalb Jakutsks drei Filialen, nämlich die Wiljutschanskaja Kunstgalerie im Ulus Suntar, das Kunstmuseum in Namski und die Gemäldegalerie in Chabarlachsk. In Jakutsk findet sich zudem die Gabischew-Galerie für ausländische Kunst.
Permafrostinstitut der Sibirischen Abteilung der Russischen Akademie der Wissenschaften, Jakutsk, Ul. Merslotnaja 36, Tel./Fax: 334476, e-mail: mpi@ysn.ru. Das Institut wurde 1961 gegründet und gilt als einzigartige wissenschaftliche Institution zur Erforschung der Auswirkungen des Dauerfrostes auf Natur und Mensch. Exkursionen führen in die unterirdischen Forschungsstätten.
Museum der Fauna der Mammut der Akademie der Wissenschaften der Republik Sacha (Jakutien), Jakutsk, Ul. Kulakowski 48, Tel./Fax: 361647. Das Museum wurde 1991 als Wissenschafts- und Kulturzentrum gegründet. Die Ausstellung informiert über Forschungen zur Fauna der Mammut- und der Eiszeit insgesamt. Es ist das einzige auf diese Thematik spezialisierte Museum. Die Mammutfossilien sind wertvolle prähistorische Funde und werden als nationales Erbe betrachtet.
Internationales Museum der Chomus-Musik, Jakutsk, Ul. Kirowa 33, Tel.: 354644, Fax: 359470. Das Chomus ist eines der ältesten Musikinstrumente der Welt. Die reiche und einzigartige Ausstellung präsentiert mehr als 400 unterschiedliche Typen von Chomus vieler Völker der Welt.
Ethnographisches Museum für Geschichte und Kultur „Druschba", Ust-Aldanski Rayon, Sottinzy, Tel.: 23171. Das Museum macht mit der Geschichte, der Architektur sowie der Kultur und Lebensweise der Völker Jakutiens bekannt. Neben einer Kopie der Erlöserkirche aus dem Sawischersker

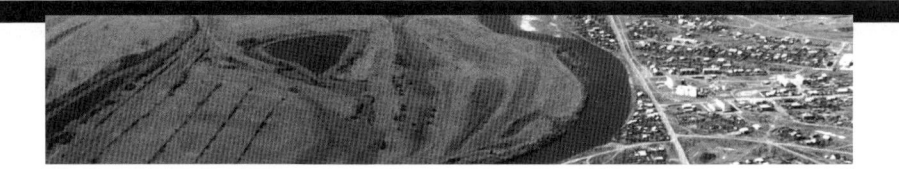

Ostrog finden sich traditionelle russische Haus- und Wirtschaftsgebäude, traditionelle Winter- und Sommerbehausungen der Jakuten, eine Windmühle und anderes mehr. Die Ausstellungen machen mit Kunst, Kultur und Alltag der Ewenen, Ewenken, Jukagiren, Dolganen, Tschuktschen und anderen Völkern bekannt. Zu sehen sind Alltags- und Wirtschaftsgegenstände, Schmuck, Kleidung und vieles mehr.
Museum für Geschichte und Kultur der Völker des Nordens, Werchnekolymski Rayon, Sirjansk, Ul. Boduikow 7, Tel.: 21366
Museum der Geschichte des Bürgerkrieges in Jakutien, Amga, Ul. Lenina 2, Tel.: 21209
Historisches und Ethnographisches Museum, Tschuraptscha, Ul. Museinaja 2, Tel.: 21812
Historisches und Ethnographisches Museum, Werchnewiljuisk, Ul. Karla Marksa 2, Tel.: 21738
Historisches und Ethnographisches Museum, Namzy, Ul. Faisulina 7, Tel.: 21541
Geschichts- und Heimatkundemuseums, Aldan, Ul. Gorkogo 64, Tel.: 24268
Heimatkundemuseen finden sich unter anderem auch in Ust-Maja, in Ust-Nera, in Srednekolymsk, in Wiljuisk und Kobjai, im Momski Nationalen Rayon sowie in den Ulussen Abyiski und Changalasski.

Theater
Staatliches Russisches Dramentheater, Jakutsk, Lenin Prospekt 21, Tel.: 421612
Jakutisches Staatliches Akademisches Theater, Jakutsk, Ul. Ordschonikidse 1, Tel.: 342823, Fax: 343340
Staatliches Opern- und Ballettheater, Jakutsk, Lenin Prospekt 46, Tel.: 261058
Theater des Nationalen Tanzes, Jakutsk, Ul. Dserschinskogo 13, Tel.: 442284
Staatlicher Zirkus der Republik Sacha, Jakutsk, Ul. Oiunski 8/2
Staatliches Dramenwandertheater, Njurba, Ul. Lenina 79, Tel.: 225429
Nerjungrinsker Staatliches Schauspiel- und Puppentheater, Nerjungri, Ul. Jubileinaja 1, Tel.: 221437

Küche
Fleisch, Fisch und diverse Milchprodukte sind Grundelemente der Küche der Völker des Nordens, die ungemein schmackhaft und bekömmlich ist. Fisch wird in roher, gesalzener, geräucherter und getrockneter Form gereicht. Gegessen wird Rind-, Rentier-, Bären- und Pferdefleisch. Ein Nationalgetränk ist Kumys - gegorene Stutenmilch, die überaus gesund und erfrischend ist.

Souvernirgeschäfte in Jakutsk
Schöne Mitbringsel sind unter vielen anderen nationale Kleidungsstücke, Schuhe und Stiefel, Fell- und Leder-

utensilien, Souvenirs aus Stein, Mammutzahn und -knochen, Souvenirs aus Birkenrinde, Schmuck, Gemälde und Graphiken örtlicher Künstler.
Sardaana, Ul. Ossipenko 8/1, Tel.: 461031, 461049. Verkaufsraum der Staatlichen Nationalen Gesellschaft für Kunsthandwerkserzeugnisse
Kudai Bachsy, Ul. Ammosowa 6, Tel.: 320793. Verkaufsraum der Nationalen Stiftung für Kunsthandwerkserzeugnisse

Touristisches Jakutien
Das touristische Angebot in Jakutien ist vielfältig. Bootswanderungen und Flußschiffahrten bieten sich an, Angelurlaube natürlich, Wander-, Abenteuer- und Erlebnisurlaube, etwa Exkursionen zum Kältepol, Taigawanderungen, auf den Spuren der Mammuts, die alten Nomadenrouten, Leben der Rentierzüchter, Studienreise in die Gold- und Diamantregionen, Reisen zum Polarlicht. Botaniker kommen auf ihre Kosten wie auch Ornithologen, die etwa im Lena-Delta rund neunzig Vogelarten beobachten können. Und an Ethnologie Interessierte finden in Jakutien mit seinen rund 120 Nationalitäten reichhaltiges Material. Im folgenden seien vier Flußwanderungen empfohlen.
Bootswanderung auf dem Bolschoi Nimnyr: Die Tour beginnt in der Siedlung Bolschoi Nimnyr unterhalb der Aldan-Hochebene. Der Bolschoi Nimnyr fließt durch ein schmales Tal. Die Ufer sind flach und steinig, die Fahrrinne ist überall frei. Das durchschnittliche Gefälle liegt bei acht bis zehn Metern pro Kilometer. Die Fließgeschwindigkeit schwankt zwischen fünf und zehn Kilometern pro Stunde und erreicht auf den Stromschnellen fünfzehn Kilometer pro Stunde. Der Bolschoi Nimnyr ist kaum mehr als sechzig Meter breit. Insgesamt sind auf der Strecke 23 Stromschnellen zu bewältigen, davon zwei der Schwierigkeitsstufe vier, fünf der Stufe drei, die übrigen der Stufe zwei. Die Stromschnellen folgen rasch aufeinander, was die Fahrt anstrengend, aber abwechslungsreich macht. Rasten kann man überall. Die Tour erfordert einige Gebirgsflußerfahrungen.
Bootswanderung auf der Lena: Beispielsweise eine Fahrt mit Kanus oder Katamaranen vorbei an den Lena-Säulen. Sieben Tage sind für den Besuch des Nationalparks „Lena-Säulen" eingeplant. Vom Ufer aus werden Wanderungen ins Innere der Säulen-Landschaft, zu den Sanddünen (Tukulany) und der Ausgrabungsstätte der ältesten prähistorischen Siedlung Jakutiens unternommen. An den schönsten Bade- und Angelplätzen gibt es Zeit für Erholung und Entspannung. Diese Flußfahrt ist auch für Flußunerfahrene problemlos zu bewältigen.
Kanufahrt auf der Sinjaja: Die Fahrt beginnt am Flußgrenzzeichen zum Nationalpark „Lena-Säulen" und geht die Sinjaja hinab bis zur Mündung in die

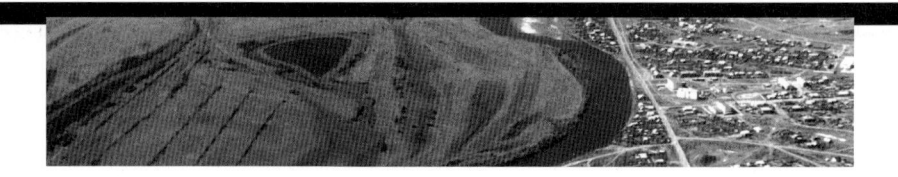

Lena bei Sinsk. Flora und Fauna der Sinjaja sind überaus vielfältig. Der Fluß windet sich zwischen Abhängen hindurch, die schließlich in siebzig bis hundert Meter hohe Felsen übergehen. Er führt ständig Gletschereis mit sich, das im Winter eine Stärke von drei bis vier Metern hat, im Sommer aber teilweise schmilzt.

Kanutour auf der Buotama: Diese Tour ist für Reisende jeden Alters attraktiv, denn sie ist relativ einfach. Es geht durch eine reizvolle Landschaft durch den Nationalpark Lena-Säulen. Das Wasser der Buotama ist herrlich klar und frisch, sie ist so reich an Fisch, daß auch der unerfahrene Angler nicht leer ausgehen wird. An den hügeligen Ufern erstrecken sich mit Nadel- und Laubbäumen durchmischte Lärchenwälder. Die Ufer sind flach, mit Kies und Geröll bedeckt oder bis ans Wasser mit hohem Gras bewachsen. Immer wieder gibt es malerische Felsufer und Felswände. Die Tour startet an der Buotama-Mündung in die Lena mit einem siebzig Kilometer langen Fußweg zum Oberlauf des Flusses. Dann geht es 300 Kilometer per Kanu bis zur Siedlung Bulgannjachtach.

Angelurlaub: Die Fischfangsaison dauert von Juli bis September, doch die günstigste Zeit sind die Wochen vom 10. August bis 15. September, wenn die Fische am aktivsten sind und die Wassertemperatur am beständigsten ist. In der Lena ebenso wie im Aldan, Wiljui, Delkanka, Lepisk, Djanyschka, Undjuljunga und anderen Flüssen, an denen Angelurlaub angeboten wird, gibt es unwahrscheinlich viele Arten von Fischen - Hechte, Sibirische Lachse, Lachsforellen, Ketalachse, Störe und viele andere. Diese Flüsse haben den Status von Naturschutzgebieten. Im Djanyschka-Becken etwa gibt es vierzig Gletscherarten, die dafür sorgen, daß das Wasser auch im Hochsommer eiskalt bleibt, weshalb die Fische sehr schnell eine dicke Fettschicht bekommen. Den sibirischen Lachs findet man vor allem in den den Werchojansker Höhen entspringenden Flüssen des Lena-Beckens (es bedarf einer Sondergenehmigung für den Nationalpark „Ust-Wiljuisk", um dort Angeln zu können). Ergiebig sind auch Oljokma (vor allem Äsche, Ketalachs, Limba), Bessjuk, Dschardschan, Sangandscha und Olenjok.

Ratschläge für Jakutienreisende
Reisen Sie im Winter nach Jakutien, gehören warme Kleidung und Frostschutzsalbe ins Gepäck. Im Sommer ist es in manchen Gegenden Jakutiens sehr heiß, daher empfiehlt es sich, auch leichte Kleidung mitzunehmen. Für die Flußfahrten sollten Sie eine Kopfbedeckung und einen Pullover oder Anorak bei sich haben - auf Jakutiens Flüssen pflegt es auch im Som-

Informationen - einiges für Reisende

mer sehr kühl zu sein. Bei Fußwanderungen sollten Sie unbedingt bequeme, feste Schuhe tragen. Auch eine Sonnenbrille gehört ins Gepäck.
Ein häufiges Ärgernis für Reisende sind die angriffslustigen Mücken der Taiga. Zum Schutz sollten Sie sich mit Reppelent oder Antimückenöl einreiben, bevor Sie eine Taigawanderung antreten. Zu empfehlen ist eine Zecken-Enzephalitis-Impfung. Die Zecke findet sich vorwiegend in den Wäldern Südjakutiens und ist von Mai bis September aktiv. Die Impfung garantiert zwar keinen hundertprozentigen Schutz, schwächt aber im Fall eines Bisses den Krankheitsverlauf deutlich ab.
Zecken bevorzugen als Lebensmilieu feuchten Wald mit Bruch- und Unterholz und hohem Gras. Sie treten häufiger in der Nähe von Behausungen, Straßen und Wanderpfaden als im Taigadickicht auf. Sie sitzen im Gras oder Gesträuch, heften sich dem Vorbeikommenden an die Kleidung und kriechen von dort zu einer unbedeckten Körperstelle weiter. Zu empfehlen ist Kleidung, die Schutz vor Zeckenbissen bietet. Sie sollte aus festem Stoff sein, mit einer Kapuze und mit Gummizug an den Ärmeln und Hosenbeinen. Zumindest aber sollten Sie zeckenvertreibende Repellents, wie zum Beispiel Däta, verwenden.

Jakutien im Internet
www.sakha.gov.ru - offizielle Seite der Republik mit Nachrichten, Informationen über die Machtstruktur, die administrativ-territoriale Gliederung und die Besonderheiten eines jeden Ulus (Verwaltungsbezirk), viele Links
www.sakha-info.ru - Kultur-, Bildungs- und Informationsseite. Nachrichten, sehr große Linksammlung, vor allem auch Verweise auf die Internetseiten von Künstlern, Schriftstellern und anderen Vertretern des kulturellen Lebens, eine sehr inhaltsreiche Seite
www.ykt.ru - Seite der Stadt Jakutsk, ebenfalls mit vielen Links
www.yakutiatravel.com - alles rund um den Tourismus und viele Informationen für Reisende
www.yakutia.ru - Internet-Provider mit Telefonbuch
www.sci.yakutia.ru - Seite des Jakutschen Wissenschaftszentrum
www.ysu.ru - Seite der Staatlichen Universität Jakutiens
www.ymts.sakha.ru - Seite der jakutischen Telefongesellschaft
www.siberia-travel.com - Seite des Reiseunternehmens „Lena-Tour"
www.artictravel.ru - Seite des Reiseunternehmens „Arctic Travel"
www.gazetayakutia.ru - elektronische Version der republikanischen Tageszeitung „Jakutia"

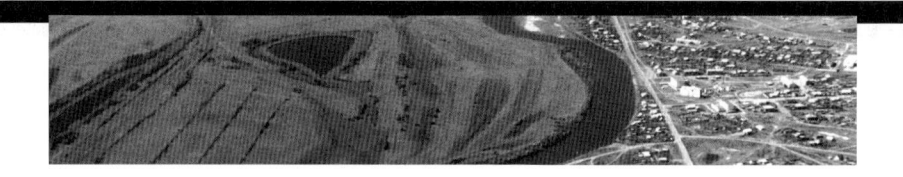

Post scriptum

Bei der Arbeit an diesem Buch haben mich zahlreiche Personen auf die eine oder andere Weise unterstützt. Viele von ihnen kenne ich nicht einmal persönlich; es waren zufällige Gesprächspartner auf Schiffen, Hubschrauberpiloten, die mich freundlicherweise mitnahmen, Schalterbeamte an Flußbahnhöfen, Kapitäne von Schleppzügen oder Tankschiffen, Barpersonal in nächtlichen Flughäfen, Jäger und Fischer und einmal sogar eine Funkerin von einer Polarstation (jene, die mir die kleine Schamanenfigur aus Mammutknochen schenkte).

Zwei Freundinnen aber möchte ich an dieser Stelle gesondert danken. Sie haben mir bei der Beschaffung der Fotos und bei der Auswahl des Geschichtsmaterials unschätzbare Dienste geleistet.

Die eine, die Deutsche Marlies Ritter, sagte einmal zu mir: „Reisen fördert Verstand und Wißbegier, freilich muß beides auch schon da sein." Ihr frischer Blick, ihre große Beobachtungsgabe und genaue Erinnerung sind meiner eigenen Erinnerung an Jakutien außerordentlich zugute gekommen.

Die andere ist die jakutische Germanistikstudentin Katerina Potapowa. Die Gespräche mit ihr haben mich beim Schreiben ungemein beflügelt, und die von ihr zusammengestellten und erläuterten „Begriffe aus dem jakutischen Schamanismus" empfinde ich als eine wunderbare Bereicherung meines Buches.

Mein Dank gilt auch Alexander Nitzberg für die Übertragung der Gedichte in die deutsche Sprache.

Tatjana Kuschtewskaja

Karte

Verlauf der Lena

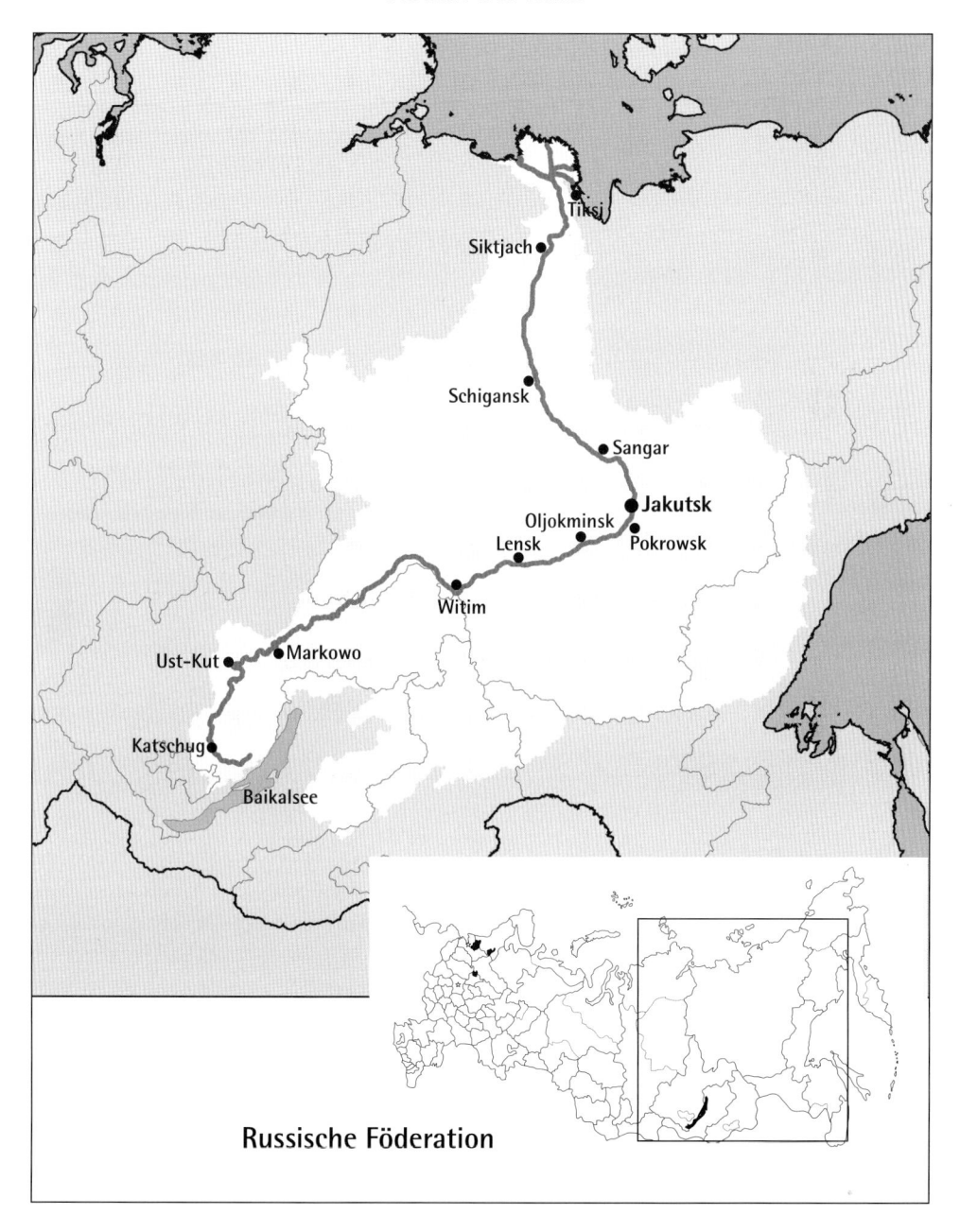

Russische Föderation